株式会社会計法

泉田　栄一
佐藤　敏昭
三橋　清哉

信山社

はしがき

　本書は全く分野が異なる3人の共作である。

　私は，会社法を長年勉強してきたが，企業会計法の重要性を大学院時代に吉永栄助先生（一橋大学名誉教授）から教わった。法学部の学生は，まず商法・会社法のテキストから計算規定を学ぶわけであるが，教える側の事情や時間の関係等もあって，テキストの説明はかなりおざなりにされているのが普通であり，この状態は今日になっても変わっていない。私は法律書を読んでもよく分からないので，会計学の本を読んだ。それでもよく分からないので，財務諸表論に関する本も読んだ。それでも分からないので，最後は大原簿記学校の教材を購入し，簿記を独学で学んだ。そうしたら全てが明快になった。計算規定を，簿記→会計学→財務諸表論→会社法の規定の順序で学べば，会計は実に合理的にできたシステムであり，さほど苦労をしなくても習得できるのである。ところが法学部の学生は，逆の学習方法をとらされるのと，簿記まで手が回らないことと相俟って，会計法は難しいということになって，学ぶのを断念してしまうのである。

　しかし，会社制度と計算規定は列車の両輪にたとえることができる。両方の知識が備わって初めて会社の実体に迫れるのである。刑法とか，税法とかを専門にしようとする学生に対しても同様のことを指摘できる。会社の内部構造はますます複雑になってきているが，行った行為は帳簿の数字となって残る。その意味を正確に理解しなければ，犯人の検挙にも，いくら課税するかということにも結びつかない。その意味で，「株式会社会計法」の科目は非常に重要であり，法律家の前提的知識として備えておくべきものなのである。そこで大学にお願いし，法科大学院に「企業会計法」なる授業科目を新設していただいた。

　次に問題になるのは，その講義担当者を誰にお願いするかということである。残念ながら，上記コンセプトでテキストを書いている学者はいないようである。ごく初歩的な簿記の話から，高度な会社法の計算規定まで講義することができ，実務と理論の架橋も法科大学院の目的の1つとなっているので，実務にも詳しいというような人物はそう多くはないであろう。三橋清哉氏(13年間キッコーマン株式会社の監査役を担当していた実務家である)に相談をしてみたところ，佐

はしがき

藤敏昭教授を推薦された。彼は長い間日本監査役協会に勤務した後，2002年より名古屋経済大学で「企業法会計論」を講義していて，大学が探していた人材に一致したので，企業会計法の科目の開設と同時に法科大学院の講師を担当してもらっている。

　一方，三橋氏との出会いは，彼が明治大学大学院法学研究科の私の会社法の授業を受講していたことに始まる。授業に毎回出席し，物静かに実務の話を時にはしてくれたので，大学院生にはプラスになったと考えている。

　このような3人が集まったとき，上記コンセプトで書かれたテキストがないので，3人でテキストを作成してみてはどうかという話が持ちあがり，全員で本を執筆することになった。私は会社法のテキストを執筆中でもあり，内容の重複はこのましくないし，本書を使用するのは佐藤教授であることから，多くの章を佐藤氏に執筆してもらうこととなった。三橋氏にはコーヒーブレークの欄をお願いした。互いに原稿に目を通し，検討会を持った。

　紆余曲折があったが，信山社の袖山貴氏が，出版を快く引き受けてくれたので，本著が世に出ることになった。衷心よりお礼を申し上げたい。また，編集作業していただいた稲葉文子さんにもお礼を申し上げたい。願わくはこのコンセプトが読者に受け入れられ，版を重ねることを期待している。

　　　2008年8月吉日

　　　　　　　　　　　　　　　　　　　　　　　代表　泉　田　栄　一

目　次

はしがき

第1章　総　論

第1節　本書の枠組み……………………………………………………………*1*
第2節　株式会社法会計とその他の会計との関係……………………………*4*

第2章　会計帳簿の作成

第1節　総　　説…………………………………………………………………*17*
第2節　簿記の原理と会計帳簿の仕組み………………………………………*20*
第3節　連結特有の会計処理……………………………………………………*30*
第4節　会社法における評価・計算規定………………………………………*33*

第3章　計算関係書類の作成

第1節　総　　説…………………………………………………………………*43*
第2節　貸借対照表………………………………………………………………*46*
第3節　損益計算書………………………………………………………………*57*
第4節　株主資本等変動計算書…………………………………………………*60*
第5節　注　記　表………………………………………………………………*62*
第6節　計算書類の附属明細書…………………………………………………*73*
第7節　連結計算書類……………………………………………………………*74*
第8節　臨時計算書類……………………………………………………………*87*

第4章　事業報告の作成

第1節　総　　説…………………………………………………………………*89*
第2節　事業報告の記載事項……………………………………………………*90*

目　次

第3節　事業報告に関する附属明細書……………………………………98

第5章　計算関係書類，事業報告の監査

第1節　総　　説 ………………………………………………………… *119*
第2節　計算関係書類の監査 …………………………………………… *123*
第3節　事業報告の監査 ………………………………………………… *130*

第6章　計算関係書類，事業報告等の伝達

第1節　総　　説 ………………………………………………………… *149*
第2節　計算書類および事業報告の株主・株主総会への提供 ………… *150*
第3節　会計帳簿の閲覧等の請求 ……………………………………… *154*
第4節　計算書類の公告 ………………………………………………… *155*
第5節　計算書類等の備置き …………………………………………… *160*
第6節　株主総会参考書類による開示 ………………………………… *161*

第7章　剰余金の配当

第1節　総　　説 ………………………………………………………… *165*
第2節　剰余金の概念と分配可能額の制限 …………………………… *170*
第3節　違法な剰余金の配当の責任 …………………………………… *180*

第8章　資本金・準備金・剰余金の額の変動

第1節　株式会社の株主資本 …………………………………………… *187*
第2節　資本金の額・準備金の額・剰余金の額の減少 ……………… *192*
第3節　資本金・準備金・剰余金の額の増加 ………………………… *201*

第9章　企業再編時の会計——企業結合会計——

第1節　総　　説 …………………………………………………… 205
第2節　組織変更における資産・負債の評価，株主資本等の額 ……… 210
第3節　吸収型再編における「のれん」の計上，株主資本等の額 …… 211
第4節　株式交換における「のれん」の計上，株主資本等の額 ……… 220
第5節　新設型再編における「のれん」の計上，株主資本等の額 …… 224
第6節　株式移転における「のれん」の計上，株主資本等の額 ……… 232

〈解答例〉 ……………………………………………………………… 237

第1章 総　論

第1節　本書の枠組み

　企業を自ら経営する者は，企業の成果を判断するために，会計帳簿を作成する。しかしそれだけであれば，法律で会計帳簿の作成を強制する必要はないし，会計帳簿から導きだされる計算書類[(1)]の報告も不要である。法律が会計帳簿の作成を強制し，計算書類を報告させるのは，出資者（会社法の領域では出資者を社員といい，株式会社の社員に限り株主という）や会社債権者がいるからである。
　まず社員を見てみよう。会社が債務を履行できないときに，社員の個人財産をもってその債務を履行する義務を負う社員（直接無限責任社員）だけで構成されている合名会社の場合には（会社法576条2項），社員は各々自ら会社の業務執行をし（会社法590条1項），会社を代表するのが普通である（会社法599条1項）。しかし定款で定めれば，無限責任社員であっても，会社の業務執行や代表権のない社員がいることになる。その上会社法は，社員の責任が無限か有限かと業務執行の権限は結びつかないとしているので，無限責任社員であれ，直接有限責任社員（会社が債務を履行できないときには，会社債権者に対して，直接に一定額までは債務を履行しなければならない社員）であれ，会社の経営にタッチしない社員がいるときには，業務執行者はこれらの社員が出資した財産を保管し，会社の事業を営んでいる訳であるから，会計帳簿を作成する必要がある（会社法615条1項）。
　社員は，会社が利益を挙げたときには，利益を内部留保しない限り，配当してもらえるとの期待の下に会社に出資しているから，事業年度に利益をあげていれば，社員は利益の配当を受ける（会社法628条参照）。その確認のため，社員は，営業時間内はいつでも，計算書類の閲覧・謄写を請求することができることになっている（会社法618条1項）。それが業務に支障をきたすと社員が考えるときには，定款で，その請求を事業年度の終了時に限定すればよい（会社法618

条2項)。直接有限責任社員と直接無限責任社員から構成される合資会社の場合の場合（会社法576条3項），および会社に一定額を出資さえしてしまえば，会社債権者に対して責任を負わない間接有限責任社員のみから構成されている合同会社の場合も（会社法576条4項），同じようなスキームを採用している。

会計帳簿については第2章で説明する。会計帳簿に基づいて計算関係書類が作成される。計算関係書類については第3章で説明する。

次に会社債権者を見てみよう。合名会社および合資会社では直接無限責任社員がいるので会社法は，会社債権者の保護に注意を払わない。これに対し，合同会社の場合には事態が変わってくる。合同会社では，会社が債務を履行できなけば，会社債権者はそれでおしまいであり，社員に会社債務の履行を請求することができない。したがって，合同会社では，会社債権者のためにも計算書類の作成を強制する必要があり（会社法617条2項），会社債権者は，営業時間内いつでも計算書類を閲覧または謄写することができるとされている（会社法625条）。合名会社・合資会社にはこのような規定は定められていない。

株式会社も，間接有限責任社員（株主）のみから構成されていることは（会社法104条），合同会社と同様である。しかし株式会社の場合には，株主と会社の業務執行とは制度的に完全に分離している。会社の業務執行をするのは，取締役会非設置会社では取締役であり（会社法348条1項・2項），取締役会設置会社では，代表取締役および業務担当取締役であり（会社法363条1項），委員会設置会社では代表執行役および執行役である（会社法418条・420条1項。委員会設置会社も取締役会設置会社である。会社法327条1項3号）。株式の全部が譲渡制限されている株式会社では，取締役を株主に限定することができるが，そうでない会社（公開会社。会社法2条5号）では取締役を株主に限ることができない（会社法331条2項）。すなわち，株主は，業務執行にタッチしないで，取締役を株主総会で選任し，取締役に経営を委任するというスキームを採用している（会社法329条1項）。委員会設置会社では，執行役は取締役会の決議で選任され（代表執行役は選定され）（会社法402条2項・420条1項），代表執行役・執行役は必ずしも取締役と兼任しない（会社法402条6項）。

したがって，大まかに述べれば，取締役会設置会社では，業務執行者によって作成された計算書類等が，監査人の監査を受けた後に，取締役会の承認を受けて（会社法436条），定時株主総会の招集の際に提供される（会社法437条）。ま

第 1 節　本書の枠組み

た書面投票制度・電子投票制度を採用している会社では，株主総会参考書類が交付される（会社法301条・302条）。計算書類等は，株主総会の一定期間前から5年間本店（場合により支店にも）に備え置かれる（会社法442条1項・2項）。株主・債権者（裁判所の許可を受けた場合には株式会社の親会社社員も）は計算書類等を閲覧し，その謄本・抄本の交付を請求することができる（会社法442条3項・4項）。計算書類は定時総会の承認を受けるか（会社法438条2項），定時総会に報告される（会社法439条）。その後，大会社にあっては，貸借対照表および損益計算書を公告し，大会社以外の会社にあっては，貸借対照表を公告する（会社法440条1項）。ただし，官報または時事に関する事項を掲載する日刊新聞紙を公告の方法とする大会社にあっては，貸借対照表および損益計算書の要旨を公告することで足り，大会社以外の会社にあっては貸借対照表の要旨の公告で足りる（会社法440条2項）。なお，定時総会の終結後，貸借対照表の内容である情報を，定時株主総会に終結の日後5年を経過する日までの間，ホームページで開示すれば（会社計算規則175条），公告は不要であるし（会社法440条3項），有価証券報告書提出会社では，決算公告で明らかにされる情報よりもさらに詳細な情報がEDINETで提供されるため（金融商品取引法27条の30の2以下），公告義務は免除されている（会社法440条4項）。

　このように開示がある点が，合同会社と異なっている。株主は経営にタッチしないので，株主権の濫用をも考慮して，少数株主は，請求の理由を明らかにして，会計帳簿の閲覧・謄写も請求することができる（会社法433条）。株式会社は，株主からお金を集め経営の専門家が事業を運営するので，会社法は，株主および会社債権者へ会社の財務内容（会社の財産および損益の状況［会社法435条2項参照］）の開示を強制することを目的の1つとしている。そこで，第3章では，会計関連情報に関連する株式会社の計算関係書類の種類とその内容を説明する[2]。株式会社は，さらに，業務関連情報として事業報告およびその附属明細書も作成しなければならないので（会社法436条1項），第4章では事業報告およびその附属明細書の内容を紹介する。第5章では，計算関係書類および事業報告の監査を説明する。第6章では，株主総会参考書類の内容，計算書類・事業報告等の株主総会における提供・備置き，公告および閲覧請求権を扱う。

　株式会社法のもう1つの目的は，会社に資金を調達した株主に対する剰余金の配当を規制することである。剰余金の配当が多ければ株主が得をするが，会

社債権者は損をする場合もある。そこで，その利害の調整を会社法は図っている。第7章では剰余金の配当を説明する。株式会社は事業が成功すると資本金や準備金を増やし，事業規模を縮小しようとすれば資本金や準備金を減らすであろう。そこで第8章では，資本金・準備金の額の変動を説明する。組織再編の範囲をどのように考えるかは問題であるが，本書では会社法会計規制の面から，組織変更，合併，会社分割，株式交換および株式移転を組織再編と捉えている。企業再編では存続会社，承継会社および完全親会社の資産・負債・純資産は変化する。そこで第9章では組織再編に関する会計を説明することにしている。

第2節　株式会社法会計とその他の会計との関係

1　トライアングル体制

　企業会計は，報告の相手が株主・会社債権者であるか，投資家であるか，税務当局であるかにより，①株式会社法会計，②金融商品取引法会計および③税務会計に分けられる。近時ではあまりこれらの会計の結び付きが強調されなくなったが，相互に結びついている（トライアングル体制）。その中にあって，株式会社会計法の目的は，上述のように，①出資者および会社債権者への財務内容の開示による情報提供と②剰余金の配当の規制である。本書はもっぱら株式会社会計法を説明することを目的とするので，本節では，金融商品取引法会計と税務会計を簡単に説明しておくことにする。

2　一般に公正妥当と認められる会計慣行

　金融商品取引法会計は，上場会社等の投資家に投資情報を提供することを目的とし，有価証券報告書等の中の「経理の状況」の項目に記載される財務諸表の記載内容と記載方法を扱う（企業内容等の開示に関する内閣府令15・17の6・18，図1参照）。これは，昭和24(1949)年に，証券取引法会計として導入されたものである。同年には，アメリカの「一般に承認された会計原則」(GAAP = Generally Accepted Accounting Principles) をまねて，「企業会計の実務の中に慣習として発達したもののなかから，一般に公正妥当と認められるところを要約したものであつて，必ずしも法令によつて強制されないでも，すべての企業がそ

第2節　株式会社法会計とその他の会計との関係

図表1－1　有価証券報告書の様式

```
第1部　企業情報
　第1　企業の概況
　　1．主要な経営指標等の推移
　　2．沿革
　　3．事業の内容
　　4．関係会社の状況
　　5．従業員の状況
　第2　事業の状況
　　1．業績等の概要
　　2．生産，受注及び販売の状況
　　3．対処すべき課題
　　4．事業等のリスク
　　5．経営上の重要な契約等
　　6．研究開発活動
　　7．財政状態及び経営成績の分析
　第3　設備の状況
　　1．設備投資等の概要
　　2．主要な設備の状況
　　3．設備の新設，除却等の計画
　第4　提出会社の状況
　　1．株式等の状況
　　　(1)　株式の総数等
　　　(2)　新株予約権等の状況
　　　(3)　ライツプランの内容
　　　(4)　発行済株式総数，資本金等の推移
　　　(5)　所有者別状況
　　　(6)　大株主の状況
　　　(7)　議決権の状況
　　　(8)　ストックオプション制度の内容
　　2．自己株式の取得等の状況
　　3．配当政策
　　4．株価の推移
　　5．役員の状況
　　6．コーポレート・ガバナンスの状況
　第5　経理の状況
　　1．連結財務諸表等
　　　(1)　連結財務諸表
　　　　①　連結貸借対照表
　　　　②　連結損益計算書
　　　　③　連結株主資本等変動計算書
　　　　④　連結キャッシュ・フロー計算書
　　　　⑤　連結附属明細書
　　　(2)　その他
　　2．財務諸表等
　　　(1)　財務諸表
　　　　①　貸借対照表
　　　　②　損益計算書
　　　　③　株主資本等変動計算書
　　　　④　キャッシュ・フロー計算書
　　　　⑤　附属明細表
　　　(2)　主な資産及び負債の内容
　　　(3)　その他
　第6　提出会社の株式事務の概要
　第7　提出会社の参考情報
　　1．提出会社の親会社等の情報
　　2．その他の参考情報
第2部　提出会社の保証会社等の情報
　独立監査人の監査報告書
```

の会計を処理するに当つて従わなければならない基準」および「公認会計士が,公認会計士法及び証券取引法に基き財務諸表の監査をなす場合において従わなければならない基準」として「企業会計原則」が設定された。その結果,上場会社等は,「会社法(会社法制定以前は商法)に基づく計算書類」と「証券取引法(その後金融商品取引法に名称が変更されている)に基づく財務諸表」の2種を作成しなければならなくなった。財務諸表[3]は一般妥当であると認められるところに従って定められた用語,様式及び作成方法により作成されなければならないとされ(金融商品取引法193条),財務諸表に関する書類は,特別な利害関係のない公認会計士または監査法人(昭和41(1966)年に監査法人が付け加えられている)の監査証明を受けなければならない(金融商品取引法193条の2)。

　昭和49(1974)年には「商法特例法」が制定され,公認会計士等による会計監査人監査が株式会社に取り入れられた結果,「商法と証券取引法とにおける会計基準が一致し,同一の会計基準に従つて監査が行われることを明確にするための規定」が必要となり,「商業帳簿ノ作成ニ関スル規定ノ解釈ニ付テハ公正ナル会計慣行ヲ斟酌スベシ」といういわゆる包括規定が制定された(平成17年改正前商法32条2項)。会社法は,これを踏襲し,すべての会社の会計は,「一般に公正妥当と認められる企業会計の慣行に従う」ものとし(会社法431条・614条。なお商法19条1項参照),株式会社法の会計処理および表示の面では,金融商品取引法会計に合わせる方向で調整されるに至っている(会社計算規則3条参照)。

　一般に公正妥当と認められる企業会計の慣行は,株式会社の規模,業種,株主構成などによって複数同時に存在しうる(なお大阪高判平16・5・25判時1863号115頁参照)ものとされ,有価証券報告書提出会社向けの「会計基準」は一般に公正妥当と認められる企業会計の慣行に含まれることは従来どおりであるが(財務諸表等規則1条2項,中間財務諸表等規則1条2項・連結財務諸表規則1条2項参照),これに限定されず,例えば,平成17(2005)年8月3日に日本公認会計士協会,日本税理士会連合会,日本商工会議所,企業会計基準委員会が公表した「中小企業の会計に関する指針」(平成19年4月改訂)は,一定の範囲の株式会社にとっては会社法における「一般に公正妥当と認められる企業会計の慣行」に該当することになるものと解されている[4]。信託法も信託の会計については,一般に公正妥当とみとめられる会計の慣行に従うものとしている(信託

第2節　株式会社法会計とその他の会計との関係

図表1-2　企業会計法の体系

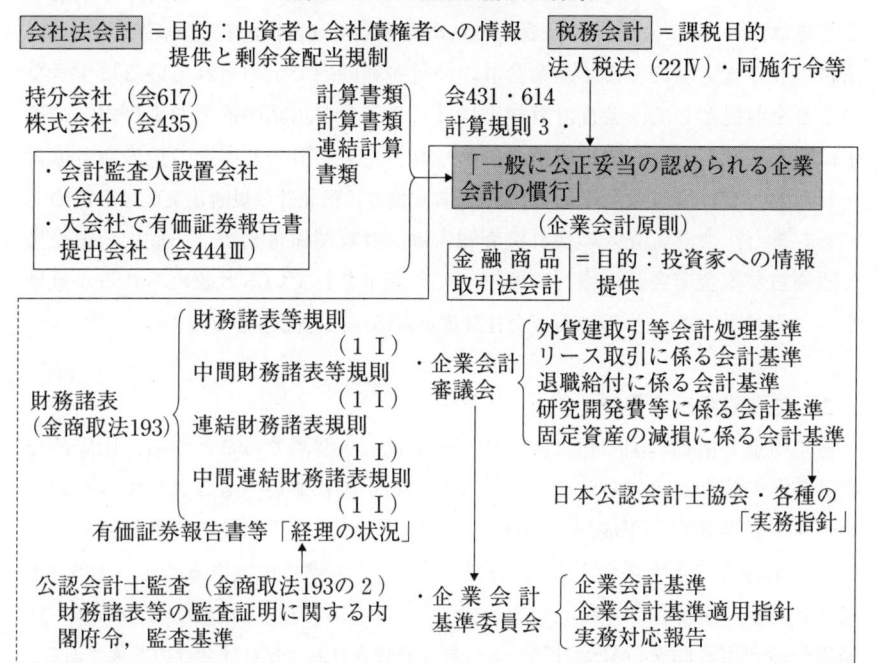

```
会社法会計 ＝目的：出資者と会社債権者への情報    税務会計 ＝課税目的
　　　　　　　　提供と剰余金配当規制              法人税法（22Ⅳ）・同施行令等
持分会社（会617）         計算書類      会431・614
株式会社（会435）         計算書類      計算規則3・
                         連結計算
・会計監査人設置会社       書類         「一般に公正妥当の認められる企業
　（会444Ⅰ）                          　会計の慣行」
・大会社で有価証券報告書
　提出会社（会444Ⅲ）                    （企業会計原則）
                                     金融商品 ＝目的：投資家への情報
                                     取引法会計    提供

財務諸表    財務諸表等規則                     外貨建取引等会計処理基準
(金商取法193) 　　　　　　（1Ⅰ）      ・企業会計  リース取引に係る会計基準
           中間財務諸表等規則           審議会   退職給付に係る会計基準
           　　　　　　（1Ⅰ）                   研究開発費等に係る会計基準
           連結財務諸表規則                     固定資産の減損に係る会計基準
           　　　　　　（1Ⅰ）
           中間連結財務諸表規則                 日本公認会計士協会・各種の
           　　　　　　（1Ⅰ）                  「実務指針」
           有価証券報告書等「経理の状況」

公認会計士監査（金商取法193の2）      ・企業会計  企業会計基準
財務諸表等の監査証明に関する内          基準委員会 企業会計基準適用指針
閣府令，監査基準                                実務対応報告
```

法13条）。

　株式会社の場合，地方税である法人住民税（地方税法24条・294条1項）および法人事業税（地方税法72条の2第1項）も問題になるが，主に，国税である法人税が問題となる。法人の確定申告は確定した決算に基づいて行われる（法人税法74条1項。確定決算主義）。確定申告書には①貸借対照表，②損益計算書，③株主資本等変動計算書，④貸借対照表および損益計算書に係る勘定科目内訳明細書等を添付しなければならないので（法人税法74条2項，同法施行規則35条），税務会計はこれらの記載内容と記載方法を扱う。

　税法は，課税の公平と経済政策的な配慮をするため，独自の会計処理をする場合が多く，税法の規制は詳細で，実務への影響力が強い。しかし，税務会計上の適法性は必ずしも会社法会計上の適法性を意味するものではない点は注意を要する。いずれにせよ，法人税法22条4項は，「一般に公正妥当と認められる会計処理の基準に従つて計算されるものとする」との規定を置いている。

第1章 総　論

　したがって，株式会社法会計，金融商品取引法会計および税務会計に共通する基礎は，「一般に公正妥当と認められる企業会計（会計処理）の基準」である。法務省令の規定はあくまで企業会計の慣行の範囲内で定められているにすぎないことを前提として，会社計算規則は「この省令の用語の解釈および規定の適用に関しては，一般に公平妥当と認められる企業会計の基準その他の会計慣行をしん酌しなければならない」（会社計算規則3，信託計算規則3条）旨を定めている。また，会計監査人の会計監査報告は，計算関係書類が「一般に公正妥当と認められる企業会計の慣行に準拠して」表示されていると認められるか意見を述べるべきものとしている（会社計算規則154条1項2号イロ）。

3　法務省令への委任

　近年の企業活動の国際化は国際的な企業比較を要請することから，国際的な会計基準の確立が企てられるようになり，わが国においてもこれにすみやかに対応する必要から，平成14（2002）年改正商法は，株式会社の貸借対照表等に記載・記録すべき事項から資産の評価規定まで法律で規定すること（大陸法方式）を止め，法務省令に委託した。会社法は，この方法を踏襲しているが，法務省令の適用範囲を持分会社（合名会社・合資会社および合同会社の総称である。会社法575条1項）まで拡大している（会社法施行規則116条・159条，会社計算規則1条）。

4　企業会計基準委員会

　わが国では長い間，企業会計審議会が企業会計原則を初めとして各種の会計基準を公表してきた。日本公認会計士協会は，これを受けて各種の実務指針を定めてきた。しかし証券監督者国際機構（IOSCO = International Organization of Securities Commissions）が，各国の職業会計士の団体である1973年設立の国際会計基準委員会（2001年4月から国際会計基準審議会［IASB = Intenational Accounting Standards Boards］）が作成した30の国際会計基準（国際財務報告基準［IFRS］）を承認したことから，同基準が事実上の国際的な基準となり，わが国では「企業会計基準委員会」（ASBJ）が2011年6月末までに国際会計基準との相違を解消するとしている。「企業会計基準委員会」は，平成13年（2001年）8月の財団法人「財務会計基準機構」の発足と同時にその傘下に創設された委員会であって，国

第2節 株式会社法会計とその他の会計との関係

際会計基準審議会のメンバーは民間団体である必要から，新設された委員会である。企業会計基準委員会は以下のような企業会計基準，企業会計基準適用指針および実務対応報告を公表している。金融庁は，企業会計基準委員会が会計基準等を公表する度ごとに同基準を「一般に公正妥当と認められる企業会計の基準」と取扱うよう公表している。これは一般に公正妥当と認められる企業会計の基準であり，株式会社法会計にも影響を及ぼすことになる。

図表1－3 企業会計基準委員会，企業会計基準および企業会計基準適用指針

企業会計基準	第1号	自己株式及び準備金の額の減少等に関する会計基準（平成17年12月・18年8月11日改正）
	第2号	1株当たり当期純利益に関する会計基準（平成18年1月31日改正）
	第3号	「退職給付に係る会計基準」の一部改正（平成17年3月16日改正）
	第4号	「役員賞与に関する会計基準」（平成17年11月29日）
	第5号	「貸借対照表の純資産の部の表示に関する会計基準」（平成17年12月97日）
	第6号	「株主資本等変動計算書に関する会計基準」（平成17年12月27日）
	第7号	「事業分離等に関する会計基準」（平成17年12月27日）
	第8号	「ストック・オプション等に関する会計基準」（平成17年12月27日）
	第9号	「棚卸資産の評価に関する会計基準」（平成18年7月5日）
	第10号	「金融商品に関する会計基準」（平成19年6月15日改正）
	第11号	「関連当事者の開示に関する会計基準」（平成18年10月17日）
	第12号	「四半期財務諸表に関する会計基準」（平成19年3月14日）
	第13号	「リース取引に関する会計基準」（平成19年3月30日）
	第14号	「退職給付に係る会計基準」（平成19年5月15日）
	第15号	「工事契約に関する会計基準」（平成19年12月27日）
	第16号	「持分法に関する会計基準」（平成20年3月10日）
	第17号	「セグメント情報等の開示に関する会計基準」（平成20年3月21日）
	第18号	「資産除去債務に関する会計基準」（平成20年6月30日）
企業会計基準適用指針	第1号	退職給付制度間の移行等に関する会計処理（平成14年1月31日）
	第2号	自己株式及び準備金の額の減少等に関する会計基準適用指針（平成17年12月27日，18年8月11日改正）
	第3号	その他資本剰余金の処分による配当を受けた株主の会計処理（平成17年12月27日改正）
	第4号	1株当たり当期純利益に関する会計基準の適用指針（平成18年1月31日改正）

第1章 総　論

	第5号	自己株式及び法定準備金の取崩等に関する会計基準適用指針（その2）
	第6号	固定資産の減損に係る会計基準の適用指針（平成15年10月31日・20年1月24日改正）
	第7号	「退職給付に係る会計基準」の一部改正に関する適用指針（平成17年3月16日）
	第8号	「貸借対照表の純資産の部の表示に関する会計基準等の適用指針」（平成17年12月9日）
	第9号	「株主資本等変動計算書に関する会計基準の適用指針」（平成17年12月27日）
	第10号	「企業結合会計基準及び事業分離等会計基準に関する適用指針」（平成17年12月27日・18年12月22日・19年11月15日改正）
	第11号	「ストック・オプション等に関する会計基準の適用指針」（平成17年12月27日・18年5月31日改正）
	第12号	「その他の複合金融商品(払込資本を増加させる可能性のある部分を含まない複合金融商品）に関する会計処理」（平成18年3月30日）
	第13号	「関連当事者の開示に関する会計基準の適用指針」（平成18年10月17日）
	第14号	「四半期財務諸表に関する会計基準の適用指針」（平成19年3月14日）
	第15号	「一定の特別目的会社に係る開示に関する適用指針」（平成19年3月29日）
	第16号	「リース取引に関する会計基準の適用指針」（平成19年3月30日）
	第17号	「払込資本を増加させる可能性のある部分を含む複合金融商品に関する会計処理」（平成19年4月25日）
	第18号	「工事契約に関する会計基準の適用指針」（平成19年12月27日）
	第19号	「金融商品の時価等に関する適用指針」（平成20年3月10日）
	第20号	「セグメント情報等の開示に関する会計基準の適用指針」（平成20年3月21日）
	第21号	「資産除去債務に関する会計基準の適用指針」（平成20年6月30日）
	第22号	「連結財務諸表における子会社及び関連会社の範囲の決定に関する適用指針」（平成20年5月13日）
実務対応報告	第1号	旧商法による新株予約権及び新株予約権付社債の会計処理に関する実務上の取扱い（平成17年12月27日改正）
	第2号	退職給付制度間の移行等の会計処理に関する実務上の取扱い（平成14年3月29日・平成19年2月7日改正）
	第3号	潜在株式調整後1株当たり当期純利益に関する当面の取扱い（平成14年5月21日）
	第4号	連結納税制度を適用する場合の中間財務諸表等における税

		効果会計に関する当面の取扱い（平成14年8月29日）
第5号		連結納税制度を適用する場合の税効果会計に関する当面の取扱い（その1）（平成14年10月9日）
第6号		デッド・エクイテイ・スワップの実行時における債権者側の会計処理に関する実務上の取扱い（平成14年10月9日）
第7号		連結納税制度を適用する場合の税効果会計に関する当面の取扱い（その2）（平成15年2月6日）
第8号		コマーシャル・ペーパーの無券面化に伴う発行者の会計処理及び表示についての実務上の取扱い（平成15年2月6日）
第9号		1株当たり当期純利益に関する実務上の取扱い（平成18年1月31日改正）
第10号		種類株式の貸借対照表価額に関する実務上の取扱い（平成15年3月13日）
第11号		外貨建転換社債型新株予約権付社債の発行者側の会計処理に関する実務上の取扱い（平成15年9月22日）
第12号		法人事業税における外形標準課税部分の損益計算書上の表示についての実務上の取扱い（平成16年2月13日）
第14号		固定資産の減損に係る会計基準の早期適用に関する実務上の取扱い（平成16年3月22日）
第15号		排出量取引の会計処理に関する当面の取扱い（平成18年7月14日改正）
第16号		会社法による新株予約権及び新株予約権付社債の会計処理に関する実務上の取扱い（平成17年12月27日）
第17号		ソフトウェア取引の収益の会計処理に関する実務上の取扱い（平成18年3月30日）
第18号		連結財務諸表作成における在外子会社の会計処理に関する当面の取扱い（平成18年5月17日）
第19号		繰延資産の会計処理に関する当面の取扱い（平18年8月11日）
第20号		投資事業組合に対する支配力基準及び影響力基準の適用に関する実務上の取扱い（平成18年9月8日）
第21号		有限責任事業組合及び合同会社に対する出資者の会計処理に関する実務上の取扱い（平成18年9月8日）
第22号		厚生年金基金に係る交付金の会計処理に関する当面の取扱い（平成18年10月27日）
第23号		信託の会計処理に関する実務上の取扱い（平成19年8月2日）
第24号		持分法適用関連会社の会計処理に関する当面の取扱い（平成20年3月10日）

第1章 総　論

図表1−4　別記事業

別記事業	準拠法令または準則
建設業	建設業法施行規則（昭和24年建設省令第14号）
鋼船製造・修理業	造船業財務諸表準則（昭和26年運輸省告示第254号）
銀行・信託業	銀行法施行規則（昭和57年大蔵省令第10号），長期信用銀行法施行規則（昭和57年大蔵省令第13号），信託業法施行規則（平成16年内閣府令第107号）
建設業保証業	公共工事の前払金保証事業に関する法律施行規則（昭和27年建設省令第23号）
第1種金融商品取引業（有価証券関連業に該当するものに限る）	金融商品取引業等に関する内閣府令（平成19年内閣府令第52号）
保険業	保険業法施行規則（平成8年大蔵省令第5号）
民営鉄道業	鉄道事業会計規則（昭和62年運輸省令第7号）
水運業	海運企業財務諸表準則（昭和29年運輸省告示第431号）
道路運送固定施設業	自動車道事業会計規則（昭和39年運輸省・建設省令第3号），高速道路事業等会計規則（平成17年国土交通省令第65号）
電気通信業	電気通信事業会計規則（昭和60年郵政省令第26号）
電気業	電気事業会計規則（昭和40年通商産業省令第57号）
ガス業	ガス事業会計規則（昭和29年通商産業省令第15号）
中小企業等金融業	商工組合中央金庫法施行規則（昭和11年商工省・大蔵省令），協同組合による金融事業に関する法律（平成5年大蔵省令第10号），信用金庫法施行規則（昭和57年大蔵省第15号），労働金庫法施行規則（昭和57年大蔵省・労働省令第1号）
農林水産金融業	農林中央金庫法施行規則（平成13年内閣府・農林水産省令第16号）
資産流動化業	特定目的会社の計算に関する規則（平成18年内閣府令第44号）
投資運用業	投資信託及び投資法人に関する法律施行規則（平成12年総理府令第129号）

第2節　株式会社法会計とその他の会計との関係

投資業（投資法人の行う業務に限る）	投資法人の計算に関する規則（平成18年4月20日内閣府令第47号）
特定金融業	特定金融会社等の会計の整理に関する内閣府令（平成11年5月19日総理府・大蔵省令第32号）

[注]
（1）　株式会社において，計算書類とは，貸借対照表，損益計算書その他株式会社の「財産および損益の状況」を示すために必要かつ適当なものとして法務省令で定めるもの（株主資本等変動計算書および個別注記表）である（会社法435条2項，会社法施行規則2条3項10号イ，会社計算規則2条3項2号イ・91条1項）。持分会社においては，計算書類とは，貸借対照表その他持分会社の「財産の状況」を示すために必要かつ適当なものとして法務省令で定めるものである（会社法617条2項，会社法施行規則2条3項10号ロ・会社計算規則2条3項2号ロ）。法務省令によると，①合名会社および合資会社の場合には，貸借対照表のほか，損益計算書，社員資本等変動計算書または個別注記表の全部または一部であり，会社によって異なる（会社計算規則103条1項1号）。これに対し，②合同会社の場合には，株式会社と同じく，貸借対照表のほか，損益計算書，社員資本等変動計算書および個別注記表である（会社計算規則103条1項2号）。
（2）　財務諸表等規則別記の事業（別記事業）を営む株式会社が，当該別記事業の所管官庁に提出する計算関係書類の用語，様式および作成方法について，特に法令の定めがある場合または当該別記事業の所管官庁がこの省令に準じて計算書類準則を制定した場合には，当該別記事業を営む株式会社が作成すべき計算関係書類の用語，様式および作成方法については，その法令または準則に定めがある限り，それによる（会社計算規則146条1項。なお「財務諸表等の用語，様式及び作成方法に関する規則」の取扱いに関する留意事項（財務諸表等規則ガイドライン）別記事業関係参照）。
（3）　財務諸表は，①貸借対照表，②損益計算書，③株主資本等変動計算書，④キャッシュ・フロー計算書および⑤附属明細表である（財務諸表等規則1条1項）。附属明細表は，①有価証券明細表，②有形固定資産等明細表，③社債明細表，④借入金等明細表および⑤引当金明細表である（財務諸表等規則121条1項）。財務諸表提出会社が連結財務諸表を作成している場合には，③および④の作成は不要である（財務諸表等規則121条1項但書）。中間財務諸表は，①中間貸借対照表，②中間損益計算書，③中間株主資本等変動計算書および④中間キャッシュ・フロー計算書である（中間財務諸表等規則1条1項）。
　　連結財務諸表は，①連結貸借対照表，②連結損益計算書，③連結株主資本等

変動計算書，④連結キャッシュ・フロー計算書および⑤連結附属明細表である（連結財務諸表規則1条1項）。連結附属明細表の種類は，①社債明細表および②借入金等明細表である（連結財務諸表規則92条1項）。

中間連結財務諸表は，①中間連結貸借対照表，②中間連結損益計算書，③中間連結株主資本等変動計算書および④中間連結キャッシュ・フロー計算書である（中間連結財務諸表規則1条1項）。

四半期財務諸表は，①四半期貸借対照表，②四半期損益計算書，および③四半期キャッシュ・フロー計算書である（四半期財務諸表等規則1条）。

会社法会計と異なる点は，金融商品取引会計ではキャッシュ・フロー計算書（statement of cash flows）があることである。信用取引が増加すると，収益または費用の計上と現金の収支は結び付かなくなるから，現金主義に代わって発生主義が採用されることになる。しかし発生主義会計では，会計期間の収益・費用は現金の収入・支出を意味しないので，利益はあっても倒産するという事態が生じうる。損益と現金収支は別物だとすると，損益情報だけでなく，支払能力に関連するキャッシュ・フロー（cash flows. 現金の流れ）情報も投資家に提供する必要があることになる。これが，金融商品取引法がキャッシュ・フローを強制する理由である。

(4) 相澤哲編著『立法担当者による新会社法関係法務省令の解説』別冊商事法務300号（2006年11月）65頁。①金融商品取引法適用会社ならびにその子会社および関連会社，②会計監査人設置会社およびその子会社は，会計基準に基づく計算書類を作成することから，中小企業の会計に関する指針の適用対象外である（中小企業会計指針4）。会計参与設置会社は，本指針に拠らず，会計基準に基づいて計算書類を作成することを妨げないが，計算書類を作成する際に本指針に拠ることが適当である（中小企業会計指針3）。また，特例有限会社，合名会社，合資会社または合同会社についても，本指針に拠ることが推奨される（中小企業会計指針5）。なお，武田隆二編著『中小会社の会計指針』（中央経済社，2006年）参照。平成19年5月2日には，企業会計基準第10号「金融商品に関する会計基準」および実務対応報告第19号「繰延資産の会計処理に関する当面の取扱い」に対応した会計処理の見直しと引用条文の修正等が行われている（淺井万富「『中小企業の会計に関する指針』の改正と今後の見直し」会計・監査ジャーナル625号，48頁）。

第2節　株式会社法会計とその他の会計との関係

設問

Q 1　「企業会計原則」は一般原則としてどのような原則を規定しているか。

Q 2　「計算書類」，「臨時計算書類」，「連結計算書類」，「計算関係書類」，「貸借対照表等」，「計算書類等」，「臨時計算書類等」はどのような書類を指すか述べなさい。

Q 3　会社法と金融商品取引法の規制が重複する場合を挙げ，この場合の調整はどのように図られているのか論じなさい。

Q 4　「適時に，正確な会計帳簿の作成」（会社法432条1項・615条1項，商法19条2項）の意味を述べなさい。

Q 5　EDINETとは何か述べなさい。

第2章　会計帳簿の作成

　債権者，株主など株式会社の利害関係人にとって，株式会社の財産状況（会計学ではよく「財政状態」と表現される）や損益状況の会計情報を提供する計算書類は欠かせないものである。計算書類以外に株式会社が各事業年度において作成しなければならない書類として事業報告があり，計算書類および事業報告についてはそれぞれ附属明細書も作成される（会社法435条2項，会社計算規則91条1項）。計算書類は会計情報を提供し，事業報告は会計以外の業務関連情報を提供する。

　計算書類およびその附属明細書に表示される会計情報の基礎をなすものとして会計帳簿がある（もとより，会計帳簿に記載される記録は後述するように経営者自身の経営判断のための資料としても位置づけされる）。会計帳簿は，会計処理や会計手続の流れを合理的に記した記録である。会計帳簿に記載された記録をもとに計算書類およびその附属明細書を作成する手続を「誘導法」と呼ぶ（会社計算規則91条3項）。会計帳簿は，簿記の原理にしたがった会計処理を基礎として作成される。会社法上の会計業務は，会社法および会社計算規則に規定された内容ならびに簿記の原理を底辺とした企業会計原則をはじめとする公正妥当と認められる企業会計の慣行に従って行われている。

　本章では，実際の会計帳簿の内容や仕組みなどを取り上げ，次に会計帳簿に資産・負債を記載するための会社法上の評価計算規定を取り上げる。

　なお，会社法で扱う会計事項については，国際会計の動向を含めた社会の要請に対し機動的に対処できるよう法務省令である会社計算規則に詳細事項が数多く委任されている。

第1節　総　　説

1　会社法における会計帳簿の位置づけ

　はじめに，会社法条文における会計帳簿と計算書類の位置づけを確認してお

こう。

　会社法第2編・第5章には，431条ないし465条の「計算等」に関する規定が置かれている。第5章「計算等」はいわば株式会社の会計について定める章であり，この第2節として「会計帳簿等」が位置づけられる。

　第2節の会計帳簿「等」の中には，会計帳簿だけでなく，各事業年度に係る計算書類等や連結計算書類など開示書類に関する条文が含まれている。利害関係人に対する開示は，主にこれら開示書類を通して行われるのであるが，会計帳簿「等」の節に括られている。

　一方，会社法では「計算関係書類」という括りがある（会社計算規則2条3項3号）。この中には事業報告およびその附属明細書は含まれていないが，基本的に会計関連情報については会社計算規則に委ね（会社法施行規則116条），事業報告すなわち業務関連の情報については，会社法施行規則において詳細を規定するという法務省令の役割分担によるものである。会社計算規則は会計関連情報のみを扱うものと考えてよいであろう。

　このように，会社法では会計帳簿等に計算書類等が含まれる形の構成になっているが，両者の位置づけは，後述する会計の概念からしても，法的効果の面からも異なるものであるし，また，近時の開示や監査の重要性からして，開示規制・監査規制は，本来，章を別建てにすべきものと思われる。

2　会計とは

　会社法上，「会計」の文言は，会社法431条（第2編第5章第1節）において初めて登場するが，そもそも会計とは，どのような概念であろうか。会計先進国である米国におけるアメリカ会計学会の「会計」の定義，わが国会社法における位置づけ，会計の種類などを検討しておこう。

　1966年のアメリカ会計学会（American Accounting Association ; AAA）の定義によれば，「会計とは，情報の利用者が事情に精通して判断や意思決定を行うことができるように，経済的情報を識別し，測定し，伝達するプロセスである」とされる。これが現代の会計に関する基本的な定義となっている。なお，ここでは情報利用者として不特定多数の者を対象にしていることが窺われ，とくに投資家に対する会計情報の伝達が強く打ち出されているように思われる。

　他方，もっと古い定義であるが，1941年のアメリカ公認会計士協会（Ameri-

図表 2 − 1　会計の種類

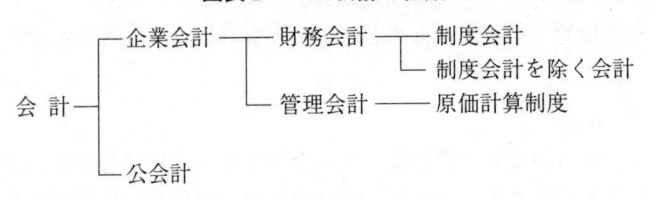

```
          ┌─ 企業会計 ─┬─ 財務会計 ─┬─ 制度会計
会　計 ─┤            │            └─ 制度会計を除く会計
          │            └─ 管理会計 ─── 原価計算制度
          └─ 公会計
```

can Institute of Certified Public Accountants ; AICPA）による定義も参考となろう。この定義では,「会計とは, 財務的性格をもつ取引および事象を, 意味のある方法で貨幣額によって, 記録, 分類, 集計し, かつその取引および事象を, 意味のある方法で貨幣額によって記録, 分類, 集計し, その結果を解釈する技術である」とされていた。こちらのほうが具体的であるように思われるが, 1966年の定義が公表されるまでの, 会計職業専門家を対象にした定義であったとされている。

それでは, わが国会社法の規定は, 上記 AAA の定義に見られる概念にどのように対応しているのであろうか。上記 AAA が定義する識別→測定→伝達といった一連のプロセスに対し, わが国会社法は, 第 2 編の「第 5 章　計算等」において対応している（なお, 持分会社について会社法614条以下）。

会社法「第 5 章　計算等」における「第 1 節　会計の原則」「第 3 節　資本金の額等」「第 4 節　剰余金の配当」などは主に識別と測定を扱い,「第 2 節　会計帳簿」は主に伝達を扱うものと考えてよいであろう。

次に会計の種類について見ておこう。図表 2 − 1 のように, 会計の対象でもって区分すると, まず個別企業ないし企業グループを対象とする企業会計と, 国・地方公共団体などを対象とする公会計とに分けられる。そして企業会計は, 情報の提供先, 法令による直接的な規制の有無等により次の 2 つに大別することができる。

① 財　務　会　計

会社外部の利害関係人に財政状態や経営成績を報告するための会計である。利害関係人との調整を目的に法令で強制される。なお, この関連の法令群は, 会社法・金融商品取引法・税法の三法および政省令等であり企業会計法と呼ばれる。計算書類等による強制開示が中心課題である。財務会計は法令による規制ばかりでなく, 実務指針等が法令と同様の規制効果をもつ場合もあり, 図表

2-1では，峻別するため一応「制度会計を除く会計」と分けておいたが，後者も法令を間接的に形成するものとして制度会計に含めるほうが実質的であるように思われる[1]。

② 管　理　会　計

主として経営者のために情報提供する会計である。経営者自身の経営判断のための資料を形成するものであり，会計帳簿に記録された日々の取引数値を活用する場合も，あるいは個別の目的ごとに数値計算する場合もある。したがって，管理会計に属する会計に対し，基本的に法令による直接的な強制はない。管理会計には，投資計画など意思決定情報に結びつく会計と，日常レベルの予算統制・原価計算など統制管理情報を提供する会計がある。なお，原価計算制度[2]は第一義的に管理会計として位置づけられようが，実際の製造原価の算定などの面からは財務会計にも直接結びつく。また，管理会計は予算統制など効率性を推進するための用具ともなるが，会社法上の内部統制の一環としては効率性も含まれる[3]と考え得る側面からは，法令とは無関係とはいえない。

本書の性格からして，以下に取り上げる企業会計は，基本的に財務会計のみとする。

第2節　簿記の原理と会計帳簿の仕組み

計算書類等作成の基礎となる会計帳簿そのものについては，会社法・会社計算規則の条文を見ても，どのような内容や仕組みにするのか具体的回答は得られない。結局，法令上は，公正妥当な企業会計の慣行に従うもの（会社法431条，会社計算規則3条）とされているだけであるから，会計実務そのものを理解しなければならない。ここに，会計帳簿の記録方法に関する会計実務の現状を知る必要が生じてくるが，その基本原理は簿記の原理に基づいている。

また，利害関係人が計算書類等を利用する場合も，計算書類等作成の基礎となる会計帳簿に記載される内容やその仕組みそのものを知らなければ，開示書類を読み込むことは難しい。この意味でも，簿記の原理について最低限の知見が必要となろう。

そこで本節では，会計帳簿は，どのような内容や仕組みで展開されているのか，簿記の原理に立脚した会計実務の状況を見ておくことにする。

第2節　簿記の原理と会計帳簿の仕組み

図表2－2　複式簿記の基本原理

左側（「借方（かりかた）」と称される）	右側（「貸方（かしかた）」と称される）
元になった資金がどのように使用されているかを示す。いわば資金の「使途」や「運用形態」を示す。 原則として資産・費用等に属する勘定科目が記入される。	元になる資金の出所がどこであるかを示す。いわば資金の「源泉」を示す。 原則として負債・純資産・収益等に属する勘定科目が記入される。
200万円規模の事業を起こす。自己資金100万円と，不足分100万円は銀行から借入して合計200万円とした。とりあえず80万円は現金に，残り120万円は預金とした。	
（借方） 　現金　　　80万円 　預金　　　120万円	（貸方） 　借入金　　　100万円 　資本金　　　100万円

1　会計記録作成の基本的発想——複式簿記の発想

　会計上の経済価値を識別・測定・伝達する方法は，複式簿記（現代で使用されている簿記のシステム。以下，文脈により「複式簿記」と「簿記」とを使い分ける）の考え方や技術に基づいている。これまで簿記学において研究されてきた成果が会計実務に反映されてきているからである。洋の東西を問わず近代以降，行政も産業界も会計ツールとしての複式簿記の考え方や技術を尊重し，複式簿記を前提にする形で法令等の規制が行われる一方，会計実務慣行も形成されてきている。

　複式簿記の基本原理として，およそ以下の点が要諦となろう[4]。
① とにかく経済価値で捉えるので，貨幣額で表示することが基本である。
② 複式簿記の「複式」とは，図表2－2に見るとおり，ひとつの取引を表・裏の2つの面から記録することをいう。したがって，左右とも同じ合計金額となる。
③ 表・裏の2つの面とは，資金の源泉と使途（運用）であり，この2つの側面を左側（借方）と右側（貸方）に分けて記録する。この記録行為を仕訳という。
④ 売上あるいは資金の追加出資や追加借入などによる資金の源泉に関するものは右側に蓄積させ，資産や費用など使途に関する残高は左側に蓄積さ

せる記帳方式である。
⑤　左側に蓄積されたものが減少・消滅する場合は，右側に反対記入する。同様に，右側に蓄積すべきものが減少・消滅した場合は，左側に反対記入していく。
⑥　原則として相殺して記入することはせず，反対記入も含め総額記入とする。

2　会計記録に必要な5つの基本要素

　それでは，日常の事業活動による取引がどのように記録されていくのか，その内容や仕組みについて見ていくことにしよう。

　日常の事業活動を複式簿記のルールにしたがって記録し，これを利害関係人に対する最終版の報告となる計算書類につなげていくのが，財務会計における会計帳簿の役割である。会計上，会計情報の基本をなすのは貸借対照表と損益計算書であるが，前者は会社の財政状態を表すものであり，後者は損益状況を表す。まず両書類と会計帳簿の記録内容との関係を見ておこう。

　会計帳簿上の記録としては，会社が行うあらゆる事業活動のうちとくに営業活動が中心となる。営業活動などによって，新たな増加分として会社に流入してくる資金のことを「収益」という。営業活動による売上はもとより，資金運用で利息・配当などを受け取ることもあるが，その中心はやはり営業活動結果としての売上であろう。他方，営業活動にはコストが伴い，資金が流失していく。給料・利息・広告宣伝費などを支払う形で会社から資金が流失していくが，これらは「費用」という。そして，収益と費用の差額が利益または損失となる。これらの推移は最終的に損益計算書に糾合されていく。

　財政状態に関するものは複雑で規制も多岐にわたりかつ厳格なものになっているが，とりあえず単純化した説明をしておこう。図表2－2で見たように，そもそも会社が事業活動を始めるには当初の資金すなわち資本金がある程度は必要であり（会社法上，最低資本金額の定めはないが），株主から提供された資本金を元に事業が展開されていく。当初に目論んだ事業規模に対し資金が不足であれば，銀行からの借入金などで補完して事業が運営されていく。この補完する資金を「負債」というが基本的に法律上の債務である。

　設立時のまだ営業が開始されていない時点を想定すると，この資金は現金な

図表 2－3　会計の 5 つの基本概念と貸借対照表，損益計算書との関係

貸借対照表

資　産	負　債
	純　資　産 （資本金プラス前年度までの剰余金）
	プラス　当該年度の利益

損益計算書

費　用	収　益
当該年度の利益	

いし預金の形で存在しているが，やがて営業活動が始まれば，設備購入や仕入などの費用に使われていくであろう。これを「資産」という。つまり，資産は費用に転化し得るという性格をもつ。1 年間の事業活動を通じて利益が上がれば，当初の資本金に加わる形で剰余金としてプラスされる。この合計は基本的に株主の持分である。その後，株主総会（定款によっては取締役会）の決議で利益配当などを行うにしても，まずは利益が上がれば株主の持分もそれだけ増大することになるが，資本金に当該年度の利益を含む剰余金を合算したものを「純資産」という。これら一連の関係は，貸借対照表（および株主資本等変動計算書）で表現される。

　以上の関係を図示すると**図表 2－3** のようになる。図表 2－3 で注意すべきは，貸借対照表に加えられた今年度の利益は，損益計算書から導かれた当該年度の利益であることである。したがって，どちらの書類も利益の額は同じ金額となる。なお，正確にいえば，「純資産」には株主資本以外の部分も含まれるが（第 3 章参照），上記の説明および本図表はあくまでも単純化したものである。

　上記に見た収益・費用・資産・負債・純資産の 5 つの基本概念（これを簿記学では会計の「要素」という）の特性を改めて整理し，具体的な勘定を例示すれば，次のようになろう。

収益……営業活動・資金運用活動などで会社に流入してくる資金。利益を含む収入。

　　　　　売上，受取利息，受取利子，土地・有価証券売却益等々。

費用……サービス・便益の対価として流失した資金。基本的に対価として流失していくので，財産価値のあるものは残らない。

　　　　　原材料の仕入・工賃等の製造費，事務部門の支払給与等の販売費・管理費等々。

資産……会社の権利・財産となるもの。売却・決済によって現金化でき，回収できる価値のあるもの。将来の費用の元になる。

　　　　　現金・預金，受取手形，売掛金，建物，土地，特許権，ソフトウエア等々。

負債……会社以外の他人から借りを作った状態を示す。支払義務を伴うもの。他人の持分（いわゆる他人資本）。

　　　　　借入金，支払手形，買掛金，社債，引当金等々。

純資産……元手となる資本金に剰余金を含めたもの。株主の持分である株主資本（いわゆる自己資本が中心。一部，自己資本以外の部分も含まれる）。

　　　　　資本金・資本剰余金・利益剰余金等の株主資本，等々。

　上記の「収益」「費用」「資産」「負債」「純資産」の5つの要素は，会計を理解するうえでの出発となる。図表2－3でわかるように，これら5つの要素には，次のような算式が成り立つであろう。

　　貸借対照表に関して……資産＝負債＋純資産
　　損益計算書に関して……収益－費用＝利益

　日常的かつ継続的な事業活動を報告することが肝要という観点からすると，会計上は，日常取引の損益計算を行った結果としてとりまとめられる損益計算書が優先されてきた。しかし，近時，いわゆる資本取引（詳細は第7章以下参照）が重要視されてくると，損益計算を経由せずに貸借対照表に資本取引の結果が直接反映されていく場合も多く[5]，かつその金額も大きくなっているので，財産計算が重要なものになっている。

3　仕訳と帳簿組織

　現代の会計処理作業はコンピュータ化され，一部の伝票記入等を除き，原始的な手作業による帳簿記録作業はあまり見られなくなった。しかし，会計帳簿の記入や個別の帳簿組織などの原理自体には何らの変化はなく，ただそれがソフトプログラム化されたにすぎない。以下の記述は，このような実態を踏まえながらも，会計帳簿作成の基本原理を紹介している。

　まず，会計処理の出発点となる仕訳の作業と，帳簿組織の体系にしたがって計算書類が作成されるまでの過程等を見ておこう。

(1) 仕　訳

　日常の取引を記録するに当たり注意すべきは，記録の対象は「簿記上の取引」に限られることである。賃貸借契約の締結，電話注文による受注などそれ自体は「簿記上の取引」の対象にならない。逆に，火災や風水害で工場が破損を受けた場合などは対象となる。

　簿記の記録は，前述の5つの要素に従ってグルーピングされ記録されていくが，収益・費用・資産・負債・純資産に変動を与える取引だけが「簿記上の取引」となり記録されていく。

　複式簿記では，1つの取引を1枚の紙面に記録する場合，左側（借方）と右側（貸方）の2箇所に分けて記録するのが第1の原則である。そして，5つの要素が絡むものとして記録される。

　取引が5つの要素別に蓄積されて（記録されていく）場所は，次のように決められている。そして，減少ないし消滅する場合は，左右逆の場所に記録するのが第2の原則である。前述のとおり，減少・消滅の際には相殺してはならず，必ず取引ごとの額を左右逆に記録する。

　　収益……右側（貸方）に蓄積　　消滅はこの逆
　　費用……左側（借方）に蓄積　　　（同上）
　　資産……左側（借方）に蓄積　　減少はこの逆
　　負債……右側（貸方）に蓄積　　　（同上）
　　純資産……右側（貸方）に蓄積　　（同上）

　たとえば，現金100万円で営業用の自動車を購入した場合，次のように左側（借方）と右側（貸方）に分けて記録する。右側（貸方）では現金という資産が100万円減少したことを記録した。左側（借方）では車両という資産が100万円

増加したことを記録した。この記録方法を「仕訳」と呼ぶ。

左側（借方）		右側（貸方）	
車両	100万円	現金	100万円

これは，1つの取引を表・裏の2つの側面から見ていることになる。すなわち，①資産である現金100万円が流失した。②新たに100万円の車両が資産として加わった。ということになる。左右の金額は，1つの取引を表裏から見ているだけなので，一致する。これを貸借平均の原理というが，計算上のミスなどは，この原理で発見されることが多い。

上記の取引ケースでは，たまたま資産だけに変化を及ぼしたが，5つの要素に変化を与える組み合わせは，以下のように考えられる。なお，収益の発生と費用の発生が同時に起こることは理論的にありえない。

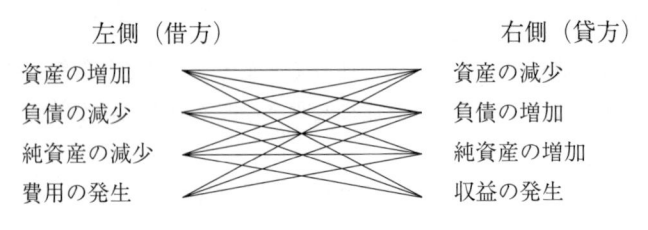

左側（借方）	右側（貸方）
資産の増加	資産の減少
負債の減少	負債の増加
純資産の減少	純資産の増加
費用の発生	収益の発生

(2) 仕訳帳と元帳

日常の取引を記録していく最初の一歩は，上記の仕訳であるが，この仕訳は図表2－4のように，「仕訳帳」という帳簿に取引の発生順に記録されていく。

図表2－4　仕訳帳の様式

年　月	摘　　要	元丁	借方	貸方
○年○月○日	（現金）	1	300,000	
	（資本金）	8		300,000
	開業			
○年○月○日	（仕入）		100,000	
	（現金）	1		80,000
	（買掛金）	6		20,000
	A社から仕入れ			

「摘要」欄には，左上には借方の勘定科目を，右下には貸方の勘定科目を記入する。「摘要」欄の最後に「開業」など取引の内容を簡単に記す。「元丁」欄（もしくは「丁」欄）には，転記した先の総勘定元帳の勘定番号またはページ数を表す。

図表2−5　総勘定元帳（残高式）の様式

現　金

年　月	摘　要	仕丁	借方	貸方	借・貸	残高
○年○月○日	資本金	1	300,000		借	300,000

資本金

年　月	摘　要	仕丁	借方	貸方	借・貸	残高
○年○月○日	現金	1		300,000	貸	300,000

「現金」「資本金」など各勘定ごとに整理される。「摘要」欄には，相手勘定を記入する。「仕丁」欄には，仕訳帳のページ数を記入する。

だが，発生順に記録されていけばそれでよいというわけではない。経営の立場からは，現在，現金がいくらあるのか，負債はいくら抱えているのか，費用はどの程度かかっているのか，何よりも売上の動向はどうか，等々の点が気になるところである。このような個別の情報がすぐにつかめないようでは経営がたちいかなくなる。そこで，勘定ごとの帳簿が必要とされてくる。

加えて，このような勘定ごとの蓄積記録があれば，期末に利害関係人のために報告する貸借対照表や損益計算書が作成しやすい。このような理由から，図表2−5のように，勘定ごとの記録をとりまとめた帳簿を「元帳」という。元帳は，一般実務ではすべての勘定を一括りにした「総勘定元帳」の形になっている場合がほとんどである。

そこで，仕訳帳の記録を元帳に写す作業が必要になってくるが，この作業を「転記」という。

仕訳帳と元帳は，経営のため財務報告のため欠かせない会計帳簿なので，「主要簿」と呼ばれているが，さらに，経営統制・管理のため，次のような帳簿が「補助簿」として活用されている。すなわち，現金出納帳・仕入帳・売上帳・商品有高帳・得意先元帳・仕入先元帳等々であるが，これらの帳簿は経営の統制・管理に役立っている。

(3) 仕訳から計算書類作成までのプロセス

年度末には，1年間の財政状態・損益状況を利害関係人に知らせるため，計算書類（および事業報告，ならびにこれらの附属明細書）の作成が必要である。

第2章　会計帳簿の作成

　日々の取引記録である仕訳帳から総勘定元帳に集められた記録を合算して，損益計算書および貸借対照表を作成することが基本であるが，およそ以下のプロセスを踏むことになる。

　総勘定元帳における各勘定の残高は，5つの要素ごとに集計される。収益・費用は損益計算書につながる科目として，また，資産・負債・純資産は貸借対照表につながる科目として集計されていく。この結果は「試算表」と呼ばれる一覧表に表現され，残高の左右（借方・貸方）一致を確認する。

　これだけならば簡単であるが，期末においては年間の締め括りとして，欠かせない「決算手続」と呼ばれる一連の作業がある。決算手続には，「期末整理事項」と呼ばれる事項について作業を行わなければならない。この作業は，事業形態により各種考えられるが，一般的かつ主要なものとして，以下の期末整理事項が挙げられるであろう。

① 売上原価，損益の確定
② 有価証券等の評価
③ 貸倒れの見積り
④ 有形固定資産の減価償却
⑤ 収益・費用の見越し，繰延べ

　これらの作業は，①⑤以外は，およそ会社計算規則に規定されているので，第4節で改めて取り上げる。

　①については企業会計原則の考え方に基づき実施されているが，単純な商品販売業の場合を例にとると，売上原価の確定は以下のように行う。

　たとえば小規模の販売業では，商品を仕入れ（原価），これを販売し（売上），利益を得るというサイクルを繰り返していく。人件費等の管理諸費用を除けば，原価は仕入代金すなわち商品購入代金である。決算は事業年度の末日（たとえば3月31日）を基準にして実施される。通常，決算日において在庫が100％なくなることはなく，翌事業年度開始時の4月1日には在庫を抱えた状態で新たな事業年度の販売が展開されていく。翌年度も仕入れを何回かしながら販売を続けていくわけである。そうすると，決算をする時点では，仕入高＝原価とはならず，期末時点における商品在庫量が問題となり棚卸の作業が必要になってくる。棚卸をして売上に対する原価を確定するために，次の算式が必要とされてくる。

第 3 節　連結特有の会計処理

― Coffee break　監査の話 I ―

| 企業等不祥事の例 | 企業等不祥事は多様化し，頻発して止まない。過去の事件をふりかえることが，今後の法的活動，監査活動にヒントを与えるだろうと，代表的な事件をおおまかに分類してみた。 |

a　**疑獄事件**　　昭和電工疑獄事件（昭23），造船疑獄事件（昭29），ロッキード疑獄事件（昭51），リクルート疑獄事件（昭63），ゼネコン汚職・疑獄事件（平5，6）

b　**公害事件**　　水俣病（昭28～35），四日市大気汚染喘息事件（昭34），第二水俣病（昭40），PCB 事件（昭43），薬害エイズ事件（昭60），BSE 感染牛事件（平13），アスベスト飛散公害（平17），東京電力ほかデータ改ざん・隠蔽（平18）

c　**会社法・証取法違反事件**　　経産省係長インサイダー違反（平16），西武グループ，カネボウ証取法違反事件（平17），ライブドア証取法違反事件，日経新聞社員インサイダー違反（平18），新日本公認会計士，NHK 職員 3 人，野村証券社員各インサイダー取引違反（平20）

d　**独禁法違反事件**　　防衛庁入札談合事件（平 9），道路公団鋼鉄製橋梁談合事件（平17），林野庁緑資源機構談合マニュアル（平18）

e　**官庁（贈収賄）汚職**　　徳島県知事（平14），福島・和歌山・宮崎各県知事（平18），社保庁指導医療官同窓会関係，防衛省次官（平19）

f　**経営者・従業員不正事件**　　日本通運業務上横領（昭43），大和銀行巨額損失隠し事件（平 7），住友商事不正取引事件（平 8）

g　**粉飾決算事件**　　山陽特殊製鋼倒産（昭40），山一証券粉飾決算（平 9），日本長期信用銀行・日本債券信用銀行損失隠し（平11），日興コーディアル不正利益水増し疑惑（平18），三洋電機損失処理疑惑（平19）

h　**特殊株主事件**　　野村証券等，三菱グループの一部（平 9）

i　**その他企業不祥事**　　雪印食中毒事件（平12），トヨタ試験漏洩発覚（平15），引き続き三菱自動車欠陥車隠し事件（平16），「ミートホープ」・「不二家」・「白い恋人」・「赤福」不正（平19），「船場吉兆」偽装（平20）

　　　　　売上原価＝期首商品棚卸高＋当期純仕入高－期末商品棚卸高
　以上の期末整理事項を踏まえて，「精算表」と呼ばれる整理表を作成する。この「精算表」によって，損益計算書および貸借対照表の素地が作られる。

第3節　連結特有の会計処理

　企業再編が進み，企業グループによる経営が目立つようになってきている。会計情報もこの実態を反映したものでなければ意味をなさなくなってきた。
　会社法444条1項は，会計監査人設置会社においては，法務省令で定めるところにより，連結計算書類を作成することができるものとしている。大会社かつ有価証券報告書提出会社(6)は連結計算書類の作成が強制される（会社法444条3項）。
　「連結」会計といえば単に親会社と子会社等の会計情報を合算すればよいというものではない。連結会計特有の会計処理を経由しないと，企業グループの実態が会計情報に反映されなくなる。連結計算書類を読み込む際，この点の知見があれば理解を早めるので，以下，連結特有の会計処理に触れておきたい。本節では，連結計算書類の中心書類とされている連結貸借対照表と連結損益計算書を取り上げ，両書類が作成されるまでの基本的な会計処理を検討する。なお，新たに子会社を取得するなど企業結合時の会計処理については，本書第9章で取り上げることにする。

1　連結貸借対照表関係の基本的会計処理

　会社計算規則100条では，連結計算書類の作成に当たっては，連結子会社の資産および負債の評価ならびに連結子会社に対する投資とこれに対応する当該連結子会社の資本との相殺消去その他必要とされる連結会社間相互間の項目の相殺消去をしなければならないとされている。
　連結するには，まず親会社・子会社の個別情報の合算が必要である。しかし，同条によれば，親会社の個別貸借対照表の投資における当該部分と，子会社の個別貸借対照表の純資産における当該部分は相殺消去されなければならない。なお，親会社の持分以外の部分を少数株主持分という。
　このような処理を資本連結手続というが，図表2－6のようになろう。

2　連結損益計算書関係の基本的会計処理

　企業グループを1つの経済単位と捉えると，親会社も子会社も同一の経済単

第3節 連結特有の会計処理

図表2－6　資本連結の手続
（親会社が子会社株式の80％を保有し、純資産は
すべて株主資本と想定した場合）

親会社			
資産　　　1000 うち160は子会社への投資		負債　　　400	
		株主資本　600	
1000		1000	

子会社			
資産　　　300		負債　　　100	
		株主資本　200 うち160は親会社分	
300		300	

連結

資産　　　1140	負債　　　　　500
	少数株主持分40
	株主資本　　　600
1140	1140

位でありいわば身内である。そうすると、対外的に損益の状況を伝える際に、親・子会社間で行う取引（これを「内部取引」という）は——対外的に伝える損益の状況は企業グループ単位という視点からすると——あまり意味をもたない。内部取引は、会社計算規則100条の「その他必要とされる連結会社間相互間の項目の相殺消去」に相当し、相殺消去しなければならない。これが基本である（連結財務諸表原則第五2参照）。

また、親子会社間で、商品などの売買が行われた場合、売買価格に含まれる利益は、その商品が企業グループの外に販売されるまでは、「未実現利益」として扱う。連結に当たっては、この未実現利益は消去しなければならない（連結財務諸表原則第五3参照）。

未実現利益を消去する場合は、以下の3つの方法による。
① 全額消去し、これを親会社が負担する方式
② 全額消去し、これを親会社と少数株主の持分比率により負担する方式
③ 親会社の持分比率に相当する金額だけを未実現利益として消去し、この分は親会社が負担する方式

親会社から子会社に対して商品などが販売される形態を「ダウン・ストリー

ム」という。逆に，子会社から親会社に対し商品などが販売される形態を「アップ・ストリーム」という。この形態ごとに上記3つの方式が適用される。ちなみに，ダウン・ストリームでは，①の全額消去・親会社負担の方式が採用される。アップ・ストリームでは，②の全額消去・持分比率による負担方式が採用される。

ダウン・ストリームの場合の例として，親会社が原価1000円の商品を，子会社に1200円で販売したが，子会社はまだこの商品の販売を企業グループ外にしておらず，在庫として抱えていた場合を見てみよう。

まず，内部取引自体を消去するために，次の仕訳を行う。

　　　　（借方）　　　　　　　　　（貸方）
　　　売上高　　1200　　　　　　売上原価　　1200

そして，未実現利益200円を消去するために，次のような仕訳を行う。未実現の分200円については，期末在庫が過大になっている。前節3(3)で見たように，売上原価は，当期仕入高だけでなく，期首在高を加算し，期末在高を減算して求められるが，期末在庫が過大になっている分，それだけ売上原価は過小になっているので，この分について売上原価を加算する仕訳が必要であり，他方，商品在庫が過大になっている分を減算する仕訳が必要となるからである。

　　　　（借方）　　　　　　　　　（貸方）
　　　売上原価　　200　　　　　　商品　　　　200

3　持分法による損益情報の修正

以上は子会社を対象とした連結規制である。企業グループの実態としては，連結の対象に至らない子会社（これを「非連結子会社」という。会社計算規則2条3項21号）や財務・事業方針の決定に重要な影響を与えることのできる会社（これを「関連会社」という。会社計算規則2条3項19号）もあろう。これらの会社も総合的に企業グループの実態を形成しているから，会計情報を提供する場合も，これらの会社の影響を加味するべきである。

そこで，投資会社が被投資会社の純資産および損益のうち当該投資会社に帰属する部分の変動に応じて，その投資の金額を各事業年度ごとに修正する方法

を採用している。これを持分法（会社計算規則2条3項24号，101条）という。

持分法は，その適用会社の財政状態および損益状況を，親会社の投資損益に反映させる。投資損益は，営業外収益（または営業外費用）として括られ，連結損益計算書の営業外収益（または営業外費用）の部において，たった一行「持分法による投資利益（または投資損失）　○○円」とだけ記載されるだけなので，「一行連結」と呼ばれることがある。

たとえば，投資会社の持分比率が10％で，被投資会社が500円の当期純利益を出したとすると，投資会社の持分法による投資利益は50円となり，これが連結損益計算書における営業外収益に「持分法による投資利益　50円」と記載されていく。

第4節　会社法における評価・計算規定

1　会社法の会計に対する基本的スタンス——公正妥当な企業会計の慣行

会社法431条では，株式会社の会計は，一般に公正妥当と認められる企業会計の慣行に従うものとされている。これが会社法における会計の原則とされるものである。会社法制定前の商法では，公正なる会計慣行を「斟酌」するものとされていたが，会社法では「従う」ものと表現が改められた。

同条の規定は，いわば会計処理・手続・開示等を行うに際しては，企業会計の原則や基準，その他の実務慣行に「従う」ことを意味する。会社法では会計事項の詳細を多く会社計算規則に委任しているが，この公正妥当な企業会計の慣行については，会社計算規則3条にも定めがあり，同条は，会社計算規則の適用に関しては，一般に公正妥当と認められる企業会計の慣行を「斟酌」しなければならないと規定している。一見，両者には差があるように見えるが，立法担当者は次のように説明している[7]。

すなわち，会社法431条では，会社法およびその下位法令である会社計算規則に規定がある場合も，ない場合も含めて，会社の会計については公正妥当と認められる企業会計の慣行に「従う」としたものである。他方，計算規則3条は，会社法上の規律として必要であると判断されたものを規定化したものであり，計算規則に置かれた条文規定そのものは，公正妥当な企業会計の慣行にしたがって規定したにすぎないことを，明文にしたものである。同時に，計算規

第2章　会計帳簿の作成

則の規定の適用に当たっては，形式的に適用するのではなく，企業会計の慣行の慣行を「斟酌」して適用すべきであることを表現している――というものである。

以上を要するに，株式会社が会計処理・手続・開示を進めていく場合は，会社法および会社計算規則の規定以外に，企業会計原則や企業会計基準はもとより，その他の実務慣行も併せて適用されることになる。そうすると，実務の運用としては，会社計算規則の個別規定を幅広に検討しつつ進めていかざるを得ず，公正妥当な企業会計の慣行の動向にも常に注意を払っていかねばならないであろう。

2　会計帳簿に関する規定の位置づけ

会計の処理（評価や計算など）は会計帳簿に記録されるが，会社法が定める会計帳簿の規定はわずかに次の規定があるのみであり，しかもこの規定は会計帳簿の管理や扱い方に関するものである。

すなわち，会社法432条1項では，法務省令で定めるところにより，適時に正確な会計帳簿を作成しなければならない旨を，同条2項では，10年間は会計帳簿と共に事業に関する重要書類を保存しなければならない旨を定めている。また，会社法433条では，総株主の議決権の3％以上の議決権を保有する株主等が会計帳簿等の閲覧請求権を行使できる旨を，同条3項では，親会社の社員も権利行使に必要であれば（裁判所の許可を得て）閲覧請求できる旨を定めている（同条の一部は省略した）。

このように会社計算規則では，会計帳簿における会計処理や手続について定めているものの，会計帳簿の仕組みや体系をどのようにすべきかについては定めがない。まさに公正妥当な企業会計の慣行に委ねているわけである。

会社法432条1項を受けて，会社計算規則第2編では，図表2－7のように会計帳簿に記載する資産・負債・純資産の価額，その他会計帳簿の作成に関する事項を定めている（会社計算規則4条）。これら一連の規定が，会社法規制における評価・計算規定といえよう。

なお，図表2－7の条項は，基本的に財産計算に関するもので，損益計算に関するものはほとんど見られない。ここに財産計算とは，最終的に貸借対照表情報を作り上げるための評価・計算であり，会社の財政状態に関する会計情報

第4節 会社法における評価・計算規定

図表2－7　会社計算規則における株式会社の会計帳簿に関する条項（抄）

資産および負債に関連する条項	資産および負債の評価原則（5条ないし10条） のれん（11条ないし29条） 組織再編による株式の特別勘定(30条ないし35条)
純資産に関する条項	株式交付・剰余金配当・自己株式・資本金等の増減など株主資本に関する条項（36条ないし52条） 組織変更に際しての株主資本等（56条，57条） 吸収合併・分割等に際しての株主資本（58条ないし70条） 吸収分割会社等の自己株式処分(71条ないし73条) 設立時の株主資本（74条ないし83条） 評価換算差額（85条，86条） 新株予約権（87条）

が基本である。他方，損益計算とは，最終的に損益計算書情報を作り上げるためのものであり，会社の損益状況（経営成績）に関する会計情報が基本である。したがって，損益計算に関する会計帳簿の記載は，公正妥当な企業会計の慣行によることになる。

3　会計帳簿における資産・負債の評価

図表2－7で見た会計帳簿の計算に関する会社計算規則の条項は，財産計算に関するものがほとんどであるから，会社法の規制としては，ほとんどが貸借対照表に結びつく規制が中心となる。そして図表2－7における多くの条項は，日常の事業活動に伴う継続的な会計帳簿記載に関するものというよりも，債権者・株主保護のため，企業再編を中心とした取引に関する評価・計算方法について規制を置いたものと考えてよいであろう。これら企業再編時の評価・計算方法については，本書第9章で論じることとする。

なお，企業再編に関する会社計算規則の規定として，第7条ないし第10条は組織変更における評価，第11条ないし29条は合併・分割等におけるのれんの評価・計算，第30条ないし35条は組織変更による株式の特別勘定などを扱っている。

結局，日常的・継続的な資産および負債の評価に関する会社計算規則の規定は，第5条および第6条のみである。貸借対照表の作成に関し必要となる資

産・負債の日常における評価，期末における評価など，会計帳簿に記録する基礎的な部分について，どのような評価・計算をすべきなのか，会社計算規則5条および6条の規定を見ておこう。

(1) 資産の評価

資産の評価について，会社計算規則5条では，以下の規制が敷かれている。そして，公正妥当な企業会計の慣行がこれを支援している。とくに企業会計原則および「金融商品に係る会計基準」(以下，「金融商品会計基準」という)[8]が資産・負債の評価・計算に関して具体的な指針を提供している。

1) 取得原価主義

資産の評価については，会社計算規則その他の法令に別段の定めがある場合を除き，会計帳簿には資産の取得原価を付さなければならないのが原則である(会社計算規則5条1項)。いわゆる取得原価主義を定めたものである。取得原価主義を採用することの理由は，次の3点となろう[9]。

① 取得原価は，取得した資産に対する支払対価として実際に支出した金額によるものであるから，客観性・検証可能性において優れている。資産の貨幣数量が評価によって都度変わってしまうと，剰余金の配当など利害関係人との利害調整がしづらく，経営責任の解除が難しくなる。

② 資産は将来的に費用ともなり得るものであり，資産は収益に対する犠牲価値ともなるものなので，費消した部分を各事業年度の収益に適切に対応させる意味でも，理にかなっている。

③ 資産に取得原価を採用しないと不適切な評価益が算入され，期間損益が歪められる。

この点は棚卸資産について顕著に表われる。企業会計原則第三5Aでは，商品・製品・半製品・原材料・仕掛品等の棚卸資産については，原則として購入代価または製造原価に引取費用等の付随費用を加算し，これに個別法・先入先出法・後入先出法・平均原価法等の方法を適用して算定した取得原価をもって貸借対照表価額とするものとしている。企業会計原則では，棚卸資産以外にも，有価証券，受取手形・売掛金，有形固定資産，無形固定資産等についても評価方法を定めている（同原則第三5B・C・D・E）。また，金融商品会計基準においても，受取手形・売掛金，有価証券等の金融資産について定めを設けている（同基準Ⅳ14, 15～23）。

2）償却すべき資産

償却すべき資産については，事業年度の末日において相当の償却をしなければならない（会社計算規則5条2項）。ここに償却すべき資産とは，有形固定資産，無形固定資産，繰延資産などをいう。有形固定資産については，耐用期間にわたり，定額法・定率法等の一定の減価償却の方法によってその取得原価を各事業年度に配分し，無形固定資産は，当該資産の有効期間にわたり一定の減価償却の方法によってその取得原価を配分するものとされ，繰延資産についてもこれに準じて各事業年度に均等額以上の配分をしなければならないものとされる（企業会計原則第三5）。

3）有価証券等の評価，有形固定資産の減損

事業年度の末日における時価がその時の取得原価より著しく低い資産（当該資産の時価がその時の取得原価まで回復すると認められるものを除く）については，事業年度末の時価を付すことになっている（会社計算規則5条3項1号）。金融商品会計基準Ⅳ16～20では，満期保有目的の債券，子会社株式等，その他有価証券のうち市場価格のあるものについて時価が著しく下落したときは，回復する見込みがあると認められる場合を除き，時価をもって貸借対照表価額とし，評価差額は当期の損失として処理しなければならないものとしている。

事業年度の末日において予測することができない減損が生じた資産または減損損失を認識すべき資産については，その時の取得原価から相当の減額をするものとされている（会社計算規則5条3項2号）。いわゆる減損会計と呼ばれているものであり，対象は主に固定資産である。

4）取立不能見込み債権の控除

取立不能のおそれのある債権については，その取得価額が債権金額と異なる場合その他相当の理由がある場合は，適正な価格を付すことができるものとされている（会社計算規則5条4項）。いわゆる貸倒れを想定した条項である。企業会計原則第三の五Cでは，受取手形，売掛金その他の債権の貸借対照表価額は，債権金額または取得価額から正常な貸倒見積高を控除した金額とされている。金融商品会計基準Ⅴ27，28では，貸倒見積高の算定等につき詳細な定めを置いている。

5）取得価額と債権金額との差額

債権については，その取得価額が債権金額と異なる場合その他相当の理由が

第2章　会計帳簿の作成

---Coffee break　監査の話Ⅱ---

三様監査（さんよう）

現行監査制度の草創は，1899年（明治32年）公布・施行の（新）商法まで遡るから，監査役制度の歴史は100年以上にも及んでいる。

一般に大会社の場合，「三様監査（さんようかんさ）」と呼ばれる「内部監査」・「公認会計士監査」・「監査役監査」の3つの形態の監査が存在する。

「内部監査」は法定のものではなく，社内の監査部・検査部メンバーによって，会社財産の保全と経営管理，経営効率の向上のために，業務監査と会計監査が行われる。いわば企業の自主的監査，任意監査である。

他の二者は，「会社法」，「金融商品取引法」に基づく法定監査である。会社法上の「会計監査人監査」は，社外の公認会計士または監査法人が，計算書類とその附属明細書，臨時計算書類並びに連結計算書類を監査し，会計監査報告を作成，株主総会へ提出する。

「監査役監査」は，取締役の職務の執行を監査するものである。大会社では監査役会の組織化が義務づけられ，監査役会設置会社では，監査役は3人以上で，そのうち半数以上は社外監査役でなければならない。監査役会は，常勤の監査役を選定しなければならない。株式会社が定款で委員会設置会社制度を選択した場合は，監査役を置くことはできず，監査委員会がこれに替わる。

会社事業の複雑化，国際化に伴って監査業務も多様化，高度化しているので，社内の監査部メンバーである内部監査人，公認会計士ないし監査法人，監査役による一層の組織的活動が期待される。いまや，監査人の連係プレーの時代である。三者間の情報の交換，意思疎通，業務の効率化，重複防止などが強力に求められる。

ある場合には，適正な価格を付すことができる（会社計算規則5条5項）。金融商品会計基準Ⅳ16では，満期まで保有する意図をもって保有する社債などの債券を，債券金額より低い価額または高い価額で取得した場合において，取得価額と債券金額との差額の性格が金利の調整と認められるときは，償却原価法（金融商品会計基準注5）に基づき算定された価額をもって貸借対照表価額とするものとされている。

6）棚卸資産等の時価

事業年度の末日における時価がその時の取得原価より低い資産については，

第4節　会社法における評価・計算規定

事業年度の末日においてその時の時価または適正な価格を付すことができる（会社計算規則5条6項1号）。これに該当するものは棚卸資産である。企業会計原則第三5Aでは，棚卸資産の貸借対照表価額は，時価が取得原価よりも下落した場合には時価による方法を適用して算定することができるものとされている。

7）市場価格のある資産の時価

市場価格のある資産（子会社および関連会社の株式ならびに満期保有目的の債券を除く）資産については，事業年度の末日においてその時の時価または適正な価格を付すことができる（会社計算規則5条6項2号）。この条項は，主に売買目的の有価証券やその他有価証券の場合を想定している。金融商品会計基準IV15では，時価の変動により利益を得ることを目的として保有する有価証券（売買目的有価証券）は，時価をもって貸借対照表価額とし，評価差額は当期の損益として処理するものとしている。また，同じく，18では，売買目的有価証券，満期保有目的の債券，子会社株式および関連会社株式以外の有価証券（その他有価証券）は，時価をもって貸借対照表価額とし，評価差額は洗い替え方式に基づき処理すべきものとされている。すなわち，①評価差額を純資産の部に計上するか，②時価が取得価額を上回る銘柄に係る評価差額は純資産の部に計上し，下回るものについての評価差額は当期の損失として処理するか，のどちらかの方法による。

8）その他時価または適正価格を付すべきもの

そのほか，事業年度の末日においてその時の時価または適正な価格を付すことが適当と考えられる資産については，事業年度の末日においてその時の時価または適正な価格を付すことができる（会社計算規則5条6項3号）。その他の括りとして，適当と認められるものがあれば，それも認める趣旨である。金融商品会計基準IV25では，デリバティブ取引により生じる正味の債権・債務は，時価をもって貸借対照表価額とし，評価差額は原則として当期の損益として処理するものとされている。

(2)　負債の評価

1）債務額の原則

負債については，会社計算規則その他の法令に別段の定めがある場合を除き，会計帳簿に債務額を付さねばならない（会社計算規則6条1項）。債務額とは債

務が当初発生した時の価額である。金融商品会計基準Ⅳ26では，支払手形，買掛金，借入金，社債その他の金銭債務につき，債務額をもって貸借対照表価額とするものとしている。

2）引当金

上記の原則に対し，退職給付引当金，返品調整引当金のほか，将来の費用または損失の発生に備えて，その合理的な見積額のうち当該事業年度の負担に属する金額を費用または損失として繰り入れることにより計上すべき引当金は，事業年度の末日においてその時の時価または適正な価格を付すことができる（会社計算規則6条2項1号）。各種の引当金については，企業会計原則の注解18に例示があるので，参照願いたい。

3）社債の払込み金額

払込みを受けた金額が債務額と異なる社債については，事業年度の末日においてその時の時価または適正な価格を付すことができる（会社計算規則6条2項2号）。金融商品会計基準Ⅳ26のただし書きでは，社債を社債金額よりも低い金額または高い金額で発行した場合など，収入に基づく金額と債務額とが異なる場合には，償却原価法をもって，貸借対照表価額としなければならないとしている。ここに償却原価法とは，金融資産・負債を債権額または債務額と異なる金額で計上した場合において，当該差額に相当する金額を弁済期・償還期に至るまで，毎期一定の方法で取得価額に加減する方法をいう。

3）その他時価または適正価格を付すべきもの

そのほか，事業年度の末日においてその時の時価または適正な価格を付すことが適当と考えられる債務については，事業年度の末日においてその時の時価または適正な価格を付すことができる（会社計算規則6条2項3号）。

［注］
（1） 企業会計審議会が制定した企業会計原則や意見書，企業会計基準委員会が公表した会計基準は，法令と一体化し法令を補うものであるから（会社法431条，会社計算規則3条），制度会計に含まれる。金融商品取引法の財務諸表等規則では，それがより顕著に表れている（財務諸表等規則1条2項・3項）。公認会計士法により公認会計士協会の会員である公認会計士は同協会の実務指針の強制を受けるので，同協会が公表する実務指針は，会計監査人設置会社においては事実上，法令と同等の位置づけとなろう。証券取引所による上場会社等に対す

る通達等（主として開示に関するもの）も，上場基準との関係で強制力を持つから，事実上，上場会社等ではこれに従う結果となる。
（２）　企業会計審議会が昭和37年に策定した「原価計算基準」を指す。原価計算基準第２章「実際原価の計算」の内容は，製造会社における損益計算に組み込まれ実際の計算に反映されている。原価計算基準の詳細については，たとえば中央経済社編『会計法規集（第27版）』(2007年) 372頁以下参照。
（３）　内部統制は，その沿革からすると，管理会計分野における会社業務の統制・管理の研究から発している。アメリカのトレッドウェイ委員会が1992年に公表したCOSO報告書（The Committee of Sponsoring Organization of the Treadway Commission ; Internal Control-Integrated Framework）は現代の内部統制の基本となる考え方を示したものであるが，内部統制の目的として，①業務の有効性・効率性，②財務報告の信頼性，③法規の遵守，の３点が挙げられている。
（４）　とりあえず会計知識がない状態での最低限を示したつもりである。法律学を専攻する者が会社法の会計にアプローチする場合は，最低限，日商簿記検定３級の前半程度の知識があったほうが後の理解を助けるように思われる。
（５）　貸借対照表における純資産の増加は必ずしも損益取引から生じる利益による増加だけでなく，資本取引によって増加する部分もあり混然となっているが，これを合理的に表示しようとする（クリーンサープラス）議論がある。この問題が後述する包括利益の概念につながっていく。本書第３章第３節参照。
（６）　上場会社等は，金融商品取引法24条１項により有価証券報告書の提出を義務付けられているが，ここでは「経理の状況」の一部として，連結財務諸表が開示される。この連結財務諸表では，会社法上の連結計算書類とされているものに加え，連結キャッシュフロー計算書も開示対象となる。連結財務諸表には，注記表という括りはないが，詳細な注記が求められている。
（７）　相澤哲・郡谷大輔・和久友子「会計帳簿」商事法務1764号（2006年）13頁。
（８）　企業会計基準委員会第10号「金融商品に関する会計基準」(2007年改正) を示す。金融商品の時価をめぐる基準について提供している。デリバティブ取引，複合金融商品の評価，ヘッジ会計の処理についても本基準が取り扱っている。
（９）　塩原一郎編著『明解・会計学講義』（創成社，2004年）47～50頁参照。

第2章　会計帳簿の作成

> **設 問**
>
> Q1　財務会計と管理会計の相違点や特徴について論じなさい。
>
> Q2　誘導法にしたがった会計帳簿の作成から計算書類の作成に至るまでの過程を説明しなさい。
>
> Q3　簿記学にいう「会計の5つの基本要素」について，それぞれの要素を簡単に説明し，それぞれの「基本要素」には具体的にどのような勘定科目が含まれるのか，論じなさい。
>
> Q4　連結貸借対照表および連結損益計算書の作成に際して，それぞれの連結特有の会計処理について説明しなさい。
>
> Q5　会社法431条では，株式会社の会計は，一般に公正妥当と認められる企業会計の慣行に従うものとされている。ここにいう「一般に公正妥当と認められる企業会計の慣行」には，どのようなものがあるか説明しなさい。また，これらと会社法および会社計算規則との関係についても説明しなさい。

第3章　計算関係書類の作成

第1節　総　　説

　本章では，債権者・株主等の利害関係人のために株式会社が作成する計算関係書類について検討する。ここに計算関係書類とは，①成立の日における貸借対照表，②各事業年度に係る計算書類およびその附属明細書，③臨時計算書類，④連結計算書類をいうが（会社計算規則2条3項3号），本章では，事業開始後を対象とした②以下を取り上げる。なお，上記②の各事業年度に係る計算書類は，貸借対照表・損益計算書・株主資本等変動計算書・個別注記表の四書類である（会社法435条2項，会社計算規則91条1項）。

　第2章で見たように，計算書類および附属明細書は，会計帳簿に記録された内容をもとに出来上がっている。会計帳簿上の日常の取引記録に加え，期末決算時点では決算手続を実施することによって，各事業年度に係る最終的な開示書類である計算書類等が作成されていく。このような会計手続は誘導法と呼ばれている（会社計算規則91条3項）。

　会計帳簿に記録される日常の取引や決算手続等は，法令による規制だけでなく，簿記の原理や企業会計原則・企業会計基準ほかの会計慣行によって支えられている。これらの点が計算関係書類作成の前提となる。

1　会社情報開示の意義

　計算書類等の開示書類の作成目的は，債権者・株主等の利害関係人に対し会計情報を開示するためにあることはいうまでもないが，はじめに，会社情報の開示（いわゆるディスクロージャー）の意義について検討しておくことにしよう。

　商いがごく小規模で，その取引など影響を及ぼす範囲が狭ければ，少人数の利害関係人に個別的に明らかにされればよく，公表の必要はあまり認められない。他方，多数の者が利害関係人となる会社形態をとる場合は，すべての者に

個別に会社情報を知らせるのは不可能である。そこで，一定の基準で開示することで足りるとする開示規制の要請がされてきた。

また，金融商品取引の世界では，一般投資家の無知につけこんだ不正行為がされやすいので，この防止策として次のように開示制度が進展してきた。すなわち，もともと行政が禁止措置または事前審査をするなどの直接規制をすることで対応すべきところ，これでは時間・費用が過大となり，資金の自由な流れが滞ってしまう。この対策として開示規制を進展させてきた。その基本的仕組みは，まず必要な情報を会社に提供させ，その判断は債権者・株主・投資家など関係者の判断に委ねる。国家ないし法令は，正確さだけを規制する（都合の悪い情報も強制開示させる）というものである。いわば分権的な自由主義経済ないし市場経済機構の維持のための機能ということができよう[1]。

そもそもの開示制度の沿革についてみると，中世欧州における会社組織における受託者の報告システムからきたものであるとされている。近代以降，所有と経営の分離が進むにつれて，経営者コントロールのためのシステムとして機能してきた。とくに開示先進国である米国では1933年には証券法が，翌年1934年には取引所法が制定されているが，これら証券関連法は「人は明るいところでは悪いことはできない」「われわれの住む社会を開かれた社会の状態にしておこう」という米国の基本的フィロソフイーのあらわれともいわれている[2]。つまり会社の内容をガラス張りにして（ディスクロージャーして）おこうとするものである。わが国においては，昭和23年証券取引法の制定における，米国証券法にならった開示規制導入（昭和24年）がその出発点といってよいであろう。商法も昭和37年改正から，会計学との調整を経て，開示法の機能を強くしてきている。

さて，会社法においては，その開示の一般的機能として，次の3点が挙げられよう。

① 情報提供……必要な事柄を利害関係人に知らせる機能。登記などの公示制度，計算書類の公告制度にも共通した機能。

② 権利実現への支援……権利行使の機会を知らせると共に，合理的な判断ができるよう関係情報を提供する機能（議決権行使など）。

③ 牽制……都合の悪い情報を隠せないようにする機能。

さらに，会社法の視点からは，株主権縮小の反面として，開示が位置づけら

れることを強調しておきたい。会社法では，会社経営に対する規制緩和政策の結果として株主権の大幅な縮小が見られる。取締役会設置会社における株主総会権限の縮小（会社法295条2項，改正前商法230条ノ10などに見られる所有と経営の分離など）は，たしかに昭和25年の商法改正以降わが国商法が一貫して辿ってきた道であるが，一方，株主権縮小の見返りとして会社内容の開示や監査の拡充が反面の方策のひとつとされてきた。

　会社法および関連法務省令においては，従前に比べその傾向を格段に強めている。とくに法務省令における開示拡充ならびに監査拡充は，株主権縮小に対応したコーポレートガバナンスに大きく資するものである。この意味で，会社法および関連法務省令における会計規制は，会社経営の健全性確保に貢献するものということができよう。そして注目すべきことは，ほぼ国際水準の会計規制すなわち計算規制・開示規制・監査規制が，法務省令である会社計算規則において設定されている点であろう。ただし，ほぼ国際水準の開示規制は，大会社を主とした会計監査人設置会社への適用に止まっている。

2　会社情報の種類と計算書類等による開示の位置づけ

　会社情報については，次のような分類が考えられる。

　まず，強制開示情報と任意開示情報とが挙げられる。前者は法令等で規制されるものであり，会社法，金融商品取引法によって規制される（なお，税法は開示法的要素を持たない）。後者はIR（Investors Relation）活動がその典型であり，いわゆるハード情報（既に固まった過去の情報）のみならずソフト情報（将来情報，変化し得る情報）も含まれる。いうまでもなく本書で取り上げているのは強制開示であるが，計算書類の注記には，会社計算規則に定められていない事項でも，会社の判断によって追加記載すべきものもある（会社計算規則144条参照）。

　次に，会計関連の情報（いわゆる会計マター情報）と業務関連の情報（いわゆる業務マター情報）の別が挙げられる。

　会社法では，両者の規制の別を明確にしている。すなわち，会社法施行規則116条が会社法と関連法務省令をつなぐ目次的な役割を果たしており，業務関連情報については会社法からの委任を受けそのまま会社法施行規則で規制し，会計関連の情報についてはさらに会社計算規則に委ねるといった整理が行われている。そして，業務関連の情報は事業報告に反映され，会計関連の情報は計

Coffee break　監査の話Ⅲ

内部統制監査報告書　企業会計審議会は「財務報告に係る内部統制の評価及び監査の基準並びに財務報告に係る内部統制の評価及び監査に関する実施基準の設定について（意見書）」を2007年（平成19年）2月に公表した。

　経営者による内部統制報告書には，整備および運用に関する事項，評価の範囲および評価手続に加えて評価結果を記載するとされており，この作成と公表を経営者に求めている。また，財務諸表の監査人に対しては，その内部統制報告書の信頼性に関する内部統制監査報告書の添付を求めている。

　監査人は，経営者の作成した内部統制報告書が，一般に公正妥当と認められる内部統制の評価の基準に準拠して，内部統制の有効性の評価結果をすべての重要な点において適正に表示しているかどうかについて，監査人自らが入手した監査証拠に基づいて判断した結果を意見として表明することになる。

　また，実施基準によれば内部統制の監査は，監査計画の策定と評価範囲の妥当性，全社的な評価の検討，業務プロセスに係る評価の検討，内部統制の重要な欠陥の報告と是正，不正等の報告などからなっている。

　この仕組みは，米国エンロン社事件等をきっかけに企業の内部統制の重要性が認識されたことに由来する。財務諸表を監査する監査人が内部統制監査をするので，監査証拠の確実性が高まり，効果的でかつ効率的である。

算関係書類に反映される。

第2節　貸借対照表

　貸借対照表は，期末時点における会社の財産状況（財政状態）を表す開示書類である。期末時点における資産・負債・純資産の情報を提供する。貸借対照表によって提供される情報は会社の健全性・安全性を測るために役立ち，貸借対照表数値から得られる財務分析情報は，当該会社との新規取引開始の際など有用な情報となり得る。すでに取引を行っている金融機関をはじめとする債権者にとっても有用な情報である。

　貸借対照表には，当該会社単体の個別貸借対照表（会社法435条2項関係）と連結貸借対照表（会社法444条1項関係，改めて第7節で触れる）とがある。本節では個別貸借対照表を取り扱う。なお，基本的に，会社計算規則第2章におけ

る104条ないし117条の規定は，個別貸借対照表（以下，単に「貸借対照表」という）のみならず連結貸借対照表にも適用される（会社計算規則104条）。

1　貸借対照表の3区分

図表3－1のように，貸借対照表は，資産の部・負債の部・純資産の部に3区分される（会社計算規則105条1項）。図表3－1は，簿記の基本原理に即した勘定式と呼ばれる表示方式であるが，資産・負債・純資産の順に記載していく報告式と呼ばれる表示方式もある。後者は金融商品取引法上の有価証券報告書において全面的に採用されている（財務諸表等規則11条2項による様式第2号）。

2　資産の部

資産の部は，流動資産・固定資産・繰延資産に3区分される（会社計算規則106条1項）。固定資産はさらに，有形固定資産・無形固定資産・投資その他の資産に3区分される（同条2項）。有形・固定の別については，正常営業循環基準および1年基準（ワン・イヤー・ルール）が適用されている（同条4項）。正常営業循環基準は，正常な営業循環過程にある営業債権および棚卸資産を流動資産とし，同じ過程にある営業債務を流動負債とする。土地・建物，機械装置など営業目的を達成するために保有し，売却を予定していないものは固定資産となる。他方，1年基準は貸借対照表の翌日から起算し1年以内に現金回収または費用となることが予定されている資産を流動資産とし，1年以内に支払を予定している負債は流動負債とし，これ以外を固定資産または固定負債とする基準である。

具体的な資産科目が上記のどの資産に分類されるかについては，会社計算規則106条3項に規定が置かれている。その主なものは以下のとおりである（詳細については同項各号の条文を参照）。

(1)　流動資産

流動資産に属するものとしては，現金・預金，受取手形に基づいて発生した手形債権，売掛金，所有権移転ファイナンスリース取引におけるリース債権のうち通常の取引に基づいて発生したもの等，所有権移転外ファイナンスリース取引におけるリース投資資産のうち通常の取引に基づいて発生したもの等，売買目的有価証券等，商品，製品・副産物等，原料・材料，仕掛品等，消耗品・

図表3－1　個別貸借対照表の例

（平成○年3月31日現在）

（単位：百万円）

科　　　　目	金　　額	科　　　　目	金　　額
（資産の部）		（負債の部）	
流　動　資　産	33,264	流　動　負　債	3,580
現　金　及　び　預　金	16,531	短　期　借　入　金	6
売　　　掛　　　金	237	未　　払　　　金	659
有　価　証　券	12,915	未　　払　　費　　用	1,337
前　払　費　用	128	預　　　り　　　金	1,472
繰　延　税　金　資　産	473	役員賞与引当金	55
そ　　の　　他	2,977	そ　　の　　他	49
固　定　資　産	209,170	固　定　負　債	21,608
有　形　固　定　資　産	21,085	長　期　借　入　金	80
建　　　　　　物	7,531	繰　延　税　金　負　債	19,618
構　　築　　物	273	退　職　給　付　引　当　金	1,526
機　械　装　置	536	そ　　の　　他	382
車　輌　運　搬　具	2	負　債　合　計	25,189
工　具　器　具　備　品	490	（純資産の部）	
土　　　　　　地	10,758	株　主　資　本	185,638
建　設　仮　勘　定	1,491	資　　本　　金	17,117
無　形　固　定　資　産	1,407	資　本　剰　余　金	9,500
借　　地　　権	402	資　本　準　備　金	9,500
ソ　フ　ト　ウ　ェ　ア	933	利　益　剰　余　金	162,024
そ　　の　　他	71	利　益　準　備　金	4,379
		その他利益剰余金	157,644
投資その他の資産	186,677	配当引当積立金	2,000
投　資　有　価　証　券	63,063	特別償却準備金	2
関　係　会　社　株　式	92,679	固定資産圧縮積立金	1,002
出　　資　　金	440	準　備　積　立　金	118,770
関　係　会　社　出　資　金	458	繰　越　利　益　剰　余　金	35,869
従業員に対する長期貸付金	88	自　己　株　式	△　3,003
関係会社長期貸付金	29,609	評価・換算差額等	31,606
長　期　前　払　費　用	31	その他有価証券評価差額金	31,606
そ　　の　　他	443		
貸　倒　引　当　金	△　137	純　資　産　合　計	217,245
資　産　合　計	242,434	負　債　・　純　資　産　合　計	242,434

器具・備品等，前払費用，前渡金，前払費用，未収収益，繰延税金資産ほかがある（会社計算規則106条3項1号）。

ここに仕掛品とは製造過程にある製品になっていないものをいう。前渡金とは，商品や原材料購入のための前渡し分をいう。前払費用とは，商品・原材料・製品等の購入に際して代金の一部を前払いしているものをいう。未収収益とは，売上代金などの未回収分をいう。繰延税金資産とは，流動資産に属する資産や流動負債に属する負債について，税法による課税所得での評価と企業会計による評価に差額が出た場合の，差額をいう。「投資その他の資産」に属する繰延税金資産とは別に区分されている。流動資産の部に計上する繰延税金資産の金額は，その差額のみを繰延税金資産として流動資産の部に表示しなければならない（会社計算規則114条1項）。このように繰延税金資産や負債をもって税法と企業会計との差額を調整し，期間損益を適正にする方法を税効果会計という（会社計算規則2条3項25号参照）。

商品，製品・副産物等，原料・材料などを「棚卸資産」という。固定資産と異なり，これらは比較的に現金化しやすいので，流動資産の部に計上されている。会計上，重要視される科目なので，棚卸資産の評価基準と評価方法について，次に敷衍しておく。

棚卸資産の取得時の原価は，次のケースごとに算出される。

a　購入した棚卸資産の場合……引取運賃・荷役費などを含めた購入代価と，棚卸資産の消費や販売に要した費用の合計額

b　自社の製造に関する棚卸資産の場合……製造のために要した原材料費，労務費，経費と，棚卸資産の消費や販売に要した費用の合計額

c　上記以外で取得した棚卸資産の場合……棚卸資産取得のために通常要する価額と，棚卸資産の消費や販売に要した費用の合計額

期末に棚卸資産の評価する際の評価「基準」は，原価法（会社計算規則5条1項）または低価法（同条3項1号）によって行う。原価法は取得時の原価をベースにするが，低価法は安全を重視する立場（保守主義の原則）から実施される。低価法では，取得原価と時価を比較していずれか低い価額をもって評価する（なお，同じ種類としてグルーピングされた棚卸資産が評価の対象となる）。

時価の算定については，評価時の売価から売却費用を控除した額（正味実現可能価額という）を原則とし，当棚卸資産の取得のために要する価額（再調達価

額）によることもできる。棚卸資産について災害による損傷あるいは陳腐化などがあった場合は，評価損を計上しなければならない。また，原価法を採用した場合でも，回復可能性がある場合を除き，棚卸資産の時価が取得原価よりも著しく低いときは時価で評価しなければならない（会社計算規則5条3項）。

棚卸資産の評価「方法」については，先入先出法，後入先出法，総平均法，移動平均法，売価還元法などが広く認められている（企業会計原則注解21）。先入先出法とは，取得した順番に費消されたものとみなす方法で，古いものから順次費消されてゆき，期末時には新しいものが残っていると考える方法である。後入先出法とは，逆に，新しく取得したものから費消されたものとみなす方法で，インフレ時には適正に棚卸資産が評価されやすい（時価により近い価額となるので）という特徴をもっている。売価還元法とは，小売業や卸売業など多品種・他品目の商品を扱う場合などに用いられる方法で，棚卸資産のグループごとに売価から比率計算によって原価を算出するものである。

(2) 有形固定資産

有形固定資産に属するものとしては，事業用目的のための，建物・設備等，構築物，機械・装置，船舶等，鉄道車両・自動車等，工具・器具・備品，土地，リース資産（当該会社がファイナンスリース取引におけるリース物件の借主である場合で，上記の資産に掲げるもの），建設仮勘定ほかがある（会社計算規則106条3項2号）。

ここに建設仮勘定とは，事業用に工場などの建物を建設した場合の支出，建設目的に充当した貯蔵品などを一時的に処理する勘定で，完成すれば有形固定資産に振り替えられる。

有形固定資産については，減価償却が行われるが，減価償却累計額を当該資産の控除項目として表示する（会社計算規則110条1項）。当該資産から直接控除し，その控除残高を当該資産の金額として表示することもできる（同条2項）。

有形固定資産の劣化などで減損処理をする場合（いわゆる減損会計），その減損損失累計額については3通りの表示が認められている（会社計算規則111条1項）。すなわち，当該資産から累計額を直接控除し，控除残高を当該資産の金額として表示する方法（同条1項），当該資産の控除項目として表示する方法（同条2項），累計額を減価償却累計額と合算して，減価償却累計額として表示する方法（同条3項）がある。

(3) 無形固定資産

　無形固定資産に属するものとしては，特許権，借地権，商標権，実用新案権，意匠権，鉱業権，漁業権，ソフトウエア，のれん，リース資産（当該会社がファイナンスリース取引におけるリース物件の借主である場合で，上記の資産に掲げるもの），ほかがある（会社計算規則106条3項3号）。

　ここに，のれんとは，吸収合併などの企業再編における合併資産と実際の購入原価との差額であり，会社計算規則12条以下に定めがある場合は計上することができる（会社計算規則11条）。いわゆる営業権の意味ではなく合併等における資産・負債の取得価額と実際額（時価）との差額調整のためのものであるが，のれんを取得した際には，その時価が取得原価を上回れば資産に，下回れば負債に計上する（会社計算規則12条1項，企業結合に係る会計基準三・2）。のれんについては，本書の第9章で詳述する。

　無形固定資産に対する減価償却および減損損失累計額は，当該資産金額から直接控除し，その控除残高を当該資産の金額としなければならない（会社計算規則112条）。

(4) 投資その他の資産

　投資その他の資産に属するものとしては，関係会社株式等（売買目的有価証券に属するものを除く）・その他流動資産に属さない有価証券，出資金（持分会社の場合），長期貸付金，繰延税金資産，所有権移転ファイナンスリース取引における債券（繰延税金資産以外），所有権移転外ファイナンスリース取引におけるリース投資資産（流動資産に掲げたものを除く）ほかがある（会社計算規則106条3項4号）。

　関係会社株式または出資金は，関係会社株式または関係会社出資金の項目をもって別に表示しなければならない（会社計算規則113条）。

　固定資産の中の投資その他の資産に計上される繰延税金資産は，有形固定資産・無形固定資産・投資その他の資産に属する資産または固定負債に属する負債に関連するものである。差額のみを繰延税金資産として表示しなければならない（会社計算規則114条2項）。

(5) 繰延資産

　以上，流動資産および固定資産については，例示が見られるものの，繰延資産については，会社計算規則106条3項5号に包括規定があるのみである。他

方,財務諸表等規則37条では,創立費・開業費・株式交付費・社債発行費・開発費といった具体的項目が示されている。会社法・会社計算規則の立場についてみると,繰延資産を列挙することはもはや政策的見地から保護する目的が乏しくなったこと,また会社法関連の規定は繰延資産の資産計上を認めないという趣旨ではないとの立法担当官の説明がある[3]。繰延資産を計上した場合,その償却累計額は,繰延資産から直接控除し,残額を表示する(会社計算規則115条)。

具体的には,企業会計基準委員会・実務対応報告19号「繰延資産の会計処理に関する当面の取扱い」に従うことになろう。ちなみに研究開発費は,以前は繰延処理が可能であったが,研究開発費等会計基準三,によって,研究開発費はすべて発生時に費用として処理しなければならないことになっている。

3　負債の部

負債の部は,前述のとおり正常営業循環基準と1年基準により流動負債と固定負債に区分される(会社計算規則107条1項)。

具体的な負債科目が上記のどの負債に分類されるかについては,会社計算規則107条2項に規定が置かれている。その主なものは以下のとおりである(「1年内」基準については省略する。詳細については同項各号の条文を参照)。

(1) 流動負債

流動負債に属するものには,支払手形,買掛金,前受金,引当金,未払金・預り金,未払費用,前受収益,繰延税金資産,ファイナンスリース取引におけるリース債務(1年内)ほかがある(会社計算規則107条2項1号)。

ここに前受金とは,受注工事・受注品等に対するもので,工事代金等の一部について前払いを受けた分をいう。前受収益とは,商品・製品の販売に際して,販売代金の一部について前払いを受けた分をいう。流動負債に計上される繰延税金資産は,前記の流動資産と同様,流動資産に属する資産や流動負債に属する負債に関連するものである。その差額のみを繰延税金負債として表示しなければならない(会社計算規則114条1項)。

引当金については,固定負債に計上される引当金(会社計算規則107条2項2号ハ)も含め,ここで敷衍しておこう。

次の要件に当てはまる場合は,引当金として計上しなければならない(企業

会計原則注解18)）。
・将来の特定の費用・損失であること
・発生が当期以前の事象に起因していること
・発生の可能性が高いこと
・金額を合理的に見積もることができること

　このような要件に基づく引当金は，評価性引当金と負債性引当金に大別される。前者は各資産に関するもので，資産の控除項目としての性格をもつ。貸倒引当金など各資産に係る引当金は資産の控除項目として表示されるか（会社計算規則109条1項），各資産から直接控除することもできる（同条2項）。

　後者は，貸借対照表の負債の部に表示されるもので（会社計算規則107条），基本的に法的債務である。負債の部に計上される引当金は，さらに法的債務が明白な債務性引当金と，法的債務性が必ずしも認められない非債務性引当金に分けられる。債務性引当金には，賞与引当金，退職給付引当金，製品保証引当金などが挙げられる。非債務性引当金には，修繕引当金，債務保証損失引当金，損害補償損失引当金などが挙げられる。

　会社法以外の法令によって計上しなければならない準備金・引当金等で，資産の部または負債の部に計上することが適当でないものは，固定負債の次に別枠で記載しなければならない（会社計算規則147条）。

　なお，会計処理上，当期の負担に属する金額を，当期の費用・損失として引当金に繰り入れなければならない。引当金への繰入額は損益計算書における費用として計上される。その引当金の目的などに応じて，売上高の控除項目，製造原価，販売費・一般管理費または営業外費用として計上されていくことになる。

(2) 固定負債

　固定負債に属するものとしては，社債，長期借入金，引当金，繰延税金負債，のれん，ファイナンスリース取引におけるリース債務（流動負債に掲げたものを除く）ほかがある（会社計算規則107条2項2号）。

　繰延税金負債は，有形固定資産・無形固定資産・投資その他の資産に属する資産または固定負債に属する負債に関連するものである。その差額のみを繰延税金負債として表示しなければならない（会社計算規則114条2項）。

　固定負債に計上するのれんは，取得原価よりも時価が下回った場合記載する

ことになるが，いずれにせよ，のれんは企業結合会計に関するものであるから，第9章で詳述することにする。

4　純資産の部

株式会社における純資産の部の表記方法は，次の2種類がある（会社計算規則108条1項）。

① 個別貸借対照表の場合（同項1号）
　イ　株主資本
　ロ　評価・換算差額
　ハ　新株予約権
② 連結貸借対照表の場合（同項2号）は，これに少数株主持分が加わる。

(1) 株主資本

株主資本は次の5つに区分される（同条2項）。すなわち，資本金，新株式申込証拠金，資本剰余金，利益剰余金，自己株式，自己株式申込証拠金の5区分である。なお，新株式申込証拠金とは，申込期日経過後のものであり，自己株式申込証拠金とは，自己株式の処分に係る申込期日経過後のものである（財務諸表等規則62条，66条の2参照）。

このうち資本剰余金については，さらに資本準備金と，その他資本剰余金に区分する（会社計算規則108条4項）。同様に，利益剰余金については，さらに利益準備金と，その他利益剰余金に区分する（同条5項）。双方ともその他の剰余金については，適当な名称を付した項目に細分することができる（同条6項）。

株主資本は，損益計算から導かれる収益や費用によって変化するが，増資・減資などの資本取引（損益計算書を経由しない）によっても変化する。株主資本は株主資本等変動計算書の記載内容と連動している。

(2) 評価・換算差額

評価・換算差額には，次の3項目が記載される（会社計算規則108条7項）。なお，連結貸借対照表の場合は，これに為替換算調整勘定が4号として加わる。

① その他有価証券評価差額金（同項1号）
② 繰延ヘッジ損益（同項2号）
③ 土地再評価差額金（同項3号）

第2節　貸借対照表

1）その他有価証券評価差額金

　金融商品会計基準Ⅳ18によれば，その他有価証券は，時価による評価が実施される。その場合の取得原価と時価との差額は，時価が取得原価を上回るか下回るかによって異なる。上回る場合は，会社計算規則85条1号・108条7項1号の差額金として計上する。下回る場合は，当期の損失として処理する。

2）　繰延ヘッジ損益

　「ヘッジ取引」とは，ヘッジの対象となる資産や負債に対してリスクを緩和・減少するための手段である（会社計算規則2条3項26号参照）。ヘッジの目的には，相場変動を相殺するものと，変動金利の場合のキャッシュフローを固定するものの2種類がある。「ヘッジ対象」とはヘッジすべき対象となる元の資産や負債をいい，「ヘッジ手段」とはヘッジ対象に加えた手段そのものをいう（以上につき財務諸表等規則8条の2第8号，金融商品会計基準29項以下参照）。ヘッジ手段としてはデリバティブが多く使用されている。

　次に「繰延ヘッジ」とは，もとになっているヘッジ対象（資産や負債など）の損益が実際に認識されるまでの間，金融商品などで時価評価されているヘッジ手段に関する損益または時価評価差額を，資産または負債として繰り延べることをいう（財務諸表等規則67条1項2号参照）。

　ヘッジ手段に係る損益・評価差額を繰り延べる場合，損失の場合は資産として，利益の場合は負債として表示する。たとえば次のように，法定実効税率が40％の場合で，デリバティブをヘッジ手段として用いている場合，繰延ヘッジ損益は，ヘッジ手段が100の損失を出しているときは借方に，100の利益を計上しているときは貸方に計上する。ただし，貸借対照表における記載場所は会社計算規則108条7項により「純資産の部」とし，マイナスの場合は△マイナス表示する。

　　　デリバティブに損失が発生している場合の会計処理
　　　　　繰延税金資産　　　40　　　　デリバティブ　　　100
　　　　　繰延ヘッジ損益　　 60

　　　デリバティブに利益が発生している場合の会計処理
　　　　　デリバティブ　　　100　　　 繰延税金負債　　　40
　　　　　　　　　　　　　　　　　　　繰延ヘッジ損益　　60

ヘッジ手段に係る損益・評価差額は，ヘッジ対象の流動・固定区分に応じて，その総額を流動資産・負債，固定資産・負債として表示する。

最終的に，損益を認識し計上する場合は，次のように，ヘッジ科目に応じた処理科目として戻し入れる。ただし，為替リスクヘッジのヘッジ損益は，そのまま為替差損益として処理できる。

　　　　ヘッジ対象が商品　→　売上原価
　　　　　〃　　　　株式　→　有価証券売却損益
　　　　　〃　　利付き資産　→　利息調整

なお，諸外国では，時価をそのまま素直に認識すれば損益計算のズレが起きないので，時価ヘッジが採用されている。これに対し，上記のとおりわが国の会社計算規則および金融商品会計基準では，繰延ヘッジを原則としているが（時価ヘッジも一部認められている），これは，他の資産・負債に係る損益の認識と整合性を保つためとされている。

3）　土地再評価差額金

会社計算規則108条7項3号の土地再評価差額金とは，土地再評価法7条2項に規定する再評価差額金をいう（財務諸表等規則67条1項3号参照）。事業用の土地が対象であるが，この再評価に際しても税効果会計が伴う。たとえば，取得原価100の土地を時価200で再評価した場合，法定実効税率を40％とすると，次のような会計処理がされる。

　　　土地　　　　100　　　　土地再評価に係る繰延税金負債　　40
　　　　　　　　　　　　　　　土地再評価差額金　　　　　　　　60

(3)　新株予約権

新株予約権とは，株式会社に対して行使することにより，当該株式会社の株式の交付を受けることができる権利をいう（会社法2条21号）。その内容等については，会社法236条以下に定めがある。

新株予約権は，会社計算規則108条1項1号により純資産の部に計上するが，自己新株予約権については，控除項目として区分することができる（会社計算規則108条8項）。また，自己新株予約権予約権の額は，新株予約権の金額から直接控除し，その控除残高を新株予約権の金額として表示しなければならない

が，自己新株予約権を控除項目として表示することも可能である（会社計算規則117条）。

第3節　損益計算書

　損益計算書は，会社の収益・費用の内容を示したうえで損益を明らかにする，いわば経営成績を端的に表す開示書類である。したがって，損益計算書は今後の成長力等を判断するための有用な開示書類である。この意味で，とくに投資家にとっては有用な会計情報である。

　前節と同様，損益計算書には，当該会社単体の個別損益計算書（会社法435条2項関係）と連結損益計算書（会社法444条1項関係，改めて第7節で触れる）とがある。本節では個別損益計算書を取り扱う。基本的に，会社計算規則第3章すなわち118条ないし126条の条文は，個別損益計算書（以下，単に「損益計算書」という）のみならず連結損益計算書にも適用される（会社計算規則118条）。

1　損益計算書の区分

　損益計算書は，図表3－2にみるように，以下のように区分される（会社計算規則119条1項）。かつては経常損益の部と特別損益の部に大別されていたが，財務諸表等規則との調整の点から廃止されている。

　　売上高（同条1号）
　　売上原価（同条2号）
　　販売費および一般管理費（同条3号）
　　営業外収益（同条4号）
　　営業外費用（同条5号）
　　特別利益（同条6号）
　　特別損失（同条7号）

　売上原価は，製造業の場合，期首製品棚卸高＋当期製品製造原価－期末製品棚卸高という算式を中心に計算される。当期製品製造原価は原価計算制度にしたがって計算される（原価計算基準第2章参照）。

　販売費・一般管理費は，いわば間接費である。販売費・一般管理費として，保管費・運送費，販売促進費，事務部門の人件費，法定福利費，減価償却費な

どが挙げられる。これらは附属明細書において明細が開示されている（会社計算規則145条3号）。

営業外収益として，受取利息，受取配当金，雑収益などが挙げられる。営業外費用として，支払利息，社債利息，訴訟関係費用，雑損失などが挙げられる。

特別利益に属する利益は，固定資産売却益益，前記損益修正益その他の項目の区分にしたがい記載される（会社計算規則119条2項）。特別損失に属する損失は，固定資産売却損，減損損失，災害による損失，前記損益修正損その他の項目にしたがって記載される（会社計算規則119条3項）。

図表3－2　個別損益計算書の例

（平成○年4月1日から
　平成○年3月31日まで）

（単位：百万円）

科　　　　　目	金	額
営　業　収　益		22,246
営　業　費　用		11,315
営　業　利　益		10,930
営　業　外　収　益		
受　取　利　息	587	
受　取　配　当　金	664	
そ　　の　　他	343	1,595
営　業　外　費　用		
支　払　利　息	10	
そ　　の　　他	35	45
経　常　利　益		12,480
特　別　利　益		
固　定　資　産　売　却　益	289	
投　資　有　価　証　券　売　却　益	21	
関　係　会　社　清　算　益	1,381	1,692
特　別　損　失		
固　定　資　産　除　却　損	91	91
税　引　前　当　期　純　利　益		14,081
法人税、住民税及び事業税	16	
法　人　税　等　調　整　額	752	768
当　期　純　利　益		13,312

（注）　この会社はグループ本社で持株会社であるため，個別損益計算書の始まりは「売上高」からではなく，「営業収益」となっている。図表3－7の連結損益計算書を参照。

第 4 節　株主資本等変動計算書

上記会社計算規則119条1項の1号から7号による各利益・損失は，金額が重要でないものについては細分しなくてもよい（会社計算規則119条4項）。

2　各種の利益

第2章で見たように，損益計算は次のような算式によって計算される。
　　収益－費用＝利益
この算式を，上記1号から7号の収益や費用についてあてはめると，以下のような五段階の利益（損失）が算出される。ただし，上記6号および7号は，収益・費用というよりも，利益・損失そのものである。

① 売上高－売上原価＝売上総利益（ゼロ未満の場合は売上総損失。以下同じ）（会社計算規則120条1項・2項）
② 売上総利益（損失）－販売費・一般管理費＝営業利益（損失）（会社計算規則121条1項・2項）
③ 営業利益（損失）＋営業外収益－営業外費用＝経常利益（損失）（会社計算規則122条1項・2項）
④ 経常利益（損失）＋特別利益－特別損失＝税引前当期純利益（損失）（会社計算規則123条1項・2項）
⑤ 税引前当期純利益（損失）－法人税等＝当期純利益（損失）（会社計算規則125条1項・2項）

会社計算規則124条によれば，上記⑤の法人税等の金額は，次の2点につき，その内容を示す名称を付した項目をもって，税引前当期純利益（損失）の次に表示しなければならない。法人税等の更正，決定等による納付税額または還付税額がある場合には，1号の次に，その内容を示す名称を付した項目をもって表示する（同条2項）。なお，連結損益計算書の場合は，少数株主持分に関する分が加わる（同条1項3号・4号）。

　　当期事業年度に係る法人税等（1項1号）
　　法人税等調整額（1項2号）

3　包括利益

会社計算規則126条は，損益計算書には，包括利益に関する事項を表示することができるとしている。

第3章 計算関係書類の作成

　国際動向をみると，業績報告のあり方について，損益計算書の末尾を当期純利益ではなく，株主との取引を除く純資産の増減金額である包括利益とし，包括利益計算書を導入しようとしている。会社計算規則で同条を設けた理由は，会社法・会社計算規則が表示の問題・会計処理の問題については会計慣行に委ね，独自の規律を設けないことを原則としているとしても，将来予想される会計処理の採否に関して，会社法・会社計算規則に規定がないことを理由として，その検討に影響を与えることは適切でないので，包括利益の導入に問題がないことを示したものとされている[4]。

第4節　株主資本等変動計算書

　株主資本等変動計算書は，会社計算規則の制定と共に創設された新しい開示書類である（会社計算規則91条）。第1節で触れたように，株主権縮小の見返りの開示政策として重要な開示書類と位置づけることができよう。会社法では，株式会社は株主総会の決議により（会社法454条1項）または会計監査人設置会社が定款で定めれば取締役会の決議により（会社法459条1項），剰余金の配当をいつでも決定できることになっている。そのため，資本金等の数値の連続性を容易に把握することができるものとして，「利益処分案（損失処理案）」に代わり，「株主資本等変動計算書」が計算書類の1つとされた。

　株主資本等変動計算書は，貸借対照表における純資産の部に関する項目と連動しており，これら項目について前事業年度から当事業年度までの変動を表すものである。損益取引による純資産の変動ばかりでなく，資本取引による変動が明確にされる。したがって，株主にとって，自己の持分である株主資本がどのような理由によって変動したのか見ることができる。

　前節と同様，株主資本等変動計算書に関する会社計算規則127条の規定は，個別株主資本等変動計算書のみならず，基本的に多くの部分が連結株主資本等変動計算書にも適用される（会社計算規則127条1項）。本節で扱うのは，個別株主資本等変動計算書である（同条2項1号）。

1　株主資本等変動計算書の区分

　株主資本等変動計算書は，貸借対照表の純資産の部の区分と同じく，次のよ

うに3区分される(会社計算規則127条2項1号)。
　　イ　株主資本
　　ロ　評価・換算差額
　　ハ　新株予約権
　新株予約権については，自己新株予約権に係る項目を控除項目として区分することができる(同条6項)。
　3区分された事項は，さらに以下のように区分される。
①　株主資本は，次のように6区分される(同条3項1号)。
　　イ　資本金
　　ロ　新株式申込証拠金
　　ハ　資本剰余金
　　ニ　利益剰余金
　　ホ　自己株式
　　ヘ　自己株式申込証拠金
②　資本剰余金は，資本準備金とその他資本剰余金に区分され(同条4項1号イ・ロ)，利益剰余金は，利益準備金とその他利益剰余金に区分される(同条4項2号イ・ロ)。
③　評価・換算差額については，次のように4区分される(同条5項)。
　　その他有価証券評価差額金(1号)
　　繰延ヘッジ損益(2号)
　　土地再評価差額金(3号)
　　為替換算調整勘定(4号)

2　変動額および変動事由

　資本金，資本剰余金，利益剰余金，自己株式の4項目については，それぞれ前期末残高，当期変動額，当期末残高を明らかにしなければならず，当期変動額については，変動事由ごとに当期の変動額および変動事由を明らかにしなければならない(同条7項)。

　評価・換算差額，新株予約権については，それぞれ前期末残高，当期末残高ならびにその差額を明らかにしなければならない(同条8項)。

　株主資本等変動計算書におけるこれら項目の変動事由別の見方は，株主資本

の項目を例にとって見ると，およそ以下のようになろう。

　株主資本の前期末残高をチェックする。これが新株発行，剰余金の配当，当期純利益，自己株式の処分等々の変動要因によって，加算・減算される。新株発行および当期純利益などの事由によって，会社に新たな資金が流入してくることになるので，これらは株主資本を増加させる要因となる。他方，剰余金の配当などにより，会社の資金は社外に流失していく。これによって株主資本は減少される。これら加算・減算の結果は，「事業年度中の変動額の合計額」となる。これに，前期末の残高に当期の合計額を加えることにより，当期末の株主資本残高が決定される。

　株主資本以外の評価・換算差額等や新株予約権の場合の変動については，別途，「株主資本以外の項目の事業年度中の変動額」の項目欄によって示される。

　以上を要するに，株主資本等変動計算書は，図表3－3のようになる。図表3－3では，新株予約権を発行していないので，当該欄はない。

　なお，図表3－3は，株主資本の次の評価・換算差額から改行された2段の表になっているが，紙面の関係によるものであり，本来は横長の一覧表である（財務諸表規則99条2項による様式第4号参照）。

第5節　注記表

　注記表とは，貸借対照表，損益計算書，株主資本等変動計算書といった会計情報を提供する本表だけでは開示不足となってしまう部分を補うものである。いわば会計情報の補足説明資料ともいえるが，会社法では，注記表自体が一個の計算書類として位置づけされている（会社法435条2項，会社計算規則91条1項）。ただ，財務諸表等規則では注記表という括りはしていないので，これとの平仄も考慮して，会社計算規則89条3項では，「計算関係書類の作成については，貸借対照表，損益計算書その他計算関係書類を構成するものごとに，一の書面その他の資料として作成をしなければならないものと解してはならない」とし，必ずしも「個別注記表」の名称をもった独立した個別資料でなくとも許されることになる。

　前節と同様，注記表に関する会社計算規則128条ないし144条の規定は，個別注記表のみならず，基本的に多くの部分が連結注記表にも適用される（会社計

第5節 注記表

図表3－3　株主資本等変動計算書の例

（平成○年4月1日から平成○年3月31日まで）

（単位：百万円）

	株主資本										
	資本金	資本剰余金		利益剰余金					利益剰余金合計	自己株式	株主資本合計
		資本準備金	資本剰余金合計	利益準備金	その他利益剰余金						
					配当引当積立金	特別償却準備金	固定資産圧縮積立金	準備積立金	繰越利益剰余金			
平成○年3月31日残高	17,117	9,500	9,500	4,379	2,000	17	1,117	112,770	33,563	153,847	△3,122	177,343
事業年度中の変動額												
特別償却準備金の取崩(注)						△9			9	—	—	—
特別償却準備金の取崩						△4			4	—	—	—
固定資産圧縮積立金の積立(注)							66		△66	—	—	—
固定資産圧縮積立金の積立(注)							△63		63	—	—	—
固定資産圧縮積立金の取崩							△117		117	—	—	—
準備積立金の積立(注)								6,000	△6,000	—	—	—
剰余金の配当(注)									△2,785	△2,785		△2,785
剰余金の配当(中間配当)									△2,279	△2,279		△2,279
役員賞与(注)									△55	△55		△55
当期純利益									13,312	13,312		13,312
自己株式の取得											△86	△86
自己株式の処分									△15	△15	205	189
株主資本以外の項目の事業年度中の変動額(純額)												
事業年度中の変動額合計	—	—	—	—	—	△14	△114	6,000	2,305	8,176	118	8,295
平成○年3月31日残高	17,117	9,500	9,500	4,379	2,000	2	1,002	118,770	35,869	162,024	△3,003	185,638

	評価・換算差額等		純資産合計
	その他有価証券評価差額金	評価・換算差額等合計	
平成○年3月31日残高	32,277	32,277	209,621
事業年度中の変動額			
特別償却準備金の取崩(注)			—
特別償却準備金の取崩			—
固定資産圧縮積立金の積立(注)			—
固定資産圧縮積立金の積立(注)			—
固定資産圧縮積立金の取崩			—
準備積立金の積立(注)			—
剰余金の配当(注)			△2,785
剰余金の配当(中間配当)			△2,279
役員賞与(注)			△55
当期純利益			13,312
自己株式の取得			△86
自己株式の処分			189
株主資本以外の項目の事業年度中の変動額(純額)	△671	△671	△671
事業年度中の変動額合計	△671	△671	7,624
平成○年3月31日残高	31,606	31,606	217,245

（注）　平成○年○月の定時株主総会における利益処分項目。

第3章　計算関係書類の作成

算規則128条1項)。本節で扱うのは，個別注記表である。

1　注記表の開示レベル

　会社法制定前の商法施行規則においては，計算書類に注記すべき事項の規定がばらばらに置かれていた（実態的には，上場会社などでは計算書類の注記は一括して記載する会社がほとんどであった）が，注記表として一本化された。商法施行規則では附属明細書記載事項（いわゆる間接開示）となっていたものが，格上げされて注記表記載事項（いわゆる直接開示）となったものもある[5]。このことにより運用側としては条文チェックの際など使い勝手がよくなったものと思われる。他方，財務諸表等規則ではこのような一括書類とはされていないが，注記表として規定を一括すべきであろう。会社計算規則89条3項のごとく規定を置くことは不自然であり，立法論としてはむしろ財務諸表等規則の側で注記事項を注記表として一括整理すべきものと思われる。

　さて，改正前の商法施行規則では小会社について注記の省略規定が置かれていたが（改正前商法施行規則27条），会社計算規則では，規模の大小とは無関係に，公開会社かどうか，会計監査人設置会社かどうかによって，図表3－4のように適用区分している（会社計算規則129条2項）。会社法のこれらの措置は，規制内容の違いを，資本金基準よりも，むしろ株式譲渡制限の有無（すなわち会社法2条5号にいう公開会社かどうか）や外部監査の有無などの基準に重きを置いているからである。この結果，注記表による開示は一層の進展をみたものといえよう。

　このように，注記表は会社法・会社計算規則における開示規制の注目すべき事項のひとつである。会社計算規則における開示事項，記載事項など全体に，金融商品取引法の財務諸表等規則の開示レベルに近づいてきた。少なくとも，会計監査人設置会社の場合の注記表における記載事項の内容は，有価証券報告書の様式（企業内容等の開示に関する内閣府令15条1号イに基づく「第3号様式」）にかなり近づいている。

2　注記の記載事項

　会社計算規則129条1項では，注記表の記載事項として以下①〜⑫のものを掲げている。

第5節 注記表

図表3－4　個別注記表における表示事項の適用区分

注記事項	会計監査人設置会社		会計監査人を設置していない会社	
	公開会社	非公開会社	公開会社	非公開会社
継続企業の前提	○	○	×	×
重要な会計方針	○	○	○	○
貸借対照表	○	○	○	×
損益計算書	○	○	○	×
株主資本等変動計算書	○	○	○	○
税効果会計	○	○	○	×
リース固定資産	○	○	○	×
関連当事者	○	○	○	×
一株当たり情報	○	○	○	×
重要な後発事象	○	○	○	×
連結配当規制適用会社	○	○	×	×
その他	○	○	○	○

　①から⑫に掲げる事項を注記表ですべて開示するのは，会計監査人設置会社の場合である。会計監査人を設置していない会社で非公開会社の場合は，1号・3号・4号，および6号ないし11号に関する注記は表示しなくてもよい（同条2項1号）。また，会計監査人を設置していない会社で公開会社の場合は，1号および11号については表示しなくてもよい（同項2号）。したがって，すべての株式会社の注記表において表示すべき記載事項は，重要な会計方針に係る事項に関する注記，株主資本等変動計算書に関する注記，およびその他の注記である。

　なお，貸借対照表関連の注記，損益計算書関係の注記をそれぞれまとめて開示する方法も，有価証券報告書における開示方法と同様である。有価証券報告書の「経理の状況」の中で記載される財務諸表の注記の記載方法とほぼ同じ格好になっている。

①　継続企業の前提に関する注記（会社計算規則129条1項1号）

② 重要な会計方針に係る事項に関する注記（同項2号）
③ 貸借対照表等に関する注記（同項3号）
④ 損益計算書等に関する注記（同項4号）
⑤ 株主資本等変動計算書に関する注記（同項5号）
⑥ 税効果会計に関する注記（同項6号）
⑦ リースにより使用する固定資産に関する注記（同項7号）
⑧ 関連当事者との取引に関する注記（同項8号）
⑨ 一株当たり情報に関する注記（同項9号）
⑩ 重要な後発事象に関する注記（同項10号）
⑪ 連結配当規制適用会社に関する注記（同項11号）・・その定義について2条3項72号
⑫ その他の注記（同項12号）

上記の中でも，とくに貸借対照表，損益計算書，株主資本等変動計算書等の特定の項目に関する注記については，その関連も明らかにしなければならない（会社計算規則130条）。

(1) 継続企業の前提に関する注記

継続企業（going concern）の前提に関する注記は，金融商品取引法の財務諸表等規則では従前から開示対象とされていたが，会社法においても開示されることになった。

継続企業の前提については，「当該会社の事業年度の末日において，財務指標の悪化の傾向，重要な債務の不履行等財政破綻の可能性その他会社が将来にわたって事業を継続するとの前提に重要な疑義を抱かせる事象または状況が存在する場合」に記載されることになり，次の4点が記載される（会社計算規則131条）。

・当該事象または状況が存在する旨およびその内容（同条1号）
・継続企業の前提に関する重要な疑義の存在の有無（同条2号）
・当該事象または状況を解消または大幅に改善するための経営者の対応および経営計画（同条3号）
・当該重要な疑義の影響の計算書類への反映の有無（同条4号）

一般に，継続企業の前提に関して注記される場合は異例であろうが，このような危険信号が発せられること自体が牽制にもなろう。

第5節 注 記 表

(2) 重要な会計方針に係る事項に関する注記

重要な会計方針について，記載すべき会計方針の対象は，資産の評価基準・評価方法，固定資産の減価償却の方法，引当金の計上基準，収益・費用の計上基準などいずれも計算書類作成のために採用している会計処理の原則・手続・表示方法など計算書類作成の基本とされる事項である（会社計算規則132条1項）。

なお，4号の収益・費用の計上基準については代替的な会計処理が認められていない。

会計方針を変更した場合は，従来は，変更があった場合の理由は附属明細書の記載事項であったから，直接開示されることはなかったが（改正前商法施行規則85条2項），直接開示になったことに伴い，明確な記載が要求され，次の事項が記載される（同条2項）。

・会計処理の原則または手続を変更した旨，変更の理由，当該変更が計算書類に与えている影響の内容（同項1号）
・表示方法変更の内容（同項2号）

(3) 貸借対照表に関する注記

貸借対照表に関する注記には，次の事項が記載される（会社計算規則134条各号）。

① 担保資産（資産が担保に供されていること，担保資産の内容およびその金額，担保に係る債務の金額）（同条1号）
② 資産に係る引当金を直接控除した場合の，各資産項目別の引当金の金額（一括して注記することが適当な場合は，流動資産・無形固定資産・投資その他の資産，または繰延資産ごとに一括した引当金の金額）（同条2号）
③ 資産に係る減価償却累計額を直接控除した場合の，各資産の資産項目別の減価償却累計額（一括して注記することが適当な場合は，各資産について一括した減価償却累計額）（同条3号）
④ 資産に係る減損損失累計額を減価償却累計額に合算して減価償却累計額の項目をもって表示（合算間接控除形式を採用）した場合は，減価償却累計額に減損損失累計額が含まれている旨（同条4号）
⑤ 保証債務，手形遡及債務，重要な係争事件に係る損害賠償義務その他これらに準ずる債務（負債の部に計上したものを除く）があるときは，当該債務の内容および金額（同条5号）

⑥　関係会社に対する金銭債権または金銭債務をその金銭債権または金銭債務が属する項目ごとに，他の金銭債権または金銭債務と区分して表示していないときは，当該関係会社に対する金銭債権または金銭債務の当該関係会社に対する金銭債権または金銭債務が属する2以上の項目について一括した金額（関係会社に対する金銭債権・債務の注記）（同条6号）
⑦　取締役，監査役および執行役との間の取引による取締役，監査役および執行役に対する金銭債権があるときは，その総額（同条7号）
⑧　取締役，監査役および執行役との間の取引による取締役，監査役および執行役に対する金銭債務があるときは，その総額（同条8号）
⑨　当該株式会社の親会社株式の各表示区分別の金額（同条9号）

　貸借対照表に関する注記も，間接開示から直接開示へ格上げしたものが見られ，たとえば担保資産の開示が拡充された。従来，資産につき設定している担保権の明細は附属明細書記載事項であったが（改正前商法施行規則107条1項），担保資産の注記として，担保資産の内容・金額・担保に係る債務の金額が直接開示される（会社計算規則134条1号）ほか，従来の子会社に対する金銭債権・金銭債務の明細は，子会社ばかりでなく関係会社全体に拡充されている（同条6号）。利益相反取引の観点から問題となる金銭取引についても直接開示に格上げされたことによる牽制効果は大きいといえるであろう。

(4)　損益計算書に関する注記

　損益計算書に関する注記は，貸借対照表の注記に見られるような個別の開示事項は少なく，主として利益相反取引または非通例的取引を考慮したものである。関係会社との営業取引高の総額と，営業取引以外の取引高の総額を（区分して）記載することになる（会社計算規則135条）。

(5)　株主資本等変動計算書に関する注記

　株主資本等変動計算書の注記は，すべての会社で表示されるが，次の事項が記載される（会社計算規則136条各号）。
・当該事業年度の末日における発行済株式の数（種類株式は別途）（同条1号）
・当該事業年度の末日における自己株式の数（種類株式は別途）（同条2号）
・当該事業年度中に行った剰余金の配当に関する事項（同条3号）・・イ　配当財産が金銭である場合には当該金銭の総額，ロ　金銭以外の財産の場合は帳簿価額の総額

・当該事業年度の末日における当該株式会社が発行している新株予約権の目的となる当該株式会社の株式の数（種類株式は別途）（同条4号）

(6) 税効果会計に関する注記

　税効果会計に関する注記については，発生原因別に注記することになっており，繰延税金資産と繰延税金負債ごとの注記が求められる（会社計算規則138条）。発生原因別の内訳については記載が求められていない。なお，税効果会計基準第四では，内訳について注記するものとされている。

(7) リースにより使用する固定資産に関する注記

　リースにより使用する固定資産に関する注記は，ファイナンスリース取引の借主である株式会社が当該ファイナンスリース取引について通常の売買取引にかかる方法に準じて会計処理を行っていない場合における固定資産のリース物件に関する事項が記載される（会社計算規則139条前段）。当該リース物件の全部または一部に係る事項（取得原価相当額・減価償却累計額相当額・未経過リース料相当額など）を含めることを妨げない（同条後段）。ファイナンスリースとは，リース契約に基づく期間の中途において当該リース契約を解除することができないものまたはこれに準ずるもので，リース物件の借主が，当該リース物件からもたらされる経済的利益を実質的に享受することができ，かつ，当該リース物件の使用によって生じる費用等を実質的に負担することになるものをいう。

(8) 関連当事者との取引に関する注記

　関連当事者とは，当該会社の親会社・子会社などのグループ会社，主要株主（当該会社の議決権の10％以上を保有する株主），当該会社の役員等々をいう（会社計算規則140条4項各号）。

　関連当事者との取引に関する注記（当該株式会社と第三者との間の取引で当該株式会社と当該関連当事者との間の利益が相反するものを含む）については，類型ごとに規制されており，やや複雑である。もともと金融商品取引法上の規制で，利益相反取引など会社に不都合な取引を牽制するための開示であるからどうしても網掛けが複雑になる。

　会社計算規則140条1項では，次のように注記事項を求めているが，会計監査人設置会社の場合は第4号ないし第6号および第8号の開示事項が省略されたり（1項柱書きのただし書き），取引の相手方が会社等であるか（1号），個人であるか（2号）によっても記載事項が異なる。さらに注記に際しては，関連

当事者ごとの注記が必要となる（同条3項）。

- 関連当事者が会社の場合，その名称，当該関連当事者の総株主の議決権の総数に占める株式会社が有する議決権の数の割合，当該株式会社の総株主の議決権の総数に占める当該関連当事者が有する議決権の数の割合（1項1号）
- 関連当事者が個人の場合，その氏名，当該株式会社の総株主の議決権の総数に占める当該関連当事者が有する議決権の数の割合（同項2号）
- 当該株式会社との関係（同項3号）
- 取引の内容（同項4号）
- 取引の種類別の取引金額（同項5号）
- 取引条件および取引条件の決定方針（同項6号）
- 取引により発生した債権・債務に係る主な項目別の当該事業年度の末日における残高（同項7号）
- 取引条件の変更があったときは，その旨，変更の内容，および当該変更が計算書類に与えている影響の内容（同項8号）

(9) 一株当たり情報に関する注記

一株当たり情報に関する注記については，一株当たりの純資産額および当期純利益金額（純損失金額）が記載される（会社計算規則141条）。

(10) 重要な後発事象に関する注記

重要な後発事象に関する注記は，事業年度の末日後，当該株式会社の翌事業年度以降の財産または損益に重要な影響を及ぼす事象が発生した場合における当該事象が対象となる（会社計算規則142条）。なお，後発事象の記載対象として，火災出水等による重大な損害の発生，多額の減資・社債の発行，会社の合併，営業譲渡・譲受，重要な係争事件の発生，主要な取引先の倒産などが挙げられる（財務諸表規則ガイドライン8の4参照）。

(11) 連結配当規制適用会社に関する注記

連結配当規制適用会社の定義は，会社計算規則2条3項72号に定められており，「ある事業年度の末日が最終事業年度の末日となる時から当該ある年度の次の事業年度の末日が最終事業年度の末日となる時までの間における当該株式会社の分配可能額の算定につき第186条4号の規定を適用する旨を当該ある事業年度に係る計算書類の作成に際して定めた会社」をいう。いわば，当該事業

第5節 注記表

年度について連結計算書類を作成した株式会社が選択できる制度である。この注記では，当該事業年度の末日が最終事業年度の末日となる時後，連結配当規制適用会社となる旨を記載することを規定している（会社計算規則143条）。

(12) その他の注記

その他の注記は，会社法制定前の商法施行規則47条，155条にあった「追加情報」に相当するものである。上記(11)までの注記のほか，貸借対照表・損益計算書・株主資本変動計算書等により会社の財産または損益の状況を正確に判断するために必要な事項を記載する。その具体的な開示内容について日本公認会計士協会の指針がある（同協会監査委員会報告77号「追加情報の注記について」参照）。

以上のような個別注記表の実際例は，図表3－5のとおりである。

図表3－5　個別注記表の例

Ⅰ　重要な会計方針に係る事項に関する注記
1．有価証券の評価基準及び評価方法
満期保有目的債券…………償却原価法
子会社及び関連会社株式…………移動平均法による原価法
その他有価証券
時価のあるもの………………期末日の市場価格等に基づく時価法（評価差額は全部純資産直入法により処理し、売却原価は移動平均法により算定）
時価のないもの………………移動平均法による原価法
2．固定資産の減価償却の方法
有形固定資産………………定率法。但し、平成〇年4月1日以降に取得した建物（建物附属設備を除く）については、定額法によっております。
無形固定資産………………定額法。なお、自社利用のソフトウェアについては、社内における利用可能期間（5年）に基づく定額法によっております。
3．引当金の計上基準
役員賞与引当金………………役員賞与の支出に備えるため、当事業年度における支給見込額に基づき計上しております。 ＜会計方針の変更＞ 　当事業年度から、「役員賞与に関する会計基準」（企業会計基準委員会　企業会計基準第4号　平成17年11月29日）を適用しております。これにより、従来の方法によった場合に比べ、営業利益、経常利益及び税引前当期純利益は、それぞれ55百万円減少しております。
退職給付引当金………………従業員の退職給付（退職一時金制度及び適格退職年金制度）に備えるため、当事業年度末における退職給付債務及び年金資産の見込額に基づき、当事業年度末において発生していると認められる額を計上し

第3章　計算関係書類の作成

> ております。過去勤務債務は、その発生時の従業員の平均残存勤務年数による定額法により按分した額を費用処理することとしております。数理計算上の差異は、その発生時の従業員の平均残存勤務年数による定額法により按分した額を翌事業年度から費用処理することとしております。

4．リース取引の処理方法は、リース物件の所有権が借主に移転すると認められるもの以外のファイナンス・リース取引については、通常の賃貸借取引に係る方法に準じた会計処理によっております。

5．消費税及び地方消費税の会計処理は税抜方式によっております。

＜会計方針の変更＞
（貸借対照表の純資産の部の表示に関する会計基準）

当事業年度から、「貸借対照表の純資産の部の表示に関する会計基準」（企業会計基準委員会　企業会計基準第5号　平成17年12月9日）及び「貸借対照表の純資産の部の表示に関する会計基準等の適用指針」（企業会計基準委員会　企業会計基準適用指針第8号　平成17年12月9日）を適用しております。

従来の「資本の部」の合計に相当する金額は217,245百万円であります。

Ⅱ　貸借対照表に関する注記
1．有形固定資産の減価償却累計額　　　　　　　　　14,311百万円
2．保証債務　　　　　　　　　　　　　　　　　　　　338百万円
3．関係会社に対する金銭債権及び金銭債務
　　短期金銭債権　　　　　　　　　　　　　　　　　 549百万円
　　長期金銭債権　　　　　　　　　　　　　　　　29,609百万円
　　短期金銭債務　　　　　　　　　　　　　　　　 1,497百万円

Ⅲ　損益計算書に関する注記
　　関係会社との取引高
　　　営業取引による取引高
　　　　営業収益　　　　　　　　　　　　　　　　22,118百万円
　　　　営業費用　　　　　　　　　　　　　　　　　 717百万円
　　　営業取引以外の取引高　　　　　　　　　　　 2,034百万円

Ⅳ　株主資本等変動計算書に関する注記
　　当事業年度末日における自己株式の種類及び株式数
　　　普通株式　　　　　　　　　　　　　　　　　3,153,100株

Ⅴ　税効果会計に関する注記
　　繰延税金資産及び繰延税金負債の発生の主な原因別の内訳
　　　繰延税金資産
　　　　退職給付引当金　　　　　　　　　　　　　 1,979百万円
　　　　投資有価証券等　　　　　　　　　　　　　　 222百万円
　　　　賞与引当金　　　　　　　　　　　　　　　　 208百万円
　　　　その他　　　　　　　　　　　　　　　　　　 888百万円
　　　　繰延税金資産小計　　　　　　　　　　　　 3,299百万円
　　　　繰延税金負債との相殺　　　　　　　　　　△2,671百万円
　　　　繰延税金資産の純額　　　　　　　　　　　　 627百万円
　　　　評価性引当額　　　　　　　　　　　　　　△153百万円
　　　　繰延税金資産合計　　　　　　　　　　　　　 473百万円

繰延税金負債
　　　　その他有価証券評価差額金　　　　　　　　　　　△21,603百万円
　　　　固定資産圧縮積立金等　　　　　　　　　　　　　 △687百万円
　　　繰延税金負債小計　　　　　　　　　　　　　　　△22,290百万円
　　　繰延税金資産との相殺　　　　　　　　　　　　　　2,671百万円
　　　繰延税金負債の純額　　　　　　　　　　　　　　△19,618百万円

Ⅵ　リースにより使用する固定資産に関する注記
　　　リース物件の所有権が借主に移転すると認められるもの以外のファイナンス・リース取引
　　1．当事業年度末日におけるリース物件の取得原価相当額　　　393百万円
　　2．当事業年度末日におけるリース物件の減価償却累計額相当額　276百万円
　　3．当事業年度末日におけるリース物件の未経過リース料相当額　117百万円

Ⅶ　関連当事者との取引に関する注記
　　　子会社及び関連会社等

属性	会社名	議決権等の所有（被所有）割合	関連当事者との関係	取引の内容	取引金額	科目	期末残高
子会社	○○○○㈱	所有 直接100.0%	商標等の使用許諾、運転資金の貸付、事業用地等を賃貸	商標等使用料の受取(注)	4,254百万円	—	—

　　　取引条件及び取引条件の決定方針等
　（注）商標等使用料については、○○○○㈱の売上高等に一定の料率を乗じて決定しております。なお、この取引金額には消費税等が含まれておりません。

Ⅷ　1株当たり情報に関する注記
　　1．1株当たり純資産額　　　　　　　　　　　　　　　　857円38銭
　　2．1株当たり当期純利益　　　　　　　　　　　　　　　 52円56銭

Ⅸ　その他の注記
　　　記載金額は百万円未満を切り捨てて表示しております。

第6節　計算書類の附属明細書

　計算書類の附属明細書で開示される形態は，間接開示である。附属明細書やその写しは，本店・支店に備え置かれ（会社法442条1項・2項），株主や債権者の閲覧・謄写に供される（同条3項）。
　第1節で見たように，開示の拡充に伴い，その記載内容は直接開示書類である株主資本等変動計算書や注記表にもっていかれているので，従前に比べその

記載内容は格段に少なくなっている。

会社計算規則145条では，各事業年度に係る株式会社の計算書類に関する附属明細書には，次の事項を記載するほか，計算書類の内容を補足する重要な事項を表示しなければならないものとしている。

・有形固定資産および無形固定資産の明細（同条1号）
・引当金の明細（同条2号）
・販売費および一般管理費の明細（同条3号）
・関連当事者に関する140条ただし書の規定により省略した事項（同条4号）

なお，上記4号にいう140条ただし書による省略の可能性があるものは，関連当事者との取引の内容，同取引の種類別の取引金額，取引条件および取引条件の決定方針，取引条件に変更があった旨・変更の内容・変更が計算書類に与えている影響の4項目である。

他方，財務諸表等規則では，有価証券報告書における附属明細表の開示制度があり，有価証券明細表・有形固定資産明細表・社債明細表・借入金等明細表・引当金明細表が附属明細表とされている（財務諸表等規則121条参照）。これらは会社法の附属明細書の間接開示とは性格が異なり，公衆縦覧による開示方式である。したがって，財務諸表と共に誰でも閲覧することができる。

第7節　連結計算書類

会計監査人設置会社は，法務省令で定めるところにより，各事業年度に係る連結計算書類を作成することができる（会社法444条1項）。ここに連結計算書類とは，当該会計監査人設置会社およびその子会社から成る企業集団の財産および損益の状況を示すために必要かつ適当なものとして法務省令で定めるものをいう（会社計算規則93条）。

金融商品取引法24条1項の規定により有価証券報告書を内閣総理大臣に提出する上場会社等は，資本金額5億円以上または負債総額200億円以上の大会社に該当すれば，連結計算書類の作成は義務となる（会社法444条3項）。そして，連結計算書類を作成する以上，監査役・会計監査人による監査（同条4項），取締役会の承認を受けなければならない（同条5項）のは，個別計算書類と同様である。

第7節　連結計算書類

1　連結計算書類作成の基本となる事項

会社法444条1項を受けて，会社計算規則93条では，連結計算書類の書類内容を次のとおり定めている。

　　連結貸借対照表（同条1号）
　　連結損益計算書（同条2号）
　　連結株主資本等変動計算書（同条3号）
　　連結注記表（同条4号）

これら連結計算書類の実際例は，図表3-6，3-7，3-8，3-9のとおりである。

(1)　連結の範囲，会計年度が異なる場合等

連結計算書類を作成する際は，連結の範囲として，すべての子会社を含めることが原則である（会社計算規則95条1項）。連結の対象となる子会社を連結子会社という（会社計算規則2条3項20号）。なお，子会社については別途定義がある。会社法2条3号では，「会社がその総株主の議決権の過半数を有する株式会社その他の当該会社がその経営を支配している法人として法務省令で定めるものをいう」とされており，これを受けて，会社法施行規則3条に具体的な定めを置いている。同条は，財務および事業の方針の決定を支配している状況にあることを定めた，いわゆる支配力基準に関するものである。

ただし，支配が一時的であると認められる場合や，連結の範囲に含めることにより利害関係人の判断を著しく誤らせるおそれがあると認められる場合は，連結の範囲に含めない（会社計算規則95条1項ただし書）。また，本来連結の範囲に含めるべき子会社でも，資産・売上高等からみてこれを除いてもその企業集団の財産・損益の状況に関する合理的な判断を妨げない程度に重要性の乏しいものは，連結から除くことができる（同条2項）。

連結会計年度は，当該事業年度の前事業年度の末日の翌日から当該事業年度の末日までの期間とされているが（会社計算規則94条），親会社と子会社で会計年度が異なる場合もあるであろう。この場合，連結子会社は，親会社の事業年度の末日において，連結計算書類の作成の基礎となる計算書類を作成するために必要とされる決算を行わなければならない（会社計算規則96条1項）。ただし，親会社・子会社との事業年度の末日の差が3ヶ月を超えない場合は，この限りでない（同項ただし書）。また，子会社が連結のための決算を行わない場合，事

第3章　計算関係書類の作成

図表3－6　連結貸借対照表の例
（平成○年3月31日現在）

(単位：百万円)

科　　　　　目	金　　額	科　　　　　目	金　　額
（資産の部）		（負債の部）	
流　動　資　産	178,649	流　動　負　債	67,304
現　金　及　び　預　金	45,649	支　払　手　形　及　び　買　掛　金	28,439
受　取　手　形　及　び　売　掛　金	60,093	短　期　借　入　金	7,491
有　価　証　券	15,913	未　払　法　人　税　等	3,527
た　な　卸　資　産	44,647	未　払　費　用	12,910
繰　延　税　金　資　産	4,811	そ　の　他	14,936
そ　の　他	7,748	固　定　負　債	40,827
貸　倒　引　当　金	△　214	長　期　借　入　金	1,330
		繰　延　税　金　負　債	22,270
固　定　資　産	229,788	退　職　給　付　引　当　金	9,863
有 形 固 定 資 産	114,701	役員退職慰労引当金	314
建　物　及　び　構　築　物	44,224	修　繕　引　当　金	877
機　械　装　置　及　び　運　搬　具	33,596	長　期　預　り　金	5,481
土　　　　地	30,851	負　の　の　れ　ん	144
建　設　仮　勘　定	3,194	そ　の　他	544
そ　の　他	2,833	負　債　合　計	108,131
		（純資産の部）	
無 形 固 定 資 産	6,527	株　主　資　本	231,436
		資　本　金	17,117
		資　本　剰　余　金	9,779
		利　益　剰　余　金	207,550
		自　己　株　式	△　3,010
投資その他の資産	108,559		
投　資　有　価　証　券	103,612	評価・換算差額等	39,537
長　期　貸　付　金	99	その他有価証券評価差額金	39,102
繰　延　税　金　資　産	2,304	繰　延　ヘ　ッ　ジ　損　益	41
そ　の　他	2,830	為　替　換　算　調　整　勘　定	394
貸　倒　引　当　金	△　287	少　数　株　主　持　分	29,331
		純　資　産　合　計	300,306
資　産　合　計	408,437	負債・純資産合計	408,437

図表3-7 連結損益計算書の例

（平成○年4月1日から　平成○年3月31日まで）

（単位：百万円）

科目	金	額
売上高		418,190
売上原価		285,598
売上総利益		132,591
販売費及び一般管理費		113,407
営業利益		19,184
営業外収益		
受取利息	259	
受取配当金	1,150	
持分法による投資利益	1,574	
その他	1,251	4,234
営業外費用		
支払利息	181	
その他	422	603
経常利益		22,815
特別利益		
固定資産売却益	290	
投資有価証券売却益	2,047	
関係会社清算益	1,415	
その他	22	3,776
特別損失		
固定資産除却損	910	
○○○○○○○関連損失	1,533	
その他	103	2,547
税金等調整前当期純利益		24,044
法人税、住民税及び事業税	7,875	
法人税等調整額	1,494	9,369
少数株主利益		2,371
当期純利益		12,303

第3章　計算関係書類の作成

図表3－8　連結株主資本等変動計算書の例

$$\begin{pmatrix} 平成○年4月1日から \\ 平成○年3月31日まで \end{pmatrix}$$

(単位：百万円)

	株　主　資　本				
	資　本　金	資本剰余金	利益剰余金	自　己　株　式	株主資本合計
平成○年3月31日残高	17,117	9,483	200,487	△3,176	223,912
連結会計年度中の変動額					
剰余金の配当（注）			△2,785		△2,785
剰余金の配当(中間配当)			△2,279		△2,279
役　員　賞　与（注）			△175		△175
当　期　純　利　益			12,303		12,303
自　己　株　式　の　取　得				△86	△86
自　己　株　式　の　処　分		296		251	547
株主資本以外の項目の連結会計年度中の変動額(純額)					
連結会計年度中の変動額合計	―	296	7,062	165	7,524
平成○年3月31日残高	17,117	9,779	207,550	△3,010	231,436

	評　価　・　換　算　差　額　等				少数株主持分	純資産合計
	その他有価証券評価差額金	繰延ヘッジ損益	為替換算調整勘定	評価・換算差額等合計		
平成○年3月31日残高	40,835	―	△212	40,622	27,498	292,033
連結会計年度中の変動額						
剰余金の配当（注）						△2,785
剰余金の配当(中間配当)						△2,279
役　員　賞　与（注）						△175
当　期　純　利　益						12,303
自　己　株　式　の　取　得						△86
自　己　株　式　の　処　分						547
株主資本以外の項目の連結会計年度中の変動額(純額)	△1,732	41	606	△1,084	1,833	748
連結会計年度中の変動額合計	△1,732	41	606	△1,084	1,833	8,272
平成○年3月31日残高	39,102	41	394	39,537	29,331	300,306

（注）　平成○年6月の定時株主総会における利益処分項目であります。

図表3−9　連結注記表の例

I　連結計算書類作成のための基本となる重要な事項
　1．連結の範囲に関する事項
　　(1) 連結子会社……38社
　　　・主要会社名：○○○○○㈱、○○○○○㈱、○○○○○○○○㈱、○○○○○○○㈱、
　　　　　　　　　○○○○○○○○○㈱、○○○○○○㈱、○○○○○○○○㈱、
　　　　　　　　　○○○○○○○○○㈱、○○○○○○㈱
　　　・子会社のうち㈱○○○○○○○○他7社は連結の範囲に含まれておりません。これらの非連結子会社は総資産、売上高、当期純損益及び利益剰余金等の観点からみて、いずれもそれぞれ小規模であり、全体としても連結計算書類に重要な影響を及ぼしておりません。
　　(2) 連結の範囲の異動状況
　　　（除外）　1社
　　　・前連結会計年度まで連結子会社であった○○○○○○○○㈱は、平成○年10月に○○○○○○○㈱が吸収合併いたしました。なお、合併前の○○○○○○○○㈱の損益計算書、株主資本等変動計算書については連結しております。
　2．持分法の適用に関する事項
　　(1) 持分法適用会社……10社（非連結子会社1社、関連会社9社）
　　　・主要会社名：○○○○○○㈱、○○○○○㈱
　　　・持分法を適用していない非連結子会社7社及び関連会社6社は、それぞれ連結純損益及び連結利益剰余金等に及ぼす影響が軽微であり、かつ全体としても重要性がありません。
　　(2) 持分法適用会社のうち、決算日が連結決算日と異なる会社については、各社の事業年度に係る計算書類を使用しております。
　3．連結子会社の事業年度等に関する事項
　　　決算日が連結決算日と異なる連結子会社は次のとおりであります。いずれの会社も連結決算日との差は3ヶ月以内であるため、当該連結子会社の決算日現在の計算書類を使用しております。但し、連結決算日との間に生じた重要な取引については、連結上必要な調整を行っております。

会　社　名	決　算　日
○○○○○○○○○	1月31日
○○○○○○○他11社	12月31日

　4．会計処理基準に関する事項
　　(1) 重要な資産の評価基準及び評価方法
　　　①有価証券
　　　　満期保有目的債券………償却原価法
　　　　その他有価証券
　　　　　時価のあるもの……………期末日の市場価格等に基づく時価法（評価差額は全部純資産直入法により処理し、売却原価は移動平均法により算定）
　　　　　時価のないもの……………移動平均法による原価法
　　　②デリバティブ…………………時価法
　　　③たな卸資産………………製品：小麦粉、ふすまについては売価還元法による低価法、その他の製品については主として総平均法による低価法
　　　　　　　　　　　　　　　　原料：主として移動平均法による原価法
　　(2) 重要な減価償却資産の減価償却の方法
　　　①有形固定資産………………当社及び国内連結子会社は主として定率法によっております。但し、平成○年4月1日以降に取得した建物（建

第3章 計算関係書類の作成

　　　　　　　　　　　　　　　物附属設備を除く）については、定額法によっております。
　　　　　　　　　　　　　　　在外連結子会社は主として定額法によっております。
　　　②無形固定資産 ……………定額法によっております。なお、自社利用のソフトウェアについては、社内における利用可能期間（5年）に基づく定額法によっております。
　(3) 重要な引当金の計上基準
　　　①貸倒引当金
　　　　当社及び国内連結子会社は、金銭債権等の貸倒れによる損失に備えるため、一般債権については貸倒実績率により、貸倒懸念債権等特定の債権については個別に回収可能性を検討し、回収不能見込額を計上しております。また、在外連結子会社は、主として特定の債権について回収不能見込額を計上しております。
　　　②退職給付引当金
　　　　当社及び国内連結子会社は従業員の退職給付に備えるため、当連結会計年度末における退職給付債務及び年金資産の見込額に基づき、当連結会計年度末において発生していると認められる額を計上しております。過去勤務債務は、各連結会計年度の発生時における従業員の平均残存勤務年数による定額法により按分した額を費用処理することとしております。数理計算上の差異は、各連結会計年度の発生時における従業員の平均残存勤務年数による定額法により按分した額を主としてそれぞれ発生の翌連結会計年度から費用処理することとしております。
　　　③役員退職慰労引当金
　　　　国内連結子会社のうち8社は役員の退職慰労金の支出に備えるため、内規に基づく期末要支給額を計上しております。
　(4) 重要なリース取引の処理方法
　　　リース物件の所有権が借主に移転すると認められるもの以外のファイナンス・リース取引については、通常の賃貸借取引に係る方法に準じた会計処理によっております。
　(5) 重要なヘッジ会計の方法
　　　①ヘッジ会計は、繰延ヘッジ処理によっております。但し、為替予約等が付されている外貨建金銭債権債務等については、振当処理を行っております。
　　　②ヘッジ手段…デリバティブ取引（為替予約取引及び通貨コールオプションの買建取引）
　　　　ヘッジ対象…外貨建予定取引
　　　③ヘッジ対象の範囲内で、将来の為替相場の変動によるリスクを回避する目的でのみヘッジ手段を利用する方針であります。
　　　④ヘッジの有効性評価の方法
　　　　ヘッジ手段とヘッジ対象に関する重要な条件が同一であり、ヘッジ開始時及びその後も継続して、相場変動を完全に相殺するものと想定することができるため、高い有効性があるとみなしております。
　(6) 消費税等の会計処理方法
　　　消費税及び地方消費税の会計処理は、税抜方式によっております。
5．連結子会社の資産及び負債の評価に関する事項
　　連結子会社の資産及び負債の評価については、部分時価評価法によっております。
6．のれん及び負ののれんの償却に関する事項
　　のれん及び負ののれんは、原則として発生日以後5年間で均等償却を行っております。但し、少額な場合は発生年度に償却する方法によっております。

＜会計方針の変更＞
（役員賞与に関する会計基準）
　当連結会計年度から、「役員賞与に関する会計基準」（企業会計基準委員会　企業会計基準第4号　平成17年11月29日）を適用しております。これにより、従来の方法によった場合に比べ、営業利益、経常利益及び税金等調整前当期純利益は、それぞれ172百万円減少し

ております。
（貸借対照表の純資産の部の表示に関する会計基準）
　当連結会計年度から、「貸借対照表の純資産の部の表示に関する会計基準」（企業会計基準委員会　企業会計基準第5号　平成17年12月9日）及び「貸借対照表の純資産の部の表示に関する会計基準等の適用指針」（企業会計基準委員会　企業会計基準適用指針第8号　平成17年12月9日）を適用しております。
　従来の「資本の部」の合計に相当する金額は270,933百万円であります。
（企業結合に係る会計基準等）
　当連結会計年度から、「企業結合に係る会計基準」（企業会計審議会　平成15年10月31日）及び「事業分離等に関する会計基準」（企業会計基準委員会　企業会計基準第7号　平成17年12月27日）並びに「企業結合会計基準及び事業分離等会計基準に関する適用指針」（企業会計基準委員会　企業会計基準適用指針第10号　平成17年12月27日）を適用しております。なお、これによる影響はありません。

Ⅱ　連結貸借対照表に関する注記

1．担保に供している資産

建　　　　　　物	1,395百万円
機 械 装 置 等	772百万円
土　　　　　　地	92百万円
そ　　の　　他	144百万円

　　上記資産は、短期借入金509百万円、長期借入金630百万円の担保に供しております。
2．国庫補助金の交付により取得した有形固定資産の圧縮記帳累計額　　264百万円
3．有形固定資産の減価償却累計額　　199,698百万円
4．保証債務
　(1) 従業員（住宅ローン）の金融機関借入金に対する保証　　341百万円
　(2) 関係会社の金融機関借入金に対する保証　　401百万円
　(3) 取引先の金融機関借入金に対する保証　　311百万円
5．連結会計年度末日満期手形は、手形交換日をもって決済処理をしております。したがって、当連結会計年度末日は、金融機関の休日であったため連結会計年度末日満期手形が以下の科目に含まれております。

受取手形	590百万円
支払手形	19百万円

Ⅲ　連結株主資本等変動計算書に関する注記

1．当連結会計年度末日における発行済株式の種類及び総数
　　普通株式　　　　　　　　256,535,448株
2．配当に関する事項
　(1) 配当金支払額
　　　平成○年6月28日開催の定時株主総会において、次のとおり決議しております。
　　　・普通株式の配当に関する事項
　　　　① 配当金の総額　　　　　2,785百万円
　　　　② 1株当たり配当額　　　　11円
　　　　③ 基準日　　　　　　　　平成○年3月31日
　　　　④ 効力発生日　　　　　　平成○年6月29日
　　　平成○年11月10日開催の取締役会において、次のとおり決議しております。
　　　・普通株式の配当に関する事項
　　　　① 配当金の総額　　　　　2,279百万円

第3章　計算関係書類の作成

　　　　　② 1株当たり配当額　　　　　　　　　9円
　　　　　③ 基準日　　　　　　　　　平成○年9月30日
　　　　　④ 効力発生日　　　　　　　平成○年12月8日
　　(2) 基準日が当連結会計年度に属する配当のうち、配当の効力発生日が翌連結会計年度となるもの
　　　　平成○年6月27日開催の定時株主総会において、次のとおり付議する予定であります。
　　　　・普通株式の配当に関する事項
　　　　　① 配当金の総額　　　　　　　　　2,280百万円
　　　　　② 配当の原資　　　　　　　　　　利益剰余金
　　　　　③ 1株当たり配当額　　　　　　　　　9円
　　　　　④ 基準日　　　　　　　　　平成○年3月31日
　　　　　⑤ 効力発生日　　　　　　　平成○年6月28日
　3．当連結会計年度末日の新株予約権（権利行使期間の初日が到来していないものを除く。）の目的となる株式の種類及び数
　　　　平成○年7月23日発行新株予約権　　　普通株式　　　 33,000株
　　　　平成○年7月23日発行新株予約権　　　普通株式　　　 91,300株
　　　　平成○年7月26日発行新株予約権　　　普通株式　　　213,400株

Ⅳ　1株当たり情報に関する注記
　1．1株当たり純資産額　　　　　　　1,069円71銭
　2．1株当たり当期純利益　　　　　　　48円66銭

Ⅴ　その他の注記
　　記載金額は百万円未満を切り捨てて表示しております。

業年度が異なることによる不一致について調整をしなければならない（同条2項）。

(2)　連結計算書類作成の基本的事項

　連結計算書類作成に当たっては，連結子会社の資産および負債の評価ならびに株式会社の連結子会社に対する投資とこれに対応する当該連結子会社の資本との相殺消去その他必要とされる連結会社相互間の項目の相殺消去をしなければならない（会社計算規則100条。本書第2章第3節参照）。このほか，各連結計算書類について以下のような基本原則が置かれている。

　連結貸借対照表作成の基本原則について，会社計算規則97条は，次のように規定している。すなわち，連結貸借対照表は，株式会社の連結会計年度に係る連結会社（会社計算規則2条3項22号。当該株式会社およびその連結子会社をいう）の貸借対照表の資産，負債および純資産の金額を基礎として作成しなければな

らない。この場合においては，連結会社の貸借対照表に計上された資産，負債および純資産の金額を，連結貸借対照表の適切な項目に計上することができる。

連結損益計算書作成の基本原則について，会社計算規則98条は，次のように規定している。すなわち，連結損益計算書は，株式会社の連結会計年度に係る連結会社の損益計算書の収益もしくは費用または利益もしくは損失の金額を基礎として作成しなければならない。この場合においては，連結会社の損益計算書に計上された収益もしくは費用または利益または損失の金額を，連結損益計算書の適切な項目に計上することができる。

連結株主資本等変動計算書作成の基本原則について，会社計算規則99条は，次のように規定している。すなわち，連結株主資本等変動計算書は，株式会社の連結会計年度に係る連結会社の株主資本等変動計算書の株主資本等を基礎として作成しなければならない。この場合においては，連結会社の株主資本等変動計算書に表示された株主資本等に係る額を，連結株主資本等変動計算書の適切な項目に計上することができる。

2　持分法の適用

非連結子会社および関連会社に対する投資については，持分法により計算する価額をもって連結貸借対照表に計上しなければならない（会社計算規則101条）。

ここに非連結子会社とは，連結の範囲から除かれる子会社をいい（会社計算規則2条3項21号），関連会社とは，子会社を除く，会社が他の会社等の財務および事業の方針の決定に対して重要な影響を与えることができる場合（いわゆる影響力基準）における当該他の会社等をいう（会社計算規則2条3項19号）。また，持分法とは，投資会社が，被投資会社の純資産および損益のうち当該投資会社に帰属する部分の変動に応じて，その投資の金額を各事業年度ごとに修正する方法をいう（会社計算規則2条3項24号。本書第2章第3節参照）。

ただし，影響が一時的であると認められる関連会社や，持分法の適用により株式会社の利害関係人の判断を著しく誤らせるおそれがあると認められる非連結子会社および関連会社については，持分法を適用しない（会社計算規則101条1項ただし書）。

また，持分法を適用すべき対象とされる場合でも，その損益等からみて，持

分法の対象から除いても連結計算書類に重要な影響を与えないものは，持分法の対象から除くことができる（同条2項）。

3 個別計算書類との相違点

本章の個別計算書類を扱った各節では，個別計算書類について規定された条項は，基本的に連結計算書類にも適用されることを繰り返し述べてきた。

ここでは，とくに連結計算書類だけに適用される条項を取り上げておこう。

(1) 連結貸借対照表関係

連結貸借対照表では，連結会社が2以上の異なる種類の事業を営んでいる場合には，資産の部および負債の部は，その営む事業の種類ごとに区分することができる（会社計算規則105条3項）。

連結貸借対照表の場合，流動資産・固定資産の区分基準である「1年内」とは，連結会計年度の末日の翌日から起算して1年以内の日をいう（会社計算規則106条4項4号）。

連結貸借対照表の場合，純資産の区分は，株主資本，評価・換算差額，新株予約権，少数株主持分，の4区分となる（会社計算規則108条1項2号）。評価・換算差額に記載される為替換算調整勘定は連結貸借対照表だけに登場する（同条7項4号）。この勘定は，外国にある子会社または関連会社の資産および負債の換算に用いる為替相場と，純資産の換算に用いる為替相場とが異なることによって生じる換算差額を記載する（同条9項2号）。自己株式については，当該株式会社の帳簿価額と連結子会社および持分法適用会社が保有する当該株式会社の株式価額のうちこれら会社の持分に相当する額を加えたものとする（同項1号）。

連結貸借対照表では，関係会社の株式または出資金の項目をもって表示しなくともよい（会社計算規則113条2項）。

連結貸借対照表の場合，流動資産に属する繰延税金資産・負債の金額については，異なる納税主体に係るものを除き，その差額のみを繰延税金資産または繰延税金負債として流動資産または流動負債に表示しなければならない（会社計算規則114条3項）。

連結貸借対照表に表示するのれんには，連結子会社に係る投資の金額がこれに対応する連結子会社の資本の金額と異なる場合に生ずるのれんが含まれる

(会社計算規則116条)。

(2) 連結損益計算書関係

連結会社が2以上の異なる種類の事業を営んでいる場合には，連結損益計算書の売上高，売上原価，販売費・一般管理費に関する収益または費用は，その営む事業の種類ごとに区分することができる（会社計算規則119条5項）。連結貸借対照表の資産の部に計上されたのれんの償却額および負債の部に計上されたのれんの償却額が生ずる場合は，貸借対照表の資産の部に計上されたのれんの償却額および負債の部に計上された償却額を相殺した後の額を表示することができる（同条6項1号）。また，持分法による投資利益および投資損失が生ずる場合は，投資利益および投資損失を相殺した後の額を表示することができる（同項2号）。

連結損益計算書では，個別損益計算書で使用される文言の「税引前当期純損益金額」は「税金等調整前純損益金額」となる（会社計算規則123条1項・2項）。

連結損益計算書の場合，税等は次のように表示される（会社計算規則124条1項各号）。

　連結会計年度に係る法人税（1号）

　法人税等調整額（2号）

　税金等調整前当期純利益金額として表示した額があるときは，そのうち少数株主持分に属するもの（3号）

　税金等調整前当期純損失金額として表示した額があるときは，そのうち少数株主持分に属するもの（4号）

(3) 連結株主資本等変動計算書関係

連結株主資本等変動計算書の項目区分は，株主資本，評価・換算差額，新株予約権，少数株主持分に4区分される（会社計算規則127条2項2号）。

連結株主資本等変動計算書における株主持分は，資本金，新株式申込証拠金，資本剰余金，利益剰余金，自己株式，自己株式申込証拠金に6区分される（同条3項2号）。

連結株主資本等変動計算書に記載すべき自己株式は，当該株式会社が保有する当該株式会社の株式の帳簿価額と，連結子会社・持分法適用会社が保有する当該株式会社の株式の帳簿価額のうちこれらの会社の持分に相当する額とを加えた合計額とする（同条9項1号）。同様に，為替換算調整勘定は，外国にある

子会社または関連会社の資産および負債の換算に用いる為替相場と，純資産の換算に用いる為替相場が異なることによって生じる換算差額とする（同項2号）。

(4) 連結注記表関係

個別注記表と最も異なるのは，連結計算書類作成のための基本となる重要な事項に関する注記が求められていることである。

会社計算規則133条により，連結注記表では，以下のような項目と区分により注記される。

① 連結の範囲に関する事項（同条1項1号）
② 持分法の適用に関する事項（同項2号）
③ 会計処理基準に関する事項（同項3号）
④ 連結子会社の資産および負債の評価に関する事項（同項4号）

上記①として，イ 連結子会社の数および主要な連結子会社の名称，ロ 非連結子会社がある場合には，主要な非連結子会社の名称および非連結子会社を連結の範囲から除いた理由，ハ 株式会社が議決権の過半数を所有している会社等を子会社としなかったときは，当該会社等の名称およびその理由，ニ 支配が一時的であるとして連結の範囲から除かれた子会社の財産および損益に関する事項で，当該企業集団の財産および損益の状態の判断に影響を与えると認められる重要なものがあるときは，その内容が記載される。

上記②として，イ 持分法を適用した非連結子会社または関連会社の数，およびこれらのうち主要な会社の名称，ロ 持分法を適用しない非連結子会社または関連会社があるときは，当該非連結子会社または関連会社のうち主要な会社等の名称，およびその理由，ハ 当該株式会社が議決権の20％以上50％以下を所有している会社等を関連会社としなかったときは，その名称および理由，ニ 持分法の適用の手続についてとくに示す必要があると認められる事項があるときは，その内容が記載される。

上記③として，イ 重要な資産の評価基準および評価方法，ロ 重要な減価償却資産の減価償却の方法，ハ 重要な引当金の計上基準，ニ その他連結計算書類作成のための重要な事項が記載される。

以上の連結計算書類作成のための基本となる重要な事項を変更した場合には，次の事項も記載しなければならない（会社計算規則133条2項）。

・連結の範囲または持分法の適用の範囲を変更したときは，その旨，および

理由（同項1号）
・会計処理の原則および手続を変更したときは，その旨，および理由，当該変更が連結計算書類に与えている影響の内容（同項2号）
・表示方法を変更したときは，その内容（同項3号）

連結株主資本等変動計算書の注記は，個別株主資本等変動計算書の注記とは別に，会社計算規則137条において以下のとおり定められている。
・当該連結会計年度の末日における当該株式会社の発行済株式の総数（同条1号）
・当該連結会計年度中に行った剰余金の配当に関する次の事項その他の事項（同条2号）
　　配当財産が金銭である場合における当該金銭の総額（同号イ）
　　配当財産が金銭以外の財産である場合における当該財産の帳簿価額の総額（同号ロ）
・当該連結会計年度の末日における当該株式会社が発行している新株予約権の目的となる当該株式会社の株式の数（同条3号）

連結配当規制適用会社（第5節・2(11)参照）に関する注記は，当該事業年度の末日が最終事業年度の末日となる時後，連結配当規制適用会社となる旨，記載する（会社計算規則143条）。

第8節　臨時計算書類

会社法では，各事業年度に係る計算書類のほかに，最終事業年度の直後に属する一定の日（臨時決算日）における当該株式会社の財産の状況を把握するために法務省令で定めるところにより次の臨時計算書類を作成することができるものとされている（会社法441条1項）。
・臨時決算日における貸借対照表（同項1号）
・臨時決算日の属する事業年度の初日から臨時決算日までの期間に係る損益計算書（同項2号）

臨時計算書類の作成に係る期間（臨時会計年度）は，当該事業年度の前事業年度の末日の翌日から臨時決算日までの期間とされている（会社計算規則92条1項）。

第3章　計算関係書類の作成

　臨時計算書類も，誘導法によって作成される。すなわち，臨時計算書類は臨時会計年度に係る会計帳簿に基づき作成されなければならない（同条2項）。

　臨時決算日については，「一定の日」とあるだけで，中間決算日に相当する日とか四半期決算日に相当する日などの特段の定めはない。一定の日は任意に定めることができるものと考えられている。ただし，会社法441条1項の定義からして，前事業年度に係る定時株主総会の承認ないし取締役会の承認が未了である間は，当該事業年度に属する日を臨時決算日とする臨時計算書類を作成することはできない(6)。実務上は，中間決算あるいは四半期決算に相当するものとして運用されていくであろう。

　臨時計算書類も，監査役・会計監査人の監査を受け（会社法441条2項），取締役会の承認を受けなければならない（同条3項）。

[注]
（1）　神崎克郎『ディスクロージャー』（弘文堂，1978年）5頁参照。
（2）　河本一郎『現代会社法（新訂第7版）』（商事法務，1986年）60頁参照。
（3）　相澤哲・和久友子「計算関係書類」商事法務1765号（2006年）9頁参照。
（4）　相澤・和久前掲注（3）11頁。
（5）　直接開示とは，株主総会招集通知などに添付され，株主の手元に直接提供される開示方法をいう。間接開示とは，会社の本店・支店に備え置かれて閲覧・謄写に供される開示方法をいう。
（6）　郡谷大輔・和久友子・小松岳志『会社計算規則逐条解説』（税務研究会出版局，2007年）262頁。

設問

Q1　会社（連結会社を除く）の会計情報と業務情報の省令上の規制の違いについて説明しなさい。
Q2　繰延資産について説明しなさい。
Q3　デリバティブ取引に対する会社計算規則の規制を説明しなさい。
Q4　連結配当規制適用会社の概念と規制内容を説明しなさい。
Q5　個別注記表の注記項目は，会計監査人設置会社，会計監査人設置会社以外の公開会社および会計監査人設置会社以外の非公開会社とでは，どのように相違しているか論じなさい。

第4章 事業報告の作成

第1節 総　　説

　会社が利害関係人に提供する会社情報は，会計関連の情報と業務関連の情報に区分することができる。事業報告とは，会社情報のうち業務関連の情報を提供するものである。それは計算書類のように会計基準ないし関連法令の規制による定量的な数値情報ではなく，文章を中心に随所に数値が織り込まれる定性的な文章情報の形をとる。

　会社法制定前の商法では，営業報告書と附属明細書の一部がこの機能を果たしてきた。会社法上の事業報告は，従前の営業報告書記載事項を下敷きにして，従前の附属明細書における業務関連事項の一部を直接開示に格上げする形で，事業報告として再編したものである。これに近時要請されてきた新しい開示事項が加わっている。

　なお，会社法制定前の商法では，営業報告書は計算書類を構成するものとして位置づけられていたが，会社法では，計算書類とは一線を隔した独立した位置づけとなっている（会社法435条2項）。この観点から附属明細書は，従前と異なり，計算書類の附属明細書と事業報告の附属明細書に振り分けられている（会社計算規則145条，会社法施行規則128条）。

　事業報告の開示内容は，会社法施行規則において段階的に規制されている。第1段階はすべての株式会社に共通するものである。第2段階においては公開会社の開示を拡充する特則を定め，さらに社外役員を設けている場合の特則を定めている。第3および第4段階では会計参与や会計監査人を設置している会社の特則を規定している。なお，会社計算規則127条は主に上場会社等を想定したものであるが，形式としては，会社の区分や会社機関の状況に関係なく，あらゆる株式会社が会社支配に関する方針を決定した場合の開示を定めている。

第2節　事業報告の記載事項

1　すべての株式会社に共通する記載事項

すべての株式会社に共通する事業報告における開示事項は，①「株式会社の状況に関する重要な事項」（会社法施行規則118条1号）と②「業務の適正性を確保するための体制の整備内容」（同条2号）である。

①の「状況」については会計事項も考えられるところであるが，会計事項については計算書類等にまわされる（会社法施行規則116条）。

②の事項はいわゆる内部統制に関する事項であり，会社法348条3項4号，362条4項6号，などを受けて規定されるものである。大会社や公開会社でなくても，内部統制の体制整備について定めを行った会社であれば，事業報告に記載しなければならない。

なお，株式会社の支配に関する基本方針もすべての株式会社に共通するが，4で述べることにする。

2　公開会社における追加記載事項
(1)　公開会社における全般的記載事項

公開会社においては，上記①のほか，以下の事項が追加開示される（会社法施行規則119条）。なお，大会社であっても公開会社でなければ，これらは記載する必要はない。

　　　　A　株式会社の現況に関する事項（同条1号）
　　　　B　株式会社の会社役員に関する事項（同条2号）
　　　　C　株式会社の株式に関する事項（同条3号）
　　　　D　株式会社の新株予約権に関する事項（同条4号）

(2)　公開会社の現況に関する事項

上記(1) Aの公開会社の「現況」については，会社法施行規則120条1項で，さらに追加の開示事項を定めている。類型別に整理すると以下のとおりである。

・事業内容等……主要な事業内容，主要な営業所・工場・使用人の状況，主要な借入先，事業の経過・成果（以上1号ないし4号）

・資金調達・企業結合等の状況……当該営業年度の資金調達，設備投資，企

業結合等（いずれも重要なもの。以上 5 号），重要な親会社・子会社（7 号）

・過年度の事業成績……直前三事業年度の財産・損益の状況（6 号）なお，三事業年度に当該事業年度は含まれない。

・対処すべき課題ほか……会社が対処すべき課題（8 号），その他重要な事項（9 号）

連結計算書類を作成している会社については，上記の事項を企業集団の現況とすることができる（会社法施行規則120条 2 項）。本章の末尾に掲げた図表 4 - 1 に，事業報告の実際例を掲げているが，上場会社である場合は，ほとんど企業集団の現況が記載されている。これは，金融商品取引法上の有価証券報告書において記載される企業の概況，事業の状況等は連結ベースすなわち企業集団の情報として開示されていることと関係がないわけではない。

企業集団の現況を記載した場合，当該記載事項が連結計算書類の内容になっているときは，当該記載事項を事業報告の内容としないことができる（会社法施行規則120条 2 項後段）。

なお，後発事象は，事業報告における会社の現況として記載する考え方もできようが，会社法では会計情報として扱われており，注記表において開示される（会社計算規則142条）。

(3) **公開会社における会社役員に関する事項**

上記 (1) Bの公開会社の「会社役員」については，コーポレートガバナンスの観点から大幅に開示が拡充されている。なお，会社役員とは，取締役・会計参与・監査役および執行役をいうが（会社法施行規則 2 条 3 項 4 号），ここで開示される「会社役員」とは，直前の定時株主総会の終結の日の翌日以降に存在していた者に限る。

会社法施行規則119条における公開会社の会社役員に関する記載の内訳項目として会社法施行規則121条が設けられている。

会社法施行規則121条では，公開会社の会社役員に関して以下の情報を記載することになっている。ただし，当該事業年度末において，委員会設置会社でない株式会社にあっては，6 号に関する事項を省略できる。

・会社役員の氏名（同条 1 号）

・会社役員の地位および担当（同条 2 号）

第4章　事業報告の作成

- 会社役員が他の法人等の代表者その他これに類する者であるときは，その重要な事実（同条3号）
- 会社役員の報酬等について，イからハの区分に応じた事項（同条4号）
    - イ　会社役員の全部につき取締役・会計参与・監査役・執行役ごとの報酬等の総額を掲げる場合……取締役・会計参与・監査役・執行役ごとの報酬等の総額および員数
    - ロ　会社役員の全部につき当該会社役員ごとの報酬等の額を掲げる場合……当該会社役員ごとの報酬等の額
    - ハ　会社役員の一部につき当該会社役員ごとの報酬等の額を掲げる場合……当該会社役員ごとの報酬等の額ならびにその他の会社役員についての取締役・会計参与・監査役・執行役ごとの報酬等の総額および員数
- 当該事業年度において受け，または受ける見込み額が明らかになった会社役員の報酬等についても4号と同様となる。ただし，4号の規定により当該事業年度に係る事業報告の内容とする報酬等および当該事業年度前の事業年度に係る事業報告の内容とした報酬等は除く（同条5号）
- 会社役員の報酬等の額またはその算定方法に係る決定に関する方針を決めているときは，当該会社方針の決定方法および方針内容の概要（同条6号）
- 辞任または解任した役員がある場合，当該会社役員の氏名（同条7号イ），辞任または解任した会計参与または監査役の意見があったときは，その意見（同条7号ロ），辞任または解任した監査役について理由があるときは，その理由（同条7号ハ）
- 当該事業年度に係る会社役員の重要な兼務状況（同条8号）ただし，3号記載を除く。
- 会社役員のうち監査役または監査委員が財務および会計に関する相当程度の知見を有している場合は，その事実（同条9号）
- その他，会社役員に関する重要な事項（同条10号）

　上記第4号の役員報酬開示については，イギリスにおける報酬開示規制を参考にして，個別開示とすべきか総額開示でもよいのかが議論されていたが，上記の規制となっている。

　上記7号は，いずれも監視監督を行う側の監査役等が，される側の経営者か

ら独立性を妨げられないような牽制システムのひとつとして位置づけられる。開示することでコーポレートガバナンスを支援することの典型である。

　上記8号の兼務状況の記載は，従前は附属明細書の記載事項であったものが，直接開示として格上げされたものである。とくに監視監督機関の者に兼務数が多いという状況であれば，監視監督機能の実効性が疑われるであろう。

　上記9号の財務および会計に関する相当程度の知見とは，アメリカの監査委員会メンバーに要求されている accounting or related financial management expertise を参考に導入したものと考えられる。

(4) 公開会社が社外役員を設けた場合の追加記載事項

　さらに社外役員（会社法施行規則2条3項5号）を設けた場合の特則として，会社法施行規則124条において公開会社の社外役員に関する追加記載事項が設けられている。これらはすべてコーポレートガバナンスに直接関連する事項といえよう。

　以下の情報が記載される（ただし，1号，2号，3号，4号ハ，4号ニなどについては重要性基準が働く）。

- 社外役員が他の会社の業務執行取締役，執行役，業務を執行する社員などまたは使用人であるときは，その事実および当該会社と他の会社との関係（同条1号）
- 社外役員が他の会社の社外役員を兼任しているときは，その事実（同条2号）
- 社外役員が当該会社または特定関係事業者（会社法施行規則2条3項19号）の業務執行取締役，執行役，業務を執行する社員など，または使用人の配偶者，三親等以内の親族その他これに準ずる者であることを，当該会社が知っているときは，その事実（同条3号）
- 各社外役員の当該事業年度における取締役会・監査役会・監査委員会への出席状況（同条4号イ），取締役会における発言状況（同条4号ロ），当該社外役員の意見により当該会社の事業方針またはその他の事項に係る決定が変更されたときは，その内容（同条4号ハ），当該事業年度中に法令または定款に違反する事実その他不当な業務執行が行われた事実があるときは，各社外役員が当該事実の発生の予防のために行った行為および発生後の対応として行った行為の概要（同条4号ニ）などに関する主な活動状況

第4章　事業報告の作成

―― Coffee break　監査の話Ⅳ ――

| 監査基準 | 公認会計士監査の拠り所となる企業会計審議会の「監査基準」は，公認会計士にとって最も優先すべき存在である。

　現行監査基準は平成17年10月に改正されたが，発足時の前文には，「監査基準は，監査実務の中に慣習として発達したもののなかから，一般に公正妥当と認められたところを帰納要約した原則であって，職業的監査人は，財務諸表の監査を行うに当り，法令によって強制されなくとも，常にこれを遵守しなければならない。」と記載されていた。監査役にとっても参考とすべきものである。

　「監査基準」は，監査の目的，一般基準，実施基準および報告基準から構成されている。

　監査の目的は，経営者の作成した財務諸表が，一般に公正妥当と認められる企業会計の基準に準拠して，企業の財政状態，経営成績およびキャッシュ・フローの状況をすべての重要な点において適正に表示しているかどうかについて，監査人が自ら入手した監査証拠に基づいて判断した結果を意見として表明することにある。

　一般基準に関しては，その内容は次のように要約できよう。
1　専門能力の向上と知識の蓄積
2　公正不偏の態度と独立性の保持
3　正当な注意と職業的懐疑心
4　不正報告，虚偽表示，違法行為への留意
5　監査調書の記録と保存
6　監査の品質管理の方針，手続
7　指揮命令，職務分担，指導監督
8　漏洩・窃用禁止，守秘義務

　実施基準に関する主たる項目は，基本原則，監査計画の策定，監査の実施（特に内部統制の監査），他の監査人等の利用である。

　報告基準に関する主たる項目は，基本原則，監査報告書の記載区分，無限定適正意見の記載事項，意見に関する除外，監査範囲の制約，継続企業の前提，追記情報があげられる。

・社外役員と会社との間で責任限定契約（会社法427条1項）を締結しているときは，当該契約の内容（当該契約によって社外役員の職務の適正性が損なわれないようにするための措置を講じている場合には，その内容も含む）（会社

法施行規則124条5号）
・社外役員の報酬等について，イからハの区分に応じた事項（会社法施行規則124条6号）
　　イ　社外役員の全部につき報酬等の総額を掲げる場合……社外役員ごとの報酬等の総額および員数
　　ロ　社外役員の全部につき当該社外役員ごとの報酬等の額を掲げる場合……当該社外役員ごとの報酬等の額
　　ハ　社外役員の一部につき当該社外役員ごとの報酬等の額を掲げる場合……当該社外役員ごとの報酬等の額ならびにその他の社外役員についての報酬等の総額および員数
・当該事業年度において受け，または受ける見込み額が明らかになった社外役員の報酬等についても6号と同様となる。ただし，6号の規定により当該事業年度に係る事業報告の内容とする報酬等および当該事業年度前の事業年度に係る事業報告の内容とした報酬等は除く（同条7号）
・社外役員が当該会社の親会社または子会社から役員としての報酬等を受けているときは，報酬等の総額（同条8号）
・以上1号～8号の事項の内容について，社外役員の意見があるときは，その意見の内容（同条9号）

　上記1号は，他の会社が当該会社に対して影響力を及ぼす場合も考えられ（例えば同じグループ内で兼務する場合など），このような場合，社外役員の独立性を判断するための条項である。2号，3号も同様である。3号にいう「当該会社が知っているとき」については，責任論の観点からこのように限定されたものである。

　上記4号は，社外役員の実績について触れるものであるが，取締役会の出席状況や発言状況はともかく，4号ハとかニについては，本来無いことが望ましいという点からすると，マイナス情報の開示とも捉えられよう。

　上記8号の報酬も総額開示であり，使用人分については含まれない。

(5) **公開会社の株式に関する事項**

　上記(1)Cの公開会社の株式に関する事項については，会社法施行規則122条に規定されており，当該事業年度末における発行済株式の10分の1以上の数を有する株主の氏名（または名称）および当該株主が有する当該株式会社の株

式の数が記載される（同条1号）。その他株式に関する重要な事項があれば記載する（同条第2号）。

(6) 公開会社の新株予約権に関する事項

上記(1) Dの公開会社の新株予約権（職務執行の対価として当該株式を交付したものに限る）に関する事項は，会社法施行規則123条により次の事項が開示される。

・社外役員を除き執行役を含む取締役（同条1号イ），社外役員である社外取締役（同条1号ロ），執行役を含む取締役以外の会社役員（同条1号ハ）が，新株予約権を有しているときは，その区分ごとに当該新株予約権の内容の概要，および新株予約権等を有する者の人数（同条1号）

・当該事業年度中に交付した新株予約権等があるときは，会社役員兼務者を除いた使用人（同条2号イ），会社役員または会社役員兼務者を除く子会社の役員および使用人（同条2号ロ）の区分ごとに当該新株予約権の内容の概要，および交付した者の人数（同条2号）

2 会計参与設置会社における追加記載

会計参与は役員であり，株主総会において選任され（会社法329条1項），職業専門家として取締役とともに計算関係書類を作成する（会社法333条1項，374条1項）。会計参与設置会社では，関連の追加記載がされる。

すなわち，会計参与設置会社で，かつ，会計参与と責任限定契約を締結している会社では（会社法427条1項），その責任限定契約の内容を記載しなければならない（会社法施行規則125条）。当該責任限定契約によって，会計参与の職務の適正性が損なわれないようにするための措置を講じている場合は，その内容を含めなければならない。

3 会計監査人設置会社における追加記載

会計監査人は会社外部の色彩が濃く（会社法329条1項では会計監査人は役員でない旨を明示），株主総会で選任される職業専門家である（会社法329条1項，337条1項）。会社法上，会社の機関として位置づけされている[1]（会社法326条以下）。会計監査人については，コーポレートガバナンスの視点から，会社からの独立性が最も高くあるべき機関との位置づけから，独立性に関する事項を中

心に事業報告で開示される。

　会計監査人は一度選任された後は，原則再任されたものとみなされ（会社法338条2項），会計監査人に関する情報が不足することも開示拡充の理由のひとつといえよう。

　会社法施行規則126条は，以下の事項を記載するものと定めている。ただし，非公開会社の場合には2号ないし4号が記載事項から除かれる。

- ・会計監査人の氏名・名称（同条1号）
- ・各会計監査人の報酬等の額（同条2号）
- ・非監査業務に対し対価を支払っている場合，非監査業務の内容（同条3号）
- ・会計監査人の解任または不再任の決定方針（同条4号）
- ・会計監査人が業務停止処分を受け，停止期間を経過しない場合は，当該処分に係る事項（同条5号）
- ・会計監査人が過去2年間に業務停止を受けた者である場合，会社が事業報告の内容として適切と判断した処分に係る事項（同条6号）
- ・会計監査人と責任限定契約を締結している場合，当該契約の概要（同条7号）
- ・会社が金融商品取引法の定めにより有価証券報告書を提出している大会社である場合は，当該会社および子会社が会計監査人である公認会計士等に支払うべき金銭その他の財産上の利益の合計額（同条8号イ），同じく会社の会計監査人以外の公認会計士または監査法人が子会社の計算関係書類を監査している場合は，その事実（同条8号ロ）
- ・当該事業年度中に辞任・解任された会計監査人があるときは，当該会計監査人の氏名・名称（同条9号イ），監査役が株主総会で報告すべき解任理由（同条9号ロ），会計監査人が解任について意見があったときはその意見の内容（同条9号ハ）および辞任理由または意見（同条9号ニ）
- ・剰余金の配当を取締役会に委ねる旨の定款規定のある監査役会設置会社および委員会設置会社において取締役会に与えられた権限行使の方針（同条10号）

4　株式会社の支配に関する基本方針

　株式会社の支配に関する基本方針を記載する会社は，実態的には上場会社な

どが中心となろう。

会社法施行規則127条は，会社が，財務および事業の決定を支配する者の在り方に関する基本方針を定めている場合には，次の事項を事業報告に記載しなければならないと定めている。

・基本方針の内容（同条1号）
・当該会社の財産の有効な活用，適切な企業集団の形成その他の基本方針の実現に関する特別な取り組みの具体的内容（同条2号イ），基本方針に照らして不適切な者によって当該会社の財務・事業方針の決定が支配されることを防止するための取り組み（いわゆる買収防衛策）の具体的内容（同条2号ロ）
・これら取り組みが基本方針に沿うものであること（同条3号イ），当該取り組みが当該会社の株主の共同の利益を損なうものではないこと（同条3号ロ），当該取り組みが会社役員の地位の維持を目的とするものではないこと（同条3号ハ）についての取締役・取締役会の判断とその理由（同条3号柱書き）

上記のうち，とくに3号の各要件の該当性が実務上問題となるほか，本件については論点が多くあるように思われる。

第3節　事業報告に関する附属明細書

業務関連情報のうち直接開示する事項のみ事業報告（会社法442条）に記載することにし，間接開示ですむものは附属明細書に振り分けられている。

附属明細書は，事業報告の内容を補足的に説明する資料である（会社法施行規則128条前段）。

その位置づけは会社法制定前と変わるものではない。

会社法施行規則128条は，公開会社における事業報告に関する附属明細書には，会計参与や監査役を除く執行系役員の兼務状況の明細（当該他の会社の事業が当該会社の事業と同一の部類のものであるときは，その旨）を記載しなければならないとしている。

ただこうして現行の計算書類の附属明細書，事業報告の附属明細書の記載内容をみると，間接開示形態の点はともかく，内容的には変質してきているよう

に思われる。すなわち，第1に，会社法における附属明細書に関する立法政策として，間接開示に留めるべき事項と，事業報告または計算書類（注記表が中心）に直接開示すべき事項との間の選択判断が難しいこと，とくに事業報告における業務関連事項の開示についてはそれが顕著であるように思われる。第2に，計算書類の附属明細書に関しては，従前の補足説明書類といった位置づけというよりも，どちらかというと金融商品取引法上の財務諸表等規則における附属明細表に見られるような，独立した別個アイテムを追加的に開示する書類としての意味合いが濃くなっているように思われる。

図表4－1　事業報告の例
（平成〇年4月1日から）
（平成〇年3月31日まで）

1．企業集団の現況に関する事項
(1) 事業の経過及びその成果
　① 当社グループを取り巻く環境及び当社グループの業績
　　　当社グループ関連の業界におきましては，国内の少子高齢化の影響等に伴う需要の伸び悩みや調達コストの上昇など事業環境は厳しさを増す一方，食の安心・安全に対する社会的関心は非常に高く，品質保証体制のより一層の強化・充実が求められております。
　　　このような環境下，当社は持株会社として長期的な企業価値の極大化を経営の基本方針として，コア事業と成長事業へ重点的に資源の配分を行いつつグループ経営を展開するとともに，内部統制制度の再構築，コンプライアンスの徹底，食品安全，環境保護等の社会的責任を果たしつつ自己革新を進め，株主・顧客・取引先・社員・社会等の各ステークホルダーから積極的に支持されるグループであるべく努力を重ねてまいりました。
　　　当期におきましては，各事業において積極的な販売促進活動や新市場開拓を進め出荷伸長を図るとともに，引続きコスト削減を実施してまいりました。しかしながら，健康食品事業において主力のコエンザイムQ_{10}の供給過剰に伴う原体価格の下落とそれに伴う出荷減少により業績が悪化しました。また，中食・惣菜事業の進捗の遅れと改善施策に係る経費投入の影響に加えて，製粉，加工食品事業等でのシェア拡大に向けた販売促進費の投入や原油高，穀物相場高，円安等によるコストアップの影響で連結業績は前年を下回りました。
　　　この結果，売上高は4,181億90百万円（前期比99.2％）と減収となり，また経常利益は228億15百万円（前期比92.1％），当期純利益は123億3百万円（前期比90.9％）とそれぞれ減益となりました。

② 当社グループの営業概況
　当社グループの成長を実現するため，コア事業である製粉事業，加工食品事業の更なる生産性向上とシェアアップを目指すとともに，グループ内外とのアライアンスにより既存事業とのシナジー効果を高め，積極的な販促活動により出荷伸長を図ってまいりました。さらに環太平洋エリアでの着実な拠点拡大を図るなど海外戦略を積極的に推進しております。また「健康」をテーマとして各種高機能製品の開発や新チャネルの開拓に注力するとともに，ＩＳＯ22000やＡＩＢなどの国際的なマネジメント規格の取得にも積極的に取り組む等品質管理体制の強化・充実を図り，お客様との「信頼」関係の構築に努めてまいりました。
　当社グループ各事業の営業概況は以下のとおりです。

製　粉　事　業
　製粉事業につきましては，国内の小麦粉市場の需要が前年を下回り，低価格製品への需要シフトが進むなど厳しい環境となる中，得意先とのリレーションシップ・マーケティングを推進し，ターゲットを明確にして販売促進策を展開したことにより，出荷は前年を上回りました。
　小麦粉の生産・物流面では昨年５月に東灘工場の立体自動倉庫が完成し業務の効率化とコスト競争力の強化に努めました。また安心・安全への取組みとしましては，本年３月にアメリカの衛生管理手法であるＡＩＢの監査で鶴見工場が知多工場に続いて「ＳＵＰＥＲＩＯＲ」の最上位ランクの評価を受けるなど，より一層の品質管理体制の強化充実を図っております。
　副製品であるふすまにつきましては，価格は前年と比べ堅調に推移いたしました。
　海外戦略につきましては，カナダの○○○○○○○○○株式会社が順調に稼働率を高め，出荷伸長を図るとともに，タイにおいても積極的な営業施策を展開し，出荷伸長を図りました。
　この結果，製粉事業の売上高は1,547億22百万円（前期比100.6％）となりましたが，出荷構成の悪化等の影響により営業利益は97億40百万円（前期比90.5％）となりました。

食　品　事　業
　加工食品事業につきましては，加工食品業界全般として需要の伸び悩みの継続に加え，原材料価格の高騰と為替の影響により厳しい状況にありましたが，積極的な販売促進活動の結果，パスタ，パスタソース，お好み焼き粉，ホットケーキ，から揚げ粉，冷凍食品等の出荷は前年を上回りました。さらに本年２月には家庭用常温食品におきまして新製品26品目・リニューアル品

14品目を発売し,家庭用冷凍食品におきましても新製品7品目・リニューアル品1品目を発売いたしました。なかでもオーガニック素材を使用した新ブランド「〇〇〇〇」を発売するなど新たな顧客層の開拓を図りました。中食・惣菜事業につきましてはその進捗に遅れが生じておりますが,工場オペレーション改革などの改善施策を着実に実行しております。また新たな取組みとして有機JAS認証野菜を使用するなど素材を厳選した「〇〇〇〇」を出店する等積極的な事業展開を図りました。安心・安全への取組みにつきましては,昨年5月の「食品に残留する農薬等のポジティブリスト制度」導入に伴い,品質保証体制を一層強化いたしました。また海外戦略につきましては,昨年12月に中国で新しいプレミックスの工場が稼働し生産能力を倍増するなど,北米,タイ,中国の各拠点とも着実に事業を拡大し,出荷は好調に推移いたしました。

　酵母・バイオ事業につきましては,お客様への新製品提案を積極的に行い,酵母事業では主力のイースト,フラワーペーストなど製パン用原材料や,健康食品素材を主体としたミネラル酵母類の拡販により,売上げは前年を上回りました。バイオ事業では,受託試験・受託飼育などの研究支援事業は堅調に推移いたしましたが,バイオニュートリショナル製品や飼料受託事業は低迷し,売上げは前年を下回りました。

　健康食品事業につきましては,主力製品のコエンザイムQ_{10}においてはブームの沈静化や他社の生産設備増強による需給バランスの変化により,売上げは素材,消費者向け製品とも前年を大きく下回りました。こうした中,事業収益の改善を目指し,消費者向け製品の新規プログラムに着手し,通信販売専用として昨年9月にアスリート向けスポーツサプリメント「〇〇〇」を,また昨年12月にはダイエット食品の新ブランド「〇〇〇」を発売しました。さらに店舗販売向けには,昨年10月に「〇〇〇」,本年3月には「〇〇〇〇〇〇」と「〇〇〇」を発売するなど新製品の上市に注力しました。

　この結果,食品事業の売上高は2,205億45百万円（前期比99.5％）,営業利益は52億78百万円（前期比71.8％）と主に健康食品事業の業績悪化が影響しました。

その他事業

　ペットフード事業につきましては,原材料価格の高騰による厳しい環境の中,昨年9月には猫用「〇〇〇」シリーズ,犬用「〇〇〇」,また本年3月には業界初となるスープ付きドッグフード「〇〇〇」を投入するなど,拡販施策を推進し,猫用及び犬用製品とも売上げは前年を上回りました。犬用プレミアム製品「〇〇〇」は,お客様の幅広いニーズに応えるため品揃えを充実し,ターゲットを絞った宣伝活動を展開し認知拡大に注力しました。

エンジニアリング事業につきましては，前年高水準であったプラントエンジニアリングにおいて関連業界の設備投資の一服感や前年の大口工事の完工が例年より高水準であった反動により，売上げは前年を大幅に下回りました。

メッシュクロス事業につきましては，主力のスクリーン印刷用メッシュクロスの売上げは，国内・海外ともほぼ横ばいで推移しました。化成品は自動車用フィルターが順調に推移し，また産業資材用メッシュクロスの売上げが大きく伸長したことにより，全体で売上げは前年を上回りました。

この結果，主にエンジニアリング事業の前年の完工高が高水準であった反動により，その他事業の売上高は429億22百万円（前期比93.4％），営業利益は47億14百万円（前期比96.1％）となりました。

(2) 対処すべき課題

当社グループは，「世界一の製粉事業」，「成長する加工食品事業」そして「将来性の期待できる健康・バイオ事業」をコア事業として経営資源を投入し，存在感のあるその他事業を含めて発展する企業集団であるべく経営に努めております。

① 各事業の経営戦略

製粉事業におきましては，お客様のニーズをとらえた新製品の提案など新たな市場創造へ向けてマーケティング施策を強化します。また，来るべき小麦の自由化を見据えて国内製粉事業における圧倒的な競争優位を更に確固たるものとしていくために，平成○○年の完成を目指し，東灘工場に2ラインの最新鋭製造設備増設工事を進めております。これによる生産体制の効率化や生産性向上の大きな進展を基盤に，一層のシェアアップを実現いたします。

加工食品事業におきましては，新製品開発を全温度帯に亘って強力に推進するとともに，昨年11月の新設大型パスタラインの稼働等，今後も生産性の飛躍的な向上によるコスト競争力の強化に努めます。特に，チルド帯ビジネスにおいては，有機ＪＡＳ認証野菜を使用した惣菜等メニュー開発やエリア展開の拡大を図るなど，人員増強，マーケティング・品質管理費用等一層の経営資源投入を行い，販売，開発，生産等全分野についてオペレーション改革を進めてまいります。

さらに，健康志向の高まりと高齢化の進展により，今後市場成長が見込まれる健康・バイオ事業を，製粉，加工食品事業と並ぶ当社グループのコア事業として育て上げるべく注力してまいります。酵母・バイオ事業を担う○○○株式会社につきましては，今後とも無限の可能性を秘めた「○○」を事業の原点として"技術立社"を目指し，人々の生命と健康を支える新たな製品・技術開発に挑戦いたします。特に当社グループのバイオ研究戦略につきましては，同社が中核となって様々な分野での成果を実現いたします。健康食品事業を展開する○○○○株式会社におきましては，市場環境を踏まえた

製造，販売体制の見直しを進めるとともに，科学的根拠を重視した特長ある健康食品メーカーとして，新素材の探究，新製品開発に注力し，消費者向け製品の認知度の向上のため新たなチャネル開拓を図ってまいります。

　また，ペットフード，エンジニアリング，メッシュクロス事業などその他事業につきましては，各業界において存在感のある事業群として，自力発展あるいはグループ内外における連合を通じて成長を図っていきます。

② 国際化戦略

　グローバルな展開につきましては，点から線，線から面への広がりのスピードを速めていくために，日本を北米西海岸，東南アジア，中国と並ぶ4拠点の1つと位置付け，その機能分担，相乗効果を考慮しつつ，グループを挙げて環太平洋戦略を推進していきます。昨年7月には，海外事業拡大のスピードアップを図るため，北米西海岸，東南アジア，中国の3極に持株会社である当社直轄の現地スタッフを配置しました。国内スタッフと現地スタッフの連携により，製粉，加工食品など当社グループの強みを生かした次なる投資機会の検討を進めております。

③ 研究開発戦略，コスト戦略

　当社グループは既存事業にプラスする次世代新製品・新ビジネスモデルの創出に取り組んでおります。新製品開発につきましては，新規性，独自性がありお客様から支持を得られる高い付加価値を持った次世代新製品を継続的に開発してまいります。そのために，産官学連携を一層推進し，重点研究分野における先端技術を活用することにより，事業化に結びつけてまいります。平成○○年度におきましても，各事業において発売した新製品群は業績に大きく貢献しております。

　また，すべての事業領域において新たな視点で仕組みを見直し，トータルローコストの実現を目指すとともに，増嵩する種々のコストに対応した適正な利益確保に向けた取組みを進めてまいります。

④ 麦政策の改革に向けた取組み

　WTO農業交渉や各国との自由貿易協定（FTA）・経済連携協定（EPA）の進展は当初の想定と比べてやや遅れているものの，その決着内容によっては当社グループの製粉，加工食品事業を始めとする小麦粉関連業界に大きな影響が及ぶことが想定されます。また国内の麦政策におきましても，17年4月に施行されました改正食糧法に基づく政府売渡価格変動制度の導入は，それまで国際的な相場変動の動きに影響を受けにくかった製粉業界にとっては大きな変革となります。この仕組みにより政府の外国産小麦売渡価格の算定については，過去の一定期間における政府買入価格の平均値に年間固定の一定額のマークアップ（外国産麦売買差益）を上乗せした価格で売り渡されることとなりました。この価格改定によりこの4月からは24年ぶりに政府売渡

価格が平均で1.3％値上げされました。当社グループとしては，新たな制度運用開始に伴って，小麦価格の改定を確実に小麦粉価格に反映させるように，二次加工メーカーの皆様に制度の仕組みをご説明申し上げ，ご理解いただくように努めております。また，政府（農林水産省）に製粉業界の国際競争力の基盤強化，特に製粉会社への小麦の政府売渡価格が国際価格に比べて割高になっている内外価格差の縮小を目指して，マークアップの継続的な引下げを働きかけてまいります。同時に，従来以上にスピードを上げて構造改善や国際化に取り組む等グローバル競争に耐え得る強固な企業体質を構築いたします。

⑤ 企業の社会的責任への取組み

　これらの経営戦略を着実に推進する一方，当社グループは社会にとって真に必要な企業グループであり続けるべく，従来から，グループ全体の各ステークホルダーに対する基本姿勢，具体的活動の検討及び推進を目的に社会委員会を設置し，企業の社会的責任（ＣＳＲ）を果たしてまいりました。すなわち，当社及びグループ各社は適法適切な事業活動を推進するためコンプライアンスの徹底に注力するとともに，品質管理体制を強化し，トレーサビリティーの確保と消費者の視点からの品質保証体制の確立を図り，併せて廃棄物の削減やCO_2排出量の削減等，環境保全活動を推進しております。このために国際的なマネジメント規格の取得にも積極的に取り組んでおります。昨年５月には「食品に残留する農薬等のポジティブリスト制度」の導入に伴い，加工食品，製粉事業を中心にその対応に取り組んでおります。CO_2排出量削減につきましては，「京都議定書目標達成計画」に沿い，平成○○年度までに平成○○年度比で8.6％削減する自主目標を設定し，その達成に向けて努力しております。当社グループの環境保全活動は経営の最重要課題と明確に位置付け，グループ全社に徹底しているなどその運営体制や継続的な取組み，向上を実現している点が各種調査等における高い評価につながっております。

　また，会社法，金融商品取引法の成立により各企業に対して内部統制制度の確立が要請される動きの中で，当社グループの内部統制制度を一層強固なものとするため，当社グループでは一昨年９月持株会社である当社に内部統制準備室を設置し，その整備・運用状況の検証，強化，見直し等を行い，本年９月を目途に制度の再構築を進めており，金融商品取引法の実施時期よりも１年前倒しでの実施を目指しております。

　当社はこのような企業の社会的責任への取組みにおいて，外部の評価機関，報道機関等からも高い評価を受けておりますが，今後とも継続してその責任を果たしてまいります。

以上の課題への取組みを着実に実行し，グループの一層の発展を図ってまいりま

すので，何卒株主各位の変わらぬご支援を賜りますようお願い申し上げます。
(3) 当社グループの財産及び損益の状況

区　　　分	第160期 平成○年度	第161期 平成○年度	第162期 平成○年度	第163期 平成○年度 （当　期）
売　上　高　（百万円）	434,125	416,222	421,359	418,190
経　常　利　益　（百万円）	22,893	25,120	24,774	22,815
当 期 純 利 益　（百万円）	11,575	13,597	13,541	12,303
１株当たり当期純利益	49円16銭	58円06銭	52円80銭	48円66銭
総　資　産　（百万円）	359,820	372,968	399,899	408,437
純　資　産　（百万円）	230,555	241,282	264,535	300,306

(注) 1．第163期から「貸借対照表の純資産の部の表示に関する会計基準」（企業会計基準第５号）及び「貸借対照表の純資産の部の表示に関する会計基準等の適用指針」（企業会計基準適用指針第８号）を適用しております。
　　 2．平成○年11月18日付をもって普通株式１株を1.1株に分割しております。なお，第162期の１株当たり当期純利益は期首に分割が行われたものとして計算しております。また，株式分割が第161期期首に実施されたと仮定した場合の第161期の１株当たり当期純利益は52円79銭となります。
　　 3．第161期に売上高が減少しているのは○○○○○○会社を持分法適用会社としたことによるものであります。

(4) 当社グループの設備投資の状況
　当期において実施いたしました設備投資の総額（支払ベース）は140億96百万円で，前期に比べ17億33百万円増加しております。
　設備投資の主要なものは，○○○○株式会社東灘工場生産設備増強工事等生産能力の増強であります。

(5) 当社グループの資金調達の状況
　当期における増資あるいは社債発行等による重要な資金調達は行っておりません。

(6) 重要な子会社等及び企業結合等の状況
　① 重要な子会社及び関連会社の状況

会　　社　　名	資本金 百万円	議決権比率 ％	主　要　な　事　業　内　容
（子会社）			
○○○○株式会社	14,875	100.0	小麦粉，プレミックスの製造及び販売
○○○○株式会社	5,000	100.0	パスタ類，家庭用小麦粉，冷凍食品等の販売，プレミックスの製造及び販売

○○○○株式会社	350	68.1	パスタの製造及び販売
○○○○株式会社	450	100.0	惣菜・冷凍食品の製造及び販売，デパート等の直営店舗の経営
○○○○工業株式会社	2,617	43.1	製菓，製パン用資材，生化学製品等の製造，販売及びライフサイエンス事業
○○○○株式会社	2,550	100.0	健康食品，医薬品等の製造及び販売
○○○○株式会社	1,315	100.0	ペットフードの製造及び販売
○○○○株式会社	107	100.0	食品生産設備等の設計，工事請負，監理及び粉体機器の販売
○○○○株式会社	1,992	48.8	メッシュクロス，成形フィルターの製造及び販売
（関連会社）			
○○○○株式会社	5,500	40.0	配合飼料の製造及び販売

（注） ○○○○株式会社，○○○○株式会社，○○○○工業株式会社及び○○○○株式会社に対する議決権比率には，子会社保有分が含まれております。

② 重要な企業結合等の状況
　　該当する事項はありません。

(7) 主要な事業内容（平成○年3月31日現在）

　当社グループの事業及びその主要な製品等は次のとおりであります。当社は持株会社として，これらの各事業を営む会社を支配・管理しております。

事業区分	主要な製品等
製粉事業	小麦粉，ふすま
食品事業	プレミックス，家庭用小麦粉，パスタ，パスタソース，冷凍食品，チルド食品，製菓・製パン用資材，生化学製品，ライフサイエンス事業，健康食品
その他事業	ペットフード，設備の設計・監理・工事請負，メッシュクロス

(8) 主要な事業所（平成○年3月31日現在）
　① 当社　本社(東京都千代田区)
　　　　　　研究所(ふじみ野市)
　　　　　　　生産技術研究所
　　　　　　　基礎研究所
　　　　　　　QEセンター
　② 製粉事業
　　　　○○○○株式会社　本社(東京都千代田区)
　　　　　つくば研究所(つくば市)
　　　　　札幌営業部(札幌市)　仙台営業部(仙台市)　関東営業部(東京都中央区)
　　　　　東京営業部(東京都中央区)　名古屋営業部(名古屋市)

　　　　大阪営業部(大阪市)　中四国営業部(岡山市)　福岡営業部(福岡市)
　　　　北見工場(北見市)　函館工場(函館市)　千葉工場(千葉市)
　　　　鶴見工場(川崎市)　名古屋工場(名古屋市)　知多工場(知多市)
　　　　東灘工場(神戸市)　神戸工場(神戸市)　岡山工場(岡山市)
　　　　坂出工場(坂出市)　鳥栖工場(鳥栖市)　筑後工場(筑後市)
　③　食品事業
　　　　○○○○株式会社　本社(東京都千代田区)
　　　　　開発センター(東京都中央区)
　　　　　北海道営業部(札幌市)　東北営業部(仙台市)　関東営業部(さいたま市)
　　　　　首都圏営業部(東京都中央区)　広域営業部(東京都中央区)
　　　　　中部営業部(名古屋市)　関西営業部(大阪市)　中四国営業部(広島市)
　　　　　九州営業部(福岡市)
　　　　　館林工場(館林市)　名古屋工場(名古屋市)
　　　　○○○○○株式会社　本社(宇都宮市)
　　　　　宇都宮工場(宇都宮市)　神戸工場(神戸市)
　　　　○○○○○株式会社　本社(東京都千代田区)
　　　　　熊谷工場(熊谷市)　白岡工場(埼玉県南埼玉郡)　東大阪工場(東大阪市)
　　　　○○○工業株式会社　本社(東京都板橋区)
　　　　　東京工場(東京都板橋区)　大阪工場(吹田市)　びわ工場(滋賀県長浜市)
　　　　○○○○○株式会社　本社(東京都千代田区)
　　　　　健康科学研究所(ふじみ野市)
　　　　　上田工場(上田市)
　④　その他事業
　　　　○○○○○株式会社　本社(東京都千代田区)
　　　　○○○○○株式会社　本社(東京都中央区)
　　　　○○○○○株式会社　本社(日野市)
　　　　　山梨都留工場(都留市)　静岡菊川工場(菊川市)

(9) 当社グループの従業員の状況　(平成○年3月31日現在)

事 業 区 分	従 業 員 数	前期末比増減
製 粉 事 業	1,264名	△　　5名
食 品 事 業	3,030名	＋　102名
そ の 他 事 業	592名	＋　 14名
全 社 (共 通)	326名	―
合　　　　計	5,212名	＋　111名

第4章 事業報告の作成

(10) 当社グループの主要な借入先及び借入額（平成○年3月31日現在）
　主要な借入先はありません。

2．会社の状況に関する事項

(1) 株式に関する事項（平成○年3月31日現在）
　① 発行可能株式総数　　　　　932,856,000株
　② 発行済株式総数　　　　　　256,535,448株
　③ 株主数　　　　　　　　　　15,028名　（前期末比　243名増）
　④ 大株主（上位10名）

株　主　名	当社への出資状況	
	持　株　数	出資比率
	千株	％
○　○　生　命　保　険　相　互　会　社	15,022	5.8
○　○　製　パ　ン　株　式　会　社	14,040	5.4
○○○○○○信託銀行株式会社（信託口）	11,818	4.6
○○○○○○信託銀行株式会社（信託口）	11,666	4.5
株　式　会　社　○　○　○　○　銀　行	9,943	3.8
○　○　商　事　株　式　会　社	6,982	2.7
株　式　会　社　○　○　○　銀　行	5,804	2.2
○　○　商　事　株　式　会　社	5,034	1.9
株　式　会　社　○　○　○　○　銀　行	4,616	1.7
	4,489	1.7

(2) 新株予約権等に関する事項
　当事業年度末日における新株予約権の状況

	新株予約権の数	新株予約権の目的となる株式の種類及び数	新株予約権の発行価額	対　象　者	新株予約権の行使時の払込金額	新株予約権の行使すること ができる期間
平成○年7月23日発行 新株予約権	30個	普通株式 33,000株 （新株予約権 1個につき 1,100株）	無償	当社の取締役 及び執行役員 並びに当社の 連結子会社の 取締役の一部	1個あたり 885,500円	平成○年7月16日 〜平成○年7月15日
平成○年7月23日発行 新株予約権	83個	普通株式 91,300株 （新株予約権 1個につき 1,100株）	無償	当社の取締役 及び執行役員 並びに当社の 連結子会社の 取締役の一部	1個あたり 892,100円	平成○年7月16日 〜平成○年7月15日
平成○年7月26日発行 新株予約権	194個	普通株式 213,400株 （新株予約権 1個につき 1,100株）	無償	当社の取締役 及び執行役員 並びに当社の 連結子会社の 取締役の一部	1個あたり 1,098,900円	平成○年7月17日 〜平成○年7月16日

第3節 事業報告に関する附属明細書

平成〇年8月17日発行新株予約権	235個	普通株式 258,500株 (新株予約権1個につき 1,100株)	無償	当社の取締役及び執行役員並びに当社の連結子会社の取締役の一部	1個あたり 1,193,500円	平成〇年7月21日 ～平成〇年7月20日

(3) 会社役員に関する事項

① 取締役および監査役に関する事項

当社における地位	氏 名	当社における担当	他の法人等の代表状況及び重要な兼職の状況
代表取締役 取締役会長	〇〇〇〇〇		〇〇〇〇株式会社取締役会長 〇〇〇〇株式会社取締役会長 〇〇〇〇工業株式会社取締役 〇〇株式会社取締役 〇〇〇〇株式会社監査役
代表取締役 取締役社長	〇〇〇〇〇		
常務取締役	〇〇〇〇〇	企画本部長 企画本部GS（物流）	
常務取締役	〇〇〇〇〇		〇〇製粉株式会社取締役社長
常務取締役	〇〇〇〇〇		〇〇〇〇株式会社取締役社長
取 締 役	〇〇〇〇〇	R&D・品質保証本部長	
取 締 役	〇〇〇〇〇	技術本部長	〇〇〇株式会社取締役
取 締 役	〇〇〇〇〇	総務本部長	
※取締役	〇〇〇〇〇	経理・財務本部長	〇〇〇〇工業株式会社取締役
取 締 役	〇〇〇〇〇		〇〇〇〇株式会社取締役社長
※取締役	〇〇〇〇〇		
常任監査役（常勤）	〇〇〇〇〇		
監査役（常勤）	〇〇〇〇〇		〇〇〇〇工業株式会社監査役
※監査役（常勤）	〇〇〇〇〇		
※監査役	〇〇〇〇〇		〇〇株式会社代表取締役社長

(注) 1. 取締役〇〇〇〇〇氏は社外取締役であります。
　　 2. 監査役〇〇〇〇〇，〇〇〇〇〇の両氏は社外監査役であります。
　　 3. ※印を付した取締役及び監査役は平成〇年6月28日開催の第162回定時株主総会においてそれぞれ新たに選任され就任いたしました。

② 取締役及び監査役の報酬等の額

当事業年度に係る取締役，監査役ごとの報酬等の総額

　　取締役11名　　　　　　　　255百万円

第4章　事業報告の作成

　　　　監査役4名　　　　　　　　　54百万円
　　　　上記のうち社外役員3名　　　26百万円
　③　社外役員に関する事項
　　1．取締役　○○○○○○○
　　　1）当事業年度における主な活動状況
　　　　　社外取締役就任後に開催された取締役会の全てに出席し，幅広い経験を踏まえた客観的立場から，決議事項及び報告事項の趣旨，内容等に関する質問，意見など適宜発言を行っております。
　　　2）責任限定契約の内容の概要
　　　　　会社法第423条第1項に定める賠償責任の限度額を，職務を行うにつき善意でかつ重大な過失がないときに限り会社法第425条第1項各号に定める金額の合計額とするものであります。
　　2．監査役　○○○○○○○
　　　1）当事業年度における主な活動状況
　　　　　社外監査役就任後に開催された取締役会及び監査役会の全てに出席しております。また，常勤監査役として監査計画に従い業務執行及び財産の状況を調査し，監査結果について監査役会へ報告を行うとともに，取締役会及び監査役会においては，決議事項及び報告事項の趣旨，内容等に関し適宜質問し意見を述べております。
　　　2）責任限定契約の内容の概要
　　　　　会社法第423条第1項に定める賠償責任の限度額を，職務を行うにつき善意でかつ重大な過失がないときに限り会社法第425条第1項各号に定める金額の合計額とするものであります。
　　3．監査役　○○○○○○○
　　　1）他の会社の業務執行取締役等の兼任状況
　　　　　○○○○○株式会社代表取締役社長
　　　　　なお，○○○○○株式会社と当社の間には，重要な取引関係その他の特別な関係はありません。
　　　2）当事業年度における主な活動状況
　　　　　社外監査役就任後に開催された取締役会10回のうち8回に，監査役会9回のうち7回に出席しており，経験豊富な経営者の視点から決議事項及び報告事項の趣旨，内容等に関する質問，意見など適宜発言を行っております。
　　　3）責任限定契約の内容の概要
　　　　　会社法第423条第1項に定める賠償責任の限度額を，職務を行うにつき善意でかつ重大な過失がないときに限り会社法第425条第1項各号に定める金額の合計額とするものであります。

(4) 会計監査人の状況
① 会計監査人の名称　○○○○監査法人
② 当事業年度に係る会計監査人の報酬等の額

1．公認会計士法（昭和23年法律第103号）第2条第1項の業務に係る報酬等の額	29百万円
2．公認会計士法第2条第1項の業務以外の業務に係る報酬等の額	31百万円
合計	61百万円

　　（注）　当社と会計監査人との間の監査契約において，会社法に基づく監査と証券取引法に基づく監査の監査報酬の額を区分しておらず，実質的にも区分できないため，上記1.の金額にはこれらの合計額を記載しております。

③ 非監査業務の内容

　　当社は，会計監査人に対して，公認会計士法第2条第1項の業務以外の業務（非監査業務）である「財務報告に係る内部統制に関する助言業務」を委託しております。

④ 会計監査人の解任又は不再任の決定の方針

　　当社は，会社法第340条に定める監査役会による会計監査人の解任のほか，同条に定める事由及びこれに準ずる事由が生じ，かつ必要と認めた場合には，同法第344条の定めに従い，会計監査人の解任又は不再任に関する議案を株主総会に提出いたします。

⑤ 当社及び当社の連結子会社が会計監査人に支払うべき報酬等の合計額

　　　　　　　　　　　　　　　　　　　　　　　　　　　　　178百万円

3．会社の体制及び方針
(1) 業務の適正を確保するための体制の整備についての決議内容

　当社の内部統制システムは，業務執行組織における指揮命令系統の確立及び権限と責任の明確化，業務執行組織における長又は組織管理者による統制，組織間（例えば業務部門と経理部門）の内部牽制を基盤とし，あわせて下記の体制をとることとします。

　　　　　　　　　　　　　　　　記

① 取締役・使用人の職務の執行が法令及び定款に適合することを確保するための体制

　1）○○○○グループの「企業行動規範」及び「社員行動指針」を策定しており，○○○○グループ本社及び各社社長並びに取締役は「企業行動規範」・「社員行動指針」の実現が自らの役割であることを認識し，率先垂範の上関係者に周知徹底する。また，社内外の声を常時把握し，実効ある社内体制の整備を行うとともに，企業倫理の徹底を図る。

　2）グループ横断的なCSR（企業の社会的責任）については「社会委員会」が，企業倫理・コンプライアンスを含めたCSR全般にわたる協議

を行い，実行に向けた施策を推進し，グループでの啓蒙活動，法令・定款・社会規範遵守の周知徹底を図る。
   3）社員等からの通報を受け，違反行為を早期に発見・対応すべく設置した「コンプライアンス・ホットライン制度」を維持・整備する。
   4）監査役は，取締役の職務執行を監査し，また，取締役が，内部統制システムを適切に構築し運用しているかを監視し検証する。
   5）監査室は各業務が会社の経営理念・経営方針に沿って運営され，かつ法令・定款及び社内規則に則り適法・適正に行われているかについて監査する。
   6）現在の内部統制システムをより一層強化するために，社会委員会（企画部会・内部統制準備部会）の実行組織として，平成〇年9月に内部統制準備室（専任組織）を設置し，内部統制再構築を実施していく。
② 取締役の職務執行に係る情報の保存及び管理に関する体制
   取締役会議事録・稟議書を始めとする職務の執行に係る文書その他の情報については，機密情報として規程に従い適切に保存・管理する。
③ 損失の危険の管理に関する規程その他の体制
   1）事業活動に関わる案件については，その重要性・影響度等に応じて決裁ないしは報告手続きを定め，実施前にリスク判断も含めた検討を行う。
   2）損害発生の予防及び発生時の適切な対応を確保すべく「危機管理委員会」が中心となって潜在リスクの把握と危機発生に備えた対応策を策定する。
   また，損失の危険を早期に発見・対応すべく，社員等はグループ本社総務本部内「コールセンター」へ通報を行う。
   3）危機管理全般・重要品質事故についてはそれぞれの委員会及び規程により適切な対応を行う。
   4）監査役は，取締役が会社に著しい損害又は重大な事故を招くおそれがあると認めたとき，取締役に対し助言・勧告等必要な措置を講ずる。
④ 取締役の職務の執行が効率的に行われることを確保するための体制
   1）持株会社制度のもとで，取締役は少数に止める。
   2）取締役会への決議事項・報告事項，稟議における社長決裁事項・担当取締役決裁事項等により責任と権限を明確化しており，取締役は適正かつ迅速な職務執行を行う。
   3）当社グループでは，事業戦略及びその方向性を明確化し，各事業会社の利益計画もこれに沿って単年度ごとに策定，取締役の任期も1年とし，責任を明確化する。さらに，取締役会は毎月業績をレビューし，改善策を検討実施する。
⑤ 当社並びにその子会社からなる企業集団における業務の適正を確保するた

めの体制
　1）当社グループは○○○○グループ本社による持株会社制度を採用しており，持株会社が常に事業子会社を株主の視点から評価・監督する。
　2）子会社の事業活動に関わる重要案件に関しては，取締役会に付議ないし報告すべき基準を定める。
　3）○○○○グループの「企業理念」・「経営基本方針」・「ステークホルダーに対する基本姿勢」・「企業行動規範」・「社員行動指針」を定め，周知徹底を図る。
　4）当社監査役及び各事業子会社監査役は定期的に「グループ監査役連絡会」を開催し，監査事例等についての意見交換を行い，各課題の共有化を図る。
　5）設備監査・安全監査・環境監査・ＰＬ監査等の専門監査をグループ本社・子会社を対象として行う。
　6）「内部統制準備室」はグループ本社を含め，グループ各社における内部統制再構築を実施していく。

⑥　監査役会がその補助すべき使用人を置くことを求めた場合における当該使用人に関する体制並びにその使用人の取締役からの独立性に関する事項
　監査役の業務を補助する者として監査役付を置き，監査役監査にあたって監査役付は監査役の命を受け業務を補佐し，人事異動に関しては監査役の同意を得て行う。

⑦　取締役及び使用人が監査役に報告をするための体制その他の監査役への報告に関する体制
　1）監査役は取締役会の他重要な会議（「グループ運営会議」・「危機管理委員会」・「債権管理委員会」・「社会委員会社会規範部会」等）に出席し，適宜意見を述べる。
　2）監査役会は，必要に応じて監査役会において，会計監査人・取締役・内部監査部門等に対して報告を求める。
　3）「コンプライアンス・ホットライン」による情報は，速やかに監査役に報告する。
　4）本部長及び子会社・関連会社社長交代の際の引継書は監査役会に提出する。
　5）稟議は全て監査役に回付する。

⑧　その他監査役の監査が実効的に行われることを確保するための体制
　監査役は，代表取締役と定期的に会合を持ち，会社が対処すべき課題，会社を取り巻くリスクのほか，監査役監査の環境整備の状況，監査上の重要課題等について意見を交換する。

(2) 株式会社の支配に関する基本方針

① 基本方針の内容

　当社は，「食」にかかわる企業として，安全安心な食を提供し続けていくことが当社グループの責務であるとともに企業価値の源泉であると考えております。企業価値及び株主共同の利益を確保・向上させるためには，製品の高い安全性と品質の保証，その安定的な供給が必要不可欠です。これらの理解に欠ける者が，当社株式を買い集め，短期的な経済的効率性のみを重視して生産コストや研究開発コストにつき過度の削減を行うなど中長期的視点からの継続的・計画的な経営方針に反する行為を行うことは，当社の企業価値及び株主共同の利益が毀損されることにつながります。また，これらに限らず株式の買付行為の中には，その態様によっては当社の企業価値及び株主共同の利益を害するものも存在します。

　こうしたことに対処するためには，当社株式の買収者が意図する経営方針や事業計画の内容，買収提案が当社株主や当社グループの経営に与える影響，当社グループを取り巻く多くの関係者に与える影響，食の安全をはじめとした社会的責任に対する考え方等について，事前の十分な情報開示がなされ，かつ相応の検討期間，交渉力等が確保される必要があると考えております。

② 当社の財産の有効な活用，適切な企業集団の形成その他の基本方針の実現に資する特別な取組み

　純粋持株会社である当社は，当社グループの経営戦略の立案，効率的な経営資源の配分，事業活動の監査・監督の役割を担い，各事業会社はそれぞれのマーケットに最適化することで，製品の高い安全性と品質の保証及びその安定的な供給を確保し，相互に企業価値を高め合いグループ全体の企業価値を向上させております。

　この体制のもと当社グループは，製品の安全性及び品質を支える生産技術・開発力・分析力等の高い技術力の維持・向上を目指し，長期的な視点に立った継続的・計画的な設備投資を実施するとともに，一層の専門性の確保・向上のための従業員の育成，品質及び設備に関する継続的な監査・指導システムの導入，内部統制，コンプライアンス体制の構築と継続的な徹底などに注力しており，また，取引先，地域社会を含めた各利害関係者との信頼関係の構築と維持にも努めております。

③ 基本方針に照らして不適切な者によって当社の財務及び事業の方針の決定が支配されることを防止するための取組み

　当社は，企業価値及び株主共同の利益を確保・向上するための方策として，平成〇年6月28日開催の第162回定時株主総会においてご承認いただいた定款第50条及び「企業価値及び株主共同の利益の確保・向上のための新株予約権の無償割当等承認の件」の内容に従い，新株予約権の無償割当てを活用し

た方策（「本プラン」）を導入しております。本プランの概要は以下の通りです。

1）取締役会は，特定買収行為を企図する者に対して，買収提案を予め書面により当社に提出し，当該買収提案について本新株予約権（下記6））の無償割当等を行わない旨の取締役会決議（「確認決議」）を求めるよう要請するものとし，特定買収行為を企図する者は，その実行に先立ち，買収提案を提出して確認決議を求めるものとします。
「特定買収行為」とは，ⅰ）株券等保有割合が20％以上となる当社の株券等の買付行為（これに準ずる行為として取締役会で定めるものを含みます。）又はⅱ）買付け後の株券等所有割合が20％以上となる当社の株券等の公開買付けの開始行為のいずれかに該当する行為をいいます。「買収提案」とは，買収後の当社の経営方針と事業計画，対価の算定根拠，買収資金の裏付け，当社の利害関係者に与えうる影響その他下記4）ア）ないしキ）記載の事項に関連する情報として当社が合理的に求めるものが記載されたものをいいます。
2）取締役会は，買収提案を受領した場合，当該買収提案を当社の社外役員のみから構成される企業価値委員会に速やかに付議します。
3）企業価値委員会は，買収提案を検討し，当該買収提案について取締役会が確認決議を行うべきである旨を勧告する決議（「勧告決議」）を行うかどうかを審議します。勧告決議は全委員の過半数の賛成により行われ，当該決議結果は開示されます。企業価値委員会の検討・審議期間は，買収提案受領後60営業日（対価を円貨の現金のみとした買付上限株数を設けない買収提案以外の場合には90営業日）を目安とし，合理的理由によりこれらの期間が延びる場合には当該理由の開示がなされるものとします。
4）企業価値委員会における勧告決議の検討・審議は，当該買収提案が企業価値及び株主共同の利益の確保・向上に適うものであるかどうかの観点から真摯に行われるものとします。なお，以下に掲げる事項が全て充たされていると認められる買収提案については，企業価値委員会は勧告決議を行わなければならないものとします。
　ア）下記のいずれの類型にも該当しないこと
　　(a) 株式を買い占め，その株式について当社又はその関係者に対して高値で買取りを要求する行為
　　(b) 当社を一時的に支配して当社の重要な資産等を移転させるなど，当社の犠牲の下に買収提案者又はそのグループ会社その他の関係者の利益を実現する経営を行う行為
　　(c) 当社の資産を買収提案者又はそのグループ会社その他の関係者の債

第4章　事業報告の作成

　　　　　　　務の担保や弁済原資として流用する行為
　　　　(d) 当社の経営を一時的に支配して将来の事業展開，商品開発等に必要な資産や資金を減少させるなど，当社の継続的発展を犠牲にして一時的な高いリターンを得ようとする行為
　　　　(e) その他，当社の株主，取引先，顧客，従業員等を含む当社の利害関係者の利益を不当に害することで買収提案者又はそのグループ会社その他の関係者が利益をあげる態様の行為
　　イ）当該買収提案に係る取引の仕組み及び内容等が，関連する法令及び規則等を遵守したものであること
　　ウ）当該買収提案に係る取引の仕組み及び内容が，買収に応じることを当社株主に事実上強要するおそれがあるものではないこと
　　エ）当該買収提案を検討するために必要でかつ虚偽のない情報が，当社の要請等に応じて適時に提供されていること，その他本プランの手続に即した真摯な対応がなされていること
　　オ）当該買収提案を当社が検討（代替案を検討し当社株主に対して提示することを含む。）するための期間（買収提案の受領日から60営業日（対価を円貨の現金のみとした買付上限株数を設けない買収提案以外の場合には90営業日。なお，これらの日数を超える合理的理由がある場合は当該日数。））が確保されていること
　　カ）当社の本源的価値に照らして不十分又は不適切であると認められる条件による提案ではないこと
　　キ）その他企業価値及び株主共同の利益の確保・向上に適うものであると合理的に認められること
　5) 取締役会の確認決議は，企業価値委員会の勧告決議に基づいてなされるものとします。取締役会は，企業価値委員会から勧告決議がなされた場合，取締役としての善管注意義務に明らかに反する特段の事情がない限り，確認決議を行わなければならないものとし，確認決議を受けた買収提案に対して本新株予約権の無償割当等を行うことができないものとします。
　6) 特定買収者（特定買収行為を行った者で特定買収行為を行った時点までに確認決議を得なかった者をいいます。）が出現した場合，取締役会は，特定買収者が出現した旨のほか，本新株予約権の無償割当基準日，無償割当効力発生日その他新株予約権の無償割当てに関する必要事項を決定する決議を行い，本新株予約権の無償割当てを実行します。「本新株予約権」とは，特定買収者等（特定買収者及びその関係者をいいます。）の行使に制約が付された新株予約権をいいます。
　　　無償割当基準日の前で取締役会が別途定める日（但し，無償割当基準日

の3営業日前の日以降の日を定めることは予定されておりません。）までに，特定買収者の株券等保有割合が20％を下回ったことが明らかになった場合等には，取締役会は本新株予約権の無償割当ての効力を生じさせないことができます。
7) 本新株予約権の無償割当てを行う場合，無償割当基準日における全普通株主（但し，当社を除く。）に対し，その所有する当社普通株式1株につき本新株予約権1個の割合で割り当てることとし，本新株予約権1個あたりの目的となる株式の数は，2株以下で取締役会が別途定める数となります。各本新株予約権の行使に際して出資される財産の価格は，1円に各本新株予約権の目的となる株式の数を乗じた額とします。
8) 本新株予約権には，未行使の本新株予約権の全部を当社が取得することができる旨の取得条項が付されます。取得の対価は，特定買収者等に該当しない者が保有する本新株予約権については，当該本新株予約権の数に本新株予約権1個あたりの目的となる株式の数を乗じた数の整数部分に該当する数の当社普通株式，それ以外の本新株予約権については取得に係る本新株予約権と同数の譲渡制限付新株予約権（特定買収者等の行使に制約が付されたもの）となります。

④ 取締役会の判断及びその判断に係る理由

　本プランは上記の基本方針に沿うものであり，またその合理性を高めるため以下のような特段の工夫が施されております。本プランは，当社の企業価値・株主共同の利益を損なうものではなく，また当社役員の地位の維持を目的とするものでもありません。

1) 本プランは，当社定款第50条の規定に則り，平成〇年6月28日開催の第162回定時株主総会において株主の皆様の事前承認を受けております。
2) 当社取締役の任期は1年であり，任期期差制や解任要件の普通決議からの加重等も行っておりませんので，1回の株主総会普通決議における取締役の選解任を通じて，取締役会決議により本プランを廃止することが可能です。
3) 本プランにおける判断の中立性を担保するため，当社社外役員のみから構成される企業価値委員会が，当社の役員としての会社に対する法的義務を背景に，企業価値及び株主共同の利益の確保・向上に適うものであるかどうかの観点から，買収提案について検討・審議いたします。また，企業価値委員会から取締役会に対し勧告決議がなされた場合，取締役会は，取締役としての善管注意義務に明らかに反する特段の事情がない限り，同勧告決議に従い確認決議を行わなければならないこととされております。
4) 上記③4)ア)ないしキ)記載の事項が全て充たされていると認められる

第4章　事業報告の作成

　　　　　買収提案については，企業価値委員会は勧告決議を行わなければならないものとされており，客観性を高めるための仕組みが採られております。
　　5）本プランは，株主総会の承認決議の範囲内で，取締役会決議により毎年見直すことを基本としており，関連する法制度の動向その他当社を取り巻く様々な状況に対応することが可能となっております。
　　6）株主総会の承認決議の有効期間を，第162回定時株主総会から3年に設定しております。3年が経過した時点で，取締役会は，附帯条件の見直し等を含め，改めて株主総会の承認をお願いし，株主の皆様にご判断いただくことを予定しております。
　　7）本プランは，経済産業省及び法務省が定めた平成17年5月27日付「企業価値・株主共同の利益の確保又は向上のための買収防衛策に関する指針」が求める適法性の要件（新株予約権等の発行の差止めを受けることがないために充たすべき要件），合理性の要件（株主や投資家など関係者の理解を得るための要件）を全て充たしております。

(3) 剰余金の配当等の決定に関する方針
　会社の利益配分に関しましては，現在及び将来の収益状況及び財務状況を勘案するとともに，連結ベースでの配当性向30％以上を基準として，株主の皆様のご期待に応えてまいりたいと存じます。
　当期の年間配当におきましては，前期に引き続き18円とさせていただく予定です。これによりまして期末配当を1株あたり9円とする剰余金の配当に関する議案を定時株主総会に付議させていただきます。
　内部留保資金につきましては，長期的な視点で投資効率を考慮しながら成長機会に対する戦略的な投資への重点配分を行い，将来の企業価値を高めていくと同時に，株主の皆様への利益還元も機動的に行ってまいります。
　　　　　　　　　　　　　　　　　　　　　　　　　　　　　　　　以　上

[注]
（1）　たとえば前田庸『会社法入門（第11版）』（有斐閣，2006年）499頁は，会計監査人は，会社の機関であるとしている。他方，江頭憲二郎『会社法』（有斐閣，2007年）280頁のように会計監査人は会社の機関でないとする説もある。

設問

Q1 　事業報告の開示事項の規制方式について論じなさい。
Q2 　社外役員とは何か，論じなさい。

第5章　計算関係書類，事業報告の監査

第1節　総　説

　前章までは，会社の開示情報すなわち会社の財産状況・損益状況などの会計情報および会社の状況などを総合的に知らせる業務関連情報を取り扱ってきた。これら開示情報が適正であることを前提に，利害関係人が当該情報を利用する。もし，開示情報が適正なものでなかったら，経済社会は混乱をきたすであろう。

　したがって，開示情報が適正であることを担保するための監査制度が必要となる。会社法は，計算関係書類や事業報告が適正であるかどうか監査するため，監査役または監査委員会による監査と，会計監査人による監査を定めており，監査の結果は，監査報告または会計監査報告としてまとめられる。

　会社計算規則は会計情報すなわち計算関係書類の監査を扱い（会社計算規則149条以下），会社法施行規則は業務関連情報すなわち事業報告の監査を扱っている（会社法施行規則129条以下）。

　そこで前者を第2節で説明し，後者を第3節で説明することにする。ちなみに本章で扱う計算関係書類は，各事業年度に係る計算書類およびその附属明細書，臨時計算書類ならびに連結計算書類とし，成立の日における貸借対照表を除くことにする（会社計算規則2条3項3号，149条1項）。

　他方，会社情報の開示・提供，それに対する監査に際しては，内部統制の機能が重要である。まず会社内部に正確で必要十分な開示を迅速に行う体制が整備されていること，および，利害関係人にとって必要な情報は，会社にとって不利で都合の悪い情報も含まれるから，都合の悪い情報を開示させるために会社内部における内部統制の体制が必要となるからである。

　ところで，会社法上の「監査」には，開示情報に対する監査ばかりでなく，日常の取締役の業務執行の監視（いわゆる業務監査）が含まれている。すなわち監査役または監査委員会の監査は，取締役の職務の執行を監査し（会社法381条

1項，404条2項），業務監査の結果は監査報告にまとめられる（会社法施行規則129条以下）。こちらがむしろ基本である。事業報告の監査は，この業務監査の一環である開示監査として位置づけられているにすぎない（会社法施行規則129条1項2号）。

　会社法上も内容的に異なる「監査」が存在し，「監査」の語が多義的に使用されている。わが国で「監査」と呼ばれているものには，以下のものがある。

① 　モニタリング（monitoring）……経営監視機能としての「監査」。監査役や監査委員会によるもので，会計に限らず経営体の業務全般を「監査」するもの。予防的な「監査」が含まれる。

② 　オーディット（audit）……会社外部の独立監査人（外部の職業専門家すなわち公認会計士）による「監査」。会計の経過および結果（会計帳簿，財務諸表・計算書類など）に対する会計監査。

③ 　コントロール（control）……内部統制機能の主体者（経営者ないし内部監査部署）による「監査」。会社内部の経営者・業務執行者による直接的な統制と管理の機能であるにもかかわらず「内部監査」と呼ばれている。最近では，その機能の多くを占める内部統制については，会社法・金融商品取引法でも規定されるようになった。なお，内部統制には会社業務全般の内部統制と，財務報告のための内部統制がある。

④ 　その他……国家・地方自治体など公共の機関による監察機能による「監査」「検査」「観察」。会計・業務全般に対する監査で，一般に「監査委員」と呼ばれる主体が「監査」する。また，民法や各種の特別法による監事の監査は，会社法上の監査役監査に準じている。

　以上のように，「監査」の文言は多様に使用されているが，本章で扱う対象は，会社法上の計算関係書類および事業報告の監査が中心であり，その監査の主体者として監査役と会計監査人を取り上げる。そして，会計情報の適正化の観点から，監査に準ずるものとして会計参与による指導・調査も取り上げる。

1　会計参与による指導・調査

　会計参与の職務は，取締役と共同して計算関係書類を作成することにあるので（会社法374条1項前段），監査とはいえないが，とくに中小規模会社において

第1節　総　　説

は，会社情報の適正化にとって有用な制度となり得る。

　会計参与はすべての株式会社で置くことができる。会計参与は株主総会において選任される（会社法329条1項）。会計参与は役員であり，会社機関である。

　会計参与は会計帳簿などを閲覧謄写し，取締役その他の使用人等に対して会計に関する報告を求めることができる（会社法374条2項）。また，会計参与は，計算関係書類と共に自身が作成した会計参与報告を定めた場所に供え置かねばならず（会社法378条1項），これらは株主・債権者の閲覧に供される（同条2項）。

　会計参与は，その職務を行うに際し取締役の職務執行に関し不正の行為や法令定款違反の重大な事実を発見したときは株主に（監査役設置会社の場合は監査役に）報告しなければならない（会社法375条1項）。取締役会設置会社の場合は計算書類・事業報告の承認等に関する取締役会（会社法436条3項，441条3項，444条5項）への出席義務がある（会社法376条1項）。

　会計参与が作成する会計参与報告は，会社法施行規則102条に定められている。次のとおりである。

- 会計参与が職務を行うにつき会社と合意した事項のうち主なもの（同条1号）。
- 計算関係書類のうち，取締役または執行役と会計参与が共同して作成したものの種類（同条2号）。
- 計算関係書類作成のために採用している会計処理の原則および手続ならびに表示方法その他計算関係書類の作成のための基本となる事項であって次に掲げる事項（重要性の乏しいものを除く）（同条3号）。
　　資産の評価基準（3号イ），固定資産の減価償却の方法（3号ロ），引当金の計上基準（3号ハ），収益および費用の計上基準（3号ニ），その他計算関係書類作成のための基本となる重要な事項（3号ホ）。
- 計算関係書類の作成に用いた資料の種類その他計算関係書類の作成の過程および方法（同条4号）。
- 前号に規定する書類が次に掲げる事由に該当するときは，その旨およびその理由（同条5号）。
　　当該資料が著しく遅滞して作成されたとき（5号イ），当該資料の重要な事項について虚偽の記載がなされたとき（5号ロ）
- 計算関係書類の作成に必要な資料が作成されていなかったときまたは適切

に保存されていなかったときは，その旨およびその理由（同条6号）。
・会計参与が計算関係書類の作成のために行った報告の聴取および調査の結果（同条7号）。
・会計参与が計算関係書類の作成に際して取締役または執行役と協議した主な事項（同条8号）。

なお，会計参与報告の内容等については会社法施行規則に規定されているが，内容的に計算に関する事項がほとんどであるから，本来，会社計算規則に規定が置かれると使いがってがよいように思われる。

2　監査役監査の体制等

会社法施行規則105条は，監査役が監査を進めるに当たっての心構え，取締役等との意思疎通に関する事柄を示している。

・監査役は，当該会社の取締役・会計参与・使用人，子会社の取締役・会計参与・執行役などと意思疎通を図り，情報の収集および監査環境の整備に努めなければならない。他方，取締役・取締役会は，監査役の職務執行のために必要な体制整備に留意しなければならない（同条2項）。
・上記2項の規定は，監査役が公正不偏の態度・独立の立場を保持することができなくなるおそれのある関係の創設・維持を認めるものであってはならない（同条3項）。
・監査役は必要に応じ，他の監査役あるいは親会社・子会社の監査役などと意思疎通・情報交換を図るようつとめなければならない（同条4項）。

監査役監査にとって，内部統制との関係は重要である。会社法施行規則98条（取締役会のない会社の場合）および100条（取締役会設置会社の場合）では，業務の適正を確保するための事項を定めているが，この一環として，監査役の体制も含まれており，次の事項を取締役ないし取締役会として整備することになっている（会社法施行規則98条4項，100条3項）。

・監査役がその職務を補助すべき使用人を置くことを求めた場合における当該使用人に関する事項（会社法施行規則98条4項，100条3項とも1号）
・前号の使用人の取締役からの独立性に関する事項（同2号）
・取締役および使用人が監査役に報告をするための体制その他の監査役への報告に関する体制（同3号）

・その他監査役の監査が実効的に行われることを確保するための体制（同4号）

第2節　計算関係書類の監査

　計算関係書類の監査については，「監査」の定義が置かれている（会社計算規則149条2項）。すなわち，「公認会計士法2条1項に規定する監査のほか，計算関係書類に表示された情報と計算関係書類に表示すべき情報との合致の程度を確かめ，かつ，その結果を利害関係者に伝達するための手続を含むものとする」と規定されている。

　必ずしも職業専門家でない監査役もおり，職業専門家が行う監査ほど厳格なものではないことを示すために置かれたとされている。したがって，計算関係書類の監査の水準は，一律に一定の水準以上のものが要求されるのではなく，監査を行う者の能力等も踏まえて，具体的な場面に応じた水準が要求されるものといわれている[1]。

　計算関係書類の監査は，会計監査人設置会社かどうかでその内容は大きく異なる。監査役設置会社では，監査役が計算関係書類およびその附属明細書を監査しなければならない（会社法436条1項）。会計監査人設置会社では，監査役の監査に加えて会計監査人が計算関係書類の監査を実施する（同条2項1号）。

　したがって，会計監査人設置会社では，監査役と会計監査人との重畳的監査の形態となる。会計監査人設置会社の監査役は，職業専門家たる会計監査人が第一義的に行った会計監査についてその相当性を判断しつつ，自らの会計監査を行う形となる（会社計算規則155条2号，156条2項2号）。会計監査人がいない会社の場合は，監査役ないし監査役会が自ら会計監査を行わなければならない。

　会社計算規則では，会計監査人設置会社とそうでない会社とに分け，さらに，監査報告については個々の監査役と監査役会では異なる規制を行っている。

1　会計監査人設置会社でない会社の場合の監査
(1)　監査役の監査報告

　会計監査人設置会社以外の会社の監査役は，計算関係書類を受領したときは，次のとおり監査報告を作成しなければならない（会社計算規則150条）。

第5章 計算関係書類，事業報告の監査

・監査役の監査の方法およびその内容（同条1号）
・計算関係書類が会社の財産および損益の状況をすべての重要な点において適正に表示しているかどうかの意見（同条2号）
・監査のため必要な調査ができなかったときは，その理由（同条3号）
・追記情報（同条4号）
・監査報告を作成した日（同条5号）

　上記4号の追記情報とは正当な理由による会計方針の変更，重要な偶発事象，重要な後発事象その他の事項であり，監査役の判断に関して説明を付する必要がある事項または計算関係書類の内容のうち強調する必要のある事項である（同条2項）。

　監査報告の通知期限等については，会社計算規則152条に定められている。なお，通知等の窓口担当者として，特定監査役と特定取締役が定められている（その定義について会社計算規則152条4項，5項参照）。

　ところで，非公開会社では，定款の定めにより監査役監査の範囲を会計監査に限定することもできる（会社法389条1項）。監査範囲を限定された監査役も監査報告を作成し（同条2項），株主総会に提出される会計に関する議案・書類等を調査し，株主総会に報告しなければならない（同条3項）。これら監査報告および監査対象などの内容は法務省令に委任されているが，会社計算規則ではなく，会社法施行規則107条および108条に規定されている。

(2)　監査役会の監査報告

　監査役会設置会社の場合，監査報告の作成にあたり最低1回以上の監査役会の審議が必要である（会社計算規則151条3項）。個々の監査役が作成した監査役監査報告に基づいて，監査役会としての監査役会監査報告が作成される（同条1項）。したがって，監査役会設置会社の場合は，2種類の監査報告が作成されることになる。

　監査役監査報告と監査役会監査報告の内容が異なる場合は，少数意見を付記できることになっている（同条2項）。

　監査役会の監査報告の内容として，会社計算規則151条2項は，次の事項を挙げている。

　　会社計算規則150条1項の第2号から第4号に掲げる事項（同項1号）
　　監査役および監査役会の監査の方法およびその内容（同項2号）

監査役会監査報告を作成した日（同項 3 号）

(3) 臨時計算書類の監査

監査役は臨時計算書類についても監査を実施しなければならない（会社法441条 2 項）。

臨時計算書類は計算関係書類の一部であり（会社計算規則 2 条 3 項 3 号），臨時計算書類の監査は，会社計算規則第 4 編の定めるところによる（会社計算規則149条 1 項）。したがって，計算書類の場合と同様の監査が行われる。

臨時計算書類に対する監査役の監査報告には次の事項が記載される（会社計算規則150条 1 項）。

1 号　監査役の監査の方法およびその内容
2 号　臨時計算書類が当該株式会社の財産および損益の状況をすべての重要な点において適正に表示しているかどうか
3 号　監査のため調査ができなかったときは，その旨およびその理由
4 号　追記情報（同条 2 項参照）
5 号　監査報告を作成した日

監査役会設置会社の場合は，別途，監査役会の監査報告が作成される（会社計算規則151条参照）。

2　会計監査人設置会社の場合の監査

(1) 会計監査人の会計監査報告

会計監査人は，会社外部の独立監査人として，監査役とともに計算関係書類の監査を実施し，会計監査報告（会計監査人の監査報告については「会計」の 2 文字が付されている）を作成する（会社法396条 1 項）。

会計監査人は，自らの監査を実施するに当たり，公正不偏の態度，独立性の保持をしながらも，取締役・会計参与・使用人等との意思疎通を図り，情報の収集，監査環境の整備に努めるものとされている（会社法施行規則110条）。

会計監査人に係わる事項のひとつとして会社計算規則159条は，会計監査人の監査体制が適切に維持されるべく次の事項を定めている。

・会計監査人の独立性に関する事項その他監査に関する法令・規程の遵守に関する事項（同条 1 号）。
・監査，監査に準ずる業務およびこれらに関する業務の契約の受任および継

第5章　計算関係書類，事業報告の監査

続の方針に関する事項（同条2号）。
・会計監査人の職務の遂行が適正に行われることを確保するための体制に関するその他の事項（同条3号）

　このような自らの内部統制の確保等あるいは経営執行部との意思疎通・環境整備を踏まえたうえで，会計監査人は監査を実施し，作成した会計監査報告を特定監査役および特定取締役に通知しなければならない（会社計算規則158条）。

　会計監査人による会計監査報告の内容は次のとおりである（会社計算規則154条1項）。

・会計監査人の監査の方法および内容（同項1号）
・計算関係書類が会社の財産および損益の状況をすべての重要な点において適正に表示しているかどうかについての意見があるときは，意見の区分に応じた事項を記載する（同項2号）。
　　イ　無限定適正意見の場合，監査の対象となった計算関係書類が一般に公正妥当と認められる企業会計の慣行に準拠して，計算関係書類に係る期間の財産および損益の状況をすべての重要な点において適正に表示していると認められる旨。
　　ロ　除外事項を付した限定付適正意見の場合，監査の対象となった計算関係書類が除外事項を除き一般に公正妥当と認められる企業会計の慣行に準拠して，計算関係書類に係る期間の財産および損益の状況をすべての重要な点において適正に表示していると認められる旨ならびに除外事項。
　　ハ　不適正意見の場合，監査の対象となった計算関係書類が不適正である旨およびその理由。
・前号の意見がない場合は，その旨およびその理由（同項3号）。
・追記情報（同項4号）。なお，追記情報とは継続企業の前提に係る事項，正当な理由による会計方針の変更，重要な偶発事象，重要な後発事象などで，会計監査人の判断に関して説明を付す事項または計算関係書類の内容のうち強調する必要がある事項である（同条2項）。
・会計監査報告を作成した日（同条1項5号）。

　上記のとおり，会計監査人が作成する会計監査報告における監査意見については，有価証券報告書における監査意見と同様に監査意見の内容を無限定適正意見・除外事項を付した限定付適正意見・不適正意見・意見差し控えのパター

第2節　計算関係書類の監査

Coffee break　監査の話Ⅴ

監査役の人間関係
　監査役と監査役の周辺にいる人たちとの人間関係および情報関係を見てみよう。

　会社の内部は，会長，社長，役付取締役（専務・常務），取締役，管理職（部長・課長），一般社員，その他（顧問・嘱託等）といった階層からなる。

　このような人たちに対して，監査役が実際に監査する方法としては，会議出席，報告聴取，書類閲覧，事業所調査，子会社調査，特に期末監査，内部監査人との連係，各種インタビューなどがある。これらは正に内部の人間関係を通じて展開される。監査役としての誠実性，努力，公正性，そしてなによりも相手を理解し，尊重するヒューマニズムが大事である。

　会社の外部との関係でみると，株主・スポンサー，企業グループ関係，官庁，マスコミ，業界・協会，消費者・利用者，地域社会，外部監査人（公認会計士，監査法人，弁護士，税理士等）など，かなり多くの人たちと接触する機会がある。

　企業の緊急時あるいは最大の危機のとき，監査役はいかなる言動をとったらよいだろうか。発信や受信はどうするか。

　鉄則としては，そのとき超多忙な執行部の人たちの邪魔をしないことであろう。監査人は，全体を見ないで自己本位になってはいけない。

　要は，冷静に合理的に次の事項を処理したい。まず事実関係を冷徹に十分調査して確認する。その際，執行部の邪魔にならないことだ。その結果から，監査人として周囲に惑わされない独自な判断をして，状況に応じた最適な良策を検討する。そして執行部に対して先行きを見通した助言，提案を行う。後日のためにも法的なチェックをする。そして，調書を作成して記録を残すようにする。

ンが明定されている（同条1項2号）点に注目したい。また，過年度修正についても会計監査報告を作成することになっている（同条3項）。

　以上のひな形が本章末尾の図表5－2のとおり，日本公認会計士協会から示されている。

　なお，会計監査人の無限定適正意見は，剰余金の配当にも関連する。すなわち，会計監査人設置会社において剰余金の配当を取締役会で定めることができることを定款で定めた場合でも（会社法459条1項），その効力を有するためには，最終事業年度に係る計算書類が法令・定款に従い財産・損益の状況を正しく示しているものでなければならず（同条2項），会計監査人の無限定適正意見

は，これらの状況をすべての重要な点において適正に表示していると認められる旨の意見（会社計算規則154条1項2号イ）となり，会社法459条2項の要件となるからである（会社計算規則183条1号）。

(2) 監査役の監査報告

会計監査人設置会社の場合も，監査役の監査報告内容と監査役会の監査報告内容に分けて規制されている。

会計監査人設置会社の監査役は，計算関係書類および会計監査人の会計監査報告を受領したときは，会社計算規則155条により，次に掲げる事項を内容とする監査報告を作成しなければならない。

・監査役の監査の方法およびその内容（同条1号）
・会計監査人の監査の方法または結果を相当でないと認めたときは，その旨およびその理由（会計監査人から会計監査報告を受領していない場合は受領していない旨）（同条2号）
・会計監査人の会計監査報告の内容となっているものを除く重要な後発事象（同条3号）
・会計監査人の職務の遂行が適正に実施されることを確保するための体制に関する事項（同条4号）
・監査のため必要な調査ができなかったときは，その旨およびその理由（同条5号）
・監査報告を作成した日（同条6号）

上記4号の体制に関する事項が注目される。昨今の粉飾事件を教訓に，後述するような会計監査人の職務が適正に行われるような取り組みなり仕組みを構築しているかどうか通知する義務がある（会社計算規則159条参照）ので，監査役としてこれに関する事項を開示することがねらいである[2]。

(3) 監査役会の監査報告

会計監査人設置会社でかつ監査役会設置会社の場合，監査役会の監査報告の内容は，次のとおり会社計算規則156条に定められている。

　監査役および監査役会の監査の方法およびその内容（同条1号）
　会社計算規則155条の第2号から第5号までに掲げる事項（同条2号）
　監査役会監査報告を作成した日（同条3号）
　少数意見の付記（同条2項），最低1回以上の監査役会審議（同条3項）など

については，会計監査人を設置していない会社の場合と同様である。

以上のひな形について，本章末尾の図表5－1参照。なお，図表5－1では，「監査報告」ではなく「監査報告書」となっているが，これは実務の慣習を尊重したものであり，法律的な問題は格別に生じないものと思われる。

(4) 臨時計算書類の監査

以上は各事業年度に係る計算書類等の監査であるが，会計監査人および監査役は，臨時計算書類の監査（会社法441条2項）も，連結計算書類の監査（会社法444条4項）も実施しなければならない。

会計監査人設置会社の場合は，臨時計算書類が一定の要件を満たせば（会社計算規則163条。第6章第1節「総説」参照），株主総会での報告事項となる（会社法441条4項ただし書き）。会計監査人は臨時計算書類の監査を行い，次の事項を記載した会計監査報告を作成しなければならない（会社計算規則149条1項，154条）。

- ・会計監査人の監査の方法およびその内容（1号）
- ・臨時計算書類が当該株式会社の財産および損益の状況をすべての重要な点において適正に表示しているかどうかについての意見があるときは，その意見（当該意見が次のイからハまでに掲げる意見である場合にあっては，それぞれ当該イからハまでに定める事項）（2号）（イからハについて略，2(1)参照）
- ・前号の意見でないときは，その旨およびその理由（3号）
- ・追記情報（同条2項参照）（4号）
- ・会計監査報告を作成した日（5号）

なお，会計監査人は臨時計算書類の作成基準（日本公認会計士協会・会計制度委員会研究報告12号「臨時計算書類の作成基準について」平成18.11）に準拠して具体的な監査を進めている。

会計監査人設置会社における監査役の監査報告には，次の事項が記載される（会社計算規則155条）。

- ・監査役の監査の方法およびその内容（1号）
- ・会計監査人の監査の方法または結果を相当でないと認めたときは，その旨および理由（会計監査人から会計監査報告の通知のない場合は受領していない旨）（2号）
- ・重要な後発事象（会計監査報告に記載のものを除く）（3号）

- 会計監査人の職務の遂行が適正に実施されることを確保するための体制に関する事項（4号）
- 監査のため必要な調査ができなかったときは，その旨および理由（5号）
- 会計監査報告を作成した日（6号）

さらに別途，監査役会の監査報告が作成される（会社計算規則156条参照）。

(5) 連結計算書類の監査

連結計算書類もまた計算関係書類に含まれるので（会社計算規則2条3項3号），連結計算書類の監査は，会社計算規則第4編の定めるところによる（会社計算規則149条1項）。したがって，計算書類の場合と同様の監査が行われる。なお，連結計算書類は臨時計算書類と異なり，株主総会の承認事項ではなく報告事項である（会社法444条7項）。

会計監査人は連結計算書類の監査を行い，会計監査報告を作成しなければならない（会社計算規則149条1項，154条）。

監査役および監査役会は会計監査人の監査の結果を受けて，その相当性を判断し，監査報告を作成する（会社計算規則155条，156条）。

第3節　事業報告の監査

(1) 監査役の監査報告

監査役設置会社の監査役は事業報告およびその附属明細書の監査が義務づけられる（会社法381条1項，2項2号）。

監査役は事業報告およびその附属明細書を受領したときに監査報告を作成しなければならない（会社法施行規則129条）。次に掲げる事項を内容とする。

- 監査役監査の方法および内容（同条1号）
- 事業報告および附属明細書が法令・定款に従い会社の状況を正しく示しているかどうかについての意見（同条2号）
- 取締役（当該事業年度中に当該株式会社が委員会設置会社であった場合にあっては執行役を含む）の職務の遂行に関し，不正の行為または法令・定款に違反する重大な事実があったときは，その事実（同条3号）
- 監査のため必要な調査ができなかったときは，その旨および理由（同条4号）

- 会社の業務の適正を確保する体制（内部統制）の整備について決定・決議がある場合において，その内容を適当でないと認めるときは，その旨および理由（同条5号）
- 会社の支配に関する基本方針が事業報告の内容となっているときは，当該事項についての意見（同条6号）
- 監査報告の作成日（7号）

　上記1号における方法や内容は，会社法制定前の商法で規定されていたような概要の記載では足りず，会社法施行規則では具体的な方法・内容を記載する必要がある[3]。

　上記3号に関連して，旧商法施行規則133条では，取締役に義務違反がある場合，利益相反取引・競業取引，無償の利益供与などについて，監査役監査報告に特記事項として記載することになっており，実務も重点を置いていたが，会社法施行規則上は削除されている[4]。

　上記5号および6号により，監査役は法律上も内部統制や会社支配に関する基本方針に対して真剣に取り組まざるを得なくなるので，この2点が明文化されたことの意義は大である。

　監査の範囲が会計に限定された監査役は業務監査の権限がないので，事業報告を監査する権限がないことを明らかにした監査報告を作成しなければならない（会社法施行規則129条2項）。

(2) 監査役会の監査報告

　監査役会設置会社の場合，計算関係書類の監査と同様，事業報告に関する監査報告を作成するには監査役会で1回以上審議しなければならない（会社法施行規則130条3項）。それぞれの監査役が作成した監査報告に基づき監査役会としての監査報告を作成しなければならない（同条1項）。これらにつき，監査役監査報告と監査役会監査報告の内容が異なる場合（個人の少数意見がある場合）は付記される（同条2項柱書き）。

　監査役会の監査報告は次の事項が記載される（2項）。
- 監査役および監査役会の監査の方法およびその内容（2項1号）
- 129条2号ないし6号に掲げる事項（2項2号）
- 監査役会監査報告書の作成日（2項3号）

　監査役会設置会社の場合，監査役の員数は3人以上（会社法335条3項）であ

第5章　計算関係書類，事業報告の監査

り，各監査役もそれぞれ監査報告を作成するので，監査役会の分を合わせると，最低でも4通の監査報告が必要となるが，形式上は1通の監査報告でとりまとめて書面を作成することも差し支えない(5)。

[注]
（1）　相澤哲・和久友子「計算書類の監査・提供・公告，計算の計数に関する事項」商事法務1766号（2006年）60～61頁参照。
（2）　郡谷大輔「会社法施行規則等に関する解説」監査役512号（2006年）21頁参照。
（3）　相澤哲・郡谷大輔「事業報告（下）」商事法務1763号（2006年）18頁参照。
（4）　その理由について，相澤・郡谷前掲注（4）19頁。
（5）　相澤・郡谷前掲注（4）20頁。

設問

Q1　会計監査人設置会社における計算関係書類の開示と監査との関係について論じなさい。
Q2　会社法上の監査役監査の全体像と計算関係書類の監査との関係について論じなさい。
Q3　計算関係書類の監査報告の通知期限について述べなさい。
Q4　利益の配当と会計監査人監査との関係について論じなさい。

第3節　事業報告の監査

図表5－1　「会計監査人設置会社の監査報告のひな型」
（日本監査役協会　監査役および監査役会の監査報告書の各種ひな型より抜粋）

監査報告のひな型について

社団法人　日本監査役協会
平成6年4月6日制定
平成6年10月31日改正
平成14年6月13日改正
平成16年9月28日改正
平成18年9月28日改正

1. このひな型（以下，「本ひな型」という。）は，監査役又は監査役会が会社法に定める監査報告を作成する際の参考に供する目的で，その様式，用語等を示すものである。なお，法令上は「監査報告」であるが，実務における慣行に則って本ひな型は「監査報告書」と表記している。もちろん「監査報告」と表示することもできる。

   本来，監査報告は，各社の監査の実状に基づいて作成するものである。監査役又は監査役会には，会社法，会社法施行規則及び会社計算規則等に従い，監査の実態を正確に反映するように作成することが強く期待される。当協会が定める「監査役監査基準」の考え方を積極的に取り込んだ監査を実施し，かつ，それを監査報告に反映する場合等の記載方法については，「注記」に記載事例として数多く取り入れているので，これらを前向きに参考にされたい。

2. 　監査役又は監査役会が作成する監査報告については，法令上，事業報告及びその附属明細書（以下，「事業報告等」という。）に係る監査報告と計算関係書類に係る監査報告の作成について，それぞれ別個の規定が設けられている。しかし，監査役又は監査役会による監査は，事業報告等に係る監査と計算関係書類に係る監査とが相互に密接に関係しており，かつ，多くの共通性を有している。そのため，本ひな型では，「事業報告等に係る監査報告」，「各事業年度に係る計算書類及びその附属明細書（以下，「計算書類等」という。）に係る監査報告」，及び「連結計算書類に係る監査報告」のすべてを一体化して作成する形を基本的な作成方法として採用することとした。なお，法令上，事業報告等については監査役（会）による監査期間として四週間が確保されているのに対して，計算関係書類については会計監査人による監査期間として四週間が確保され，その後に監査役会による監査期間が一週間存在している。そのため，本ひな型のとおり上記三つの監査報告のすべてを一体化して作成する場合には，必要に応じて，特定取締役との間の合意により，事業報告等に係る監査の期間を伸長すべき場合があることに留意されたい。

   　監査役（会）監査報告の作成方法については，このほか，「事業報告等に係る監査報告」と「計算書類等に係る監査報告」を一体化して作成し，別途「連結計算書類に係る監査報告」を作成する方法のほか，「事業報告等に係る監査報告」を独立して作成し，別途「計算書類等に係る監査報告」及び「連結計算書類に係る監査報告」を一体化して作成することや，これら三つの監査報告をすべて別々に作成することも可能である。

133

第5章 計算関係書類，事業報告の監査

そのため，本ひな型では，「すべてを一体化して作成する形」を基本的な作成方法として採用しつつ，連結計算書類に係る監査報告を別途独立して作成する方法を選択しようとする会社や，そもそも連結計算書類を作成することを要しない会社等に対応するため，そうした場合の対応方法を注記を付して説明したほか，連結計算書類に係る監査報告を別途独立して作成する場合の記載例を「参考資料」として示すこととした。

3. 監査役会設置会社の場合，監査報告は，各監査役が監査報告を作成した後，これらの内容をとりまとめる形で監査役会としての監査報告を作成し，株主に対して提供される（ただし，各監査役が作成した監査報告についても，備置・閲覧の対象になる。）。本ひな型では，各監査役と監査役会がそれぞれ監査報告を作成するという法律の趣旨に照らし，各監査役についても，各自の監査報告を作成する形を採用し，常勤の監査役の場合と非常勤の監査役の場合のひな型を示している。

　なお，監査役会の監査報告と各監査役の監査報告を一通にまとめて監査報告を作成することもかまわないと解されている。一通にまとめる場合，各監査役の監査の範囲・方法・内容等が明示されていることが望ましい。

　監査役会が設置されない会社の場合には，各監査役が監査報告を作成することに変わりないが，株主に対して提供される監査報告については，各監査役の監査報告を提供する方法に代えて，各監査役の監査報告をとりまとめた一つの監査報告を作成し，これを提供することも可能である。本ひな型はこの形を示している。

4. 監査報告における「監査の方法及びその内容」については，監査の信頼性を正確に判断できるように配慮しながら，監査役が実際に行った監査の方法について明瞭かつ簡潔に記載しなければならない。本ひな型では，通常実施されていると思われる方法及びその内容を示している。ただし，「監査の方法及びその内容」は，各社の組織，内部統制システム等の整備状況，監査役の職務分担の違い等により多様なものとなることが予想される。本ひな型では，多様な記載が予想される該当箇所に注記を付し，適宜解説を加えているので，それら注記等を参考として監査報告を作成されたい。

　監査報告は監査役の善管注意義務の履行を前提として作成されるものであることはいうまでもない。監査役は，当該義務を果たしたことを裏付けるために，監査の基準を明確にし，監査の記録・監査役会の議事録等を整備しておかなければならない。

5. 監査役会が監査報告を作成する場合には，監査役会は，一回以上，会議を開催する方法又は情報の送受信により同時に意見の交換をすることができる方法により，監査役会監査報告の内容を審議しなければならない。

6. 本ひな型は，取締役会設置会社を対象としている。取締役会を設置しない機関設計の会社の場合等には，本ひな型を参考として監査報告を作成されたい。

7. 会社が臨時計算書類を作成する場合には，監査役又は監査役会は，当該臨時計算書類に係る監査報告を作成しなければならない。臨時計算書類は，監査役設置会社（監

第3節　事業報告の監査

査役の監査の範囲が会計に関するものに限定されている場合を含む。）であれば，取締役会，監査役会，会計監査人を設置しない会社であっても作成することができるが，本ひな型では，機関設計が「取締役会＋監査役会＋会計監査人」の会社が株主に対して提供する監査報告のひな型のみを掲げている。したがって，これ以外の機関設計の会社の場合及び各監査役が作成する監査報告については，本ひな型を参考にして作成されたい。

I　株主に対して提供される監査報告書
1.　機関設計が「取締役会＋監査役会＋会計監査人」の会社の場合(注1)

平成〇年〇月〇日

〇〇〇〇株式会社
代表取締役社長〇〇〇〇殿(注2)

監　査　役　会(注3)

監査報告書の提出について

　当監査役会は，会社法第390条第2項第1号の規定に基づき監査報告書を作成しましたので，別紙のとおり(注4)提出いたします。

以　上

監　査　報　告　書

　当監査役会は，平成〇年〇月〇日から平成〇年〇月〇日までの第〇〇期事業年度の取締役の職務の執行に関して，各監査役が作成した監査報告書に基づき，審議の上(注5)，本監査報告書を作成し，以下のとおり報告いたします。

　　1.　監査役及び監査役会の監査の方法及びその内容(注6)
　　　　監査役会は，監査の方針(注7)，職務の分担(注8)等を定め，各監査役から監査の実施状況及び結果について報告を受けるほか，取締役等及び会計監査人からその職務の執行状況について報告を受け，必要に応じて説明を求めました。
　　　　各監査役は，監査役会が定めた監査役監査の基準に準拠し(注9)，監査の方針，職務の分担(注10)等に従い，取締役，内部監査部門(注11)その他の使用人等と意思疎通を図り，情報の収集及び監査の環境の整備に努めるとともに(注12)，取締役会その他重要な会議に出席し，取締役及び使用人等からその職務の執行状況について報告を受け(注13)，必要に応じて説明を求め，重要な決裁書類等を閲覧し，本社及び主要な事業所において業務及び財産の状況

を調査いたしました。また、取締役の職務の執行が法令及び定款に適合することを確保するための体制その他株式会社の業務の適正を確保するために必要なものとして会社法施行規則第100条第1項及び第3項に定める体制の整備に関する取締役会決議の内容及び当該決議に基づき整備されている体制（内部統制システム）(注14)の状況を監視及び検証いたしました。事業報告に記載されている会社法施行規則第127条第1号の基本方針及び第2号の各取組みについては、取締役会その他における審議の状況等を踏まえ、その内容について検討を加えました(注15)。子会社については、子会社の取締役及び監査役等と意思疎通及び情報の交換を図り、必要に応じて子会社から事業の報告を受けました(注16)。以上の方法に基づき、当該事業年度に係る事業報告及びその附属明細書について検討いたしました。

さらに、会計監査人が独立の立場を保持し、かつ、適正な監査を実施しているかを監視及び検証するとともに、会計監査人からその職務の執行状況について報告を受け、必要に応じて説明を求めました。また、会計監査人から「職務の遂行が適正に行われることを確保するための体制」（会社計算規則第159条各号に掲げる事項）を「監査に関する品質管理基準」（平成17年10月28日企業会計審議会）等に従って整備している旨の通知を受け、必要に応じて説明を求めました(注17)。以上の方法に基づき、当該事業年度に係る計算書類（貸借対照表、損益計算書、株主資本等変動計算書及び個別注記表)(注18)）及びその附属明細書**並びに連結計算書類（連結貸借対照表、連結損益計算書、連結株主資本等変動計算書及び連結注記表）**について検討いたしました。

2. 監査の結果(注19)
   (1) 事業報告等の監査結果
      一　事業報告及びその附属明細書は、法令及び定款に従い、会社の状況を正しく示しているものと認めます。
      二　取締役の職務の執行(注20)に関する不正の行為又は法令もしくは定款に違反する重大な事実は認められません。(注21)
      三　内部統制システムに関する取締役会決議の内容は相当であると認めます。(注22)また、当該内部統制システムに関する取締役の職務の執行についても、指摘すべき事項は認められません。(注23)
      四　事業報告に記載されている会社の財務及び事業の方針の決定を支配する者の在り方に関する基本方針については、指摘すべき事項は認められません。事業報告に記載されている会社法施行規則第127条第2号の各取組みは、当該基本方針に沿ったものであり、当社の株主共同の利益を損なうものではなく、かつ、当社の会社役員の地位の維持を目的とするものではないと認めます。(注24)
3. (2) 計算書類及びその附属明細書の監査結果
      会計監査人○○○○(注25)の監査の方法及び結果は相当であると認めます。(注26)
   (3)　連結計算書類の監査結果
      会計監査人○○○○(注27)の監査の方法及び結果は相当であると認めま

第 3 節　事業報告の監査

　　　　す。(注28)
　　4.　監査役○○○○の意見（異なる監査意見がある場合）(注29)
　　5.　後発事象（重要な後発事象がある場合）(注30)

　　　　平成○年○月○日(注31)

　　　　　　　　　　○○○○株式会社　監査役会
　　　　　　　　　　　　常勤監査役(注32)　　　　　○○○○　印
　　　　　　　　　　　　常勤監査役（社外監査役）(注33)　○○○○　印
　　　　　　　　　　　　社外監査役(注34)　　　　　○○○○　印
　　　　　　　　　　　　監査役　　　　　　　　　○○○○　印
　　　　　　　　　　　　　　　　　　　　　　　（自　署）(注35)

(注1)　本ひな型は「事業報告等に係る監査報告書」，「計算書類等に係る監査報告書」及び「連結計算書類に係る監査報告書」のすべてを一体化して作成する場合のものである。「連結計算書類に係る監査報告書」を別途独立して作成することとする場合には，本ひな型の下線部分を削除する。
(注2)　会社法において，監査報告書の提出先は，「特定取締役」とされている（会社法施行規則第132条第1項及び会社計算規則第160条第1項。「特定取締役」の定義は会社法施行規則第132条第4項及び会社計算規則第158条第4項参照）。したがって，送り状の宛先には，特定取締役の肩書・氏名を記載することが考えられる。ただし，本ひな型では，・株主に対して監査報告書を提供する義務を負っているのは代表取締役であること，・監査報告書を備え置く義務は会社，すなわち代表取締役が負っていること等の理由により，代表取締役社長を宛先としている（場合によっては，代表取締役社長と特定取締役を併記することも考えられよう）。送り状の宛先については，各社の実状に応じて検討されたい。
(注3)　送り状の監査役会の印の取扱いについては，各社の内規による。
(注4)　本送り状は，監査報告書を書面により提出した場合を想定したものである。監査報告書を電磁的方法により特定取締役に対して通知する場合などにおいては，「別紙のとおり」とあるのを「別添のとおり」など所要の修正を行うこととなる。
(注5)　「審議の上」の箇所については，「審議の結果，監査役全員の一致した意見として」など，適宜な表現とすることも考えられる。
(注6)　「1.　監査役及び監査役会の監査の方法及びその内容」に関し，旧商法では監査の方法の「概要」の記載が求められていたが，会社法では「概要」ではなく，実際に行った監査について，より具体的な方法・内容の記載を要することに留意すべきである（会社法施行規則第129条第1項第1号，会社計算規則第156条第2項第1号ほか）。その意味で，さらに具体的に記載するならば，当期における特別の監査事項がある場合，例えば，監査上の重要課題として設定し重点をおいて実施した監査項目（重点監査項目）がある場合には，「監査役会は，監査の方針，職務の分担等を定め，○○○○を重点監査項目として設定し，各監査役から・・・」などと記載することが望ましい。
(注7)　「監査の方針」の箇所については，当該監査対象期間における監査方針に従った旨を明確に表す場合には，「当期の監査方針」と記載することが考えられる。
(注8)　各監査役の職務の分担を含めた監査計画を策定している場合には，監査上の重要性を勘案し，「職務の分担」に代えて，「監査計画」と記載することが考えられる。
(注9)　監査役会において監査役監査基準を定めていない場合には，「監査役監査の基準に準拠

137

第5章 計算関係書類,事業報告の監査

し,」の部分は省く。
(注10) 「監査の方針」の箇所について注7,「職務の分担」の箇所について注8参照。
(注11) 「内部監査部門」との表現については,適宜な部門名等を各社の実状に合わせて記載されたい。
(注12) 会社法施行規則第105条第2項及び第4項参照。会社に親会社がある場合には,「・・・取締役,内部監査部門その他の使用人,親会社の監査役その他の者と意思疎通を図り,・・・」とすることが考えられる。
(注13) 会社法施行規則第100条第3項第3号により取締役会において決議されている「取締役及び使用人が監査役に報告をするための体制その他の監査役への報告に関する体制」に基づいて,監査役が報告を受けた事項について言及している。監査の態様によっては,「取締役及び使用人等からその職務の執行状況について報告を受け・・・」の「使用人」の箇所を「内部監査部門」等と明記することも考えられる。
(注14) 本ひな型では,会社法第362条第4項第6号による取締役会決議に基づいて現に整備されている体制を「内部統制システム」と言及している。事業報告における具体的な表題・頁数等に言及して記載することも考えられる。
　　　　また,内部統制システムに係る監査役監査の実施基準を定め,それに従って監査を実施した旨を表す場合には,「・・・体制(内部統制システム)の状況を監査役会が定めた内部統制システムに係る監査役監査の実施基準に準拠し,監視及び検証いたしました。」などと記載することが考えられる。
　　　　なお,内部統制システムに関する取締役会決議は,大会社の場合には義務であるが,それ以外の会社については任意である。なお,注22及び注23も参照されたい。
(注15) 「事業報告に記載されている・・・取締役会その他における審議の状況等を踏まえ,その内容について検討を加えました。」との箇所は,会社がいわゆる買収防衛策等を策定している場合の記載である。事業報告に会社法施行規則第127条に掲げる事項が記載されていない場合には記載することを要しない。なお,注24も参照されたい。
(注16) 子会社の取締役及び監査役等との意思疎通及び情報交換については,会社法施行規則第105条第2項及び第4項参照。
　　　　なお,会社法第381条第3項に定める子会社に対する業務・財産状況調査権を行使した場合には,「・・・子会社に対し事業の報告を求め,その業務及び財産の状況を調査いたしました。」などと記載することが考えられる。
(注17) 監査役及び監査役会は,監査報告書において「会計監査人の職務の遂行が適正に実施されることを確保するための体制に関する事項」(会社計算規則第156条第2項第2号及び第155条第4号。以下,「会計監査人の職務遂行の適正確保体制」という。)を記載しなければならない。監査役及び監査役会は,会計監査人からその職務遂行の適正確保体制に関する事項(会社計算規則第159条。条文の文言は「会計監査人の職務の遂行が適正に行われることを確保するための体制に関する事項」)の通知を受けたうえで(通知を受ける者は特定監査役である),当該体制が一定の適正な基準に従って整備されていることについて確認を行うこととなる。本ひな型では,会計監査人の職務遂行の適正確保体制に係る通知事項とそれに対する確認の方法について,「会計監査人から・・・に従って整備している旨の通知を受け,必要に応じて説明を求めました。」と言及している。「一定の適正な基準」として,本ひな型では「監査に関する品質管理基準」(平成17年10月28日企業会計審議会)を挙げているが,ほかに日本公認会計士協会の実務指針(品質管理基準委員会報告書第1号「監査事務所における品質管理」,監査基準委員会報告書第32号「監査業務における品質管理」)等も重要である。
　　　　なお,会計監査人の職務遂行の適正確保体制に係る監査役及び監査役会の確認結果につ

いては，本ひな型では，独立の事項として記載されるのではなく，「2．監査の結果」の「(2)　計算書類及びその附属明細書の監査結果」及び「(3)　連結計算書類の監査結果」における「会計監査人の監査の方法及び結果は相当である」と認めた旨の記載に含まれている。会計監査人の職務遂行の適正確保体制について特に強調すべき事項又は明らかにしておくことが適切であると考えられる事項がある場合には，「1．監査役及び監査役会の監査の方法及びその内容」又は「2．監査の結果」の「(2)　計算書類及びその附属明細書の監査結果」もしくは「(3)　連結計算書類の監査結果」において具体的に記載されたい。

(注18)　「個別注記表」を独立した資料として作成していない場合には，「・・・当該事業年度に係る計算書類（貸借対照表，損益計算書及び株主資本等変動計算書）及びその附属明細書・・・」と記載する。「連結注記表」についても同様である（会社計算規則第89条第3項参照）。

(注19)　「監査の結果」の項に関して指摘すべき事項がある場合には，その旨とその事実について明瞭かつ簡潔に記載する。なお，監査のために必要な調査ができなかったときは，その旨及びその理由を該当する項に記載する。

　　　　「監査の結果」の記載にあたっては，継続企業の前提に係る事象又は状況，重大な事故又は損害，重大な係争事件など，会社の状況に関する重要な事実がある場合には，事業報告などの記載を確認のうえ，監査報告書に記載すべきかを検討し，必要あると認めた場合には記載するものとする。

(注20)　「職務の執行」の箇所は，法令上の文言に従って「職務の遂行」と記載することも考えられる（会社法施行規則第130条第2項第2号及び第129条第1項第3号参照）。本ひな型は「職務の執行」で用語を統一している。

(注21)　取締役の職務の執行に関する不正の行為又は法令もしくは定款に違反する重大な事実を認めた場合には，その事実を具体的に記載する。

(注22)　内部統制システムに関する取締役会決議の内容が「相当でないと認めるとき」（会社法施行規則第129条第1項第5号及び第130条第2項第2号）は，その旨及びその理由を具体的に記載することが求められる。

　　　　特に，監査役の職務を補助すべき使用人に関する事項，取締役及び使用人が監査役に報告をするための体制その他の監査役への報告に関する体制など，監査役の監査が実効的に行われることを確保するための体制（会社法施行規則第100条第3項各号に掲げる事項）に係る取締役会決議の内容については，監査役による実効的な監査の前提をなすものとしても重要であり，監査役が求めた補助使用人等の配置が決議されていないなど何らかの問題等が認められる場合には，積極的にその旨を記載することとなる。

(注23)　内部統制システムの構築及び運用に係る取締役の職務執行の状況に関して特に指摘すべき事項があるときは，その旨を具体的に記載する。内部統制システムに係る取締役会決議の内容は内部統制システムの大綱を定めたものにとどまることが多く，当該取締役会決議の内容は相当であると認められる場合（会社法施行規則第129条第1項第5号参照）でも，当該取締役会決議に基づいて担当取締役がその職務執行の一環として現に整備する内部統制システムの状況について，取締役の善管注意義務に反すると認められる特段の問題等が認められる場合には，その旨を記載する。

(注24)　いわゆる買収防衛策等及びそれに対する取締役会の判断についての意見の記載である（会社法施行規則第130条第2項第2号，第129条第1項第6号。当該事項が事業報告の内容となっていない場合には，本号の記載は要しない。）。買収防衛策の適正さに関する監査役の判断・役割が重視されつつあることにかんがみ，指摘すべき事項があれば具体的に記載することが望ましい。なお，「事業報告に記載されている会社の財務及び事業の方針の決定を支配する者の在り方に関する基本方針」や「事業報告に記載されている会社法施行規

第5章　計算関係書類，事業報告の監査

　　　　　　則第127条第2号の各取組み」の箇所は，事業報告における具体的な表題・頁数等に言及して記載することも考えられる。
(注25)　監査法人の名称又は公認会計士の事務所名及び氏名を記載する。
(注26)　会計監査人の監査の方法又は結果を相当でないと認めたときは，その旨及びその理由を具体的に記載する。
(注27)　注25に同じ。
(注28)　注26に同じ。
(注29)　監査役会と異なる意見がある場合には，当該監査役の氏名を記載し，異なる意見とその理由を明瞭かつ簡潔に記載する。
(注30)　法令上，監査役（会）の監査報告書に記載すべき後発事象は，計算関係書類に関するものに限られる（ただし，会計監査人の監査報告書の内容となっているものを除く。会社計算規則第155条第3号）。記載すべき事項があれば具体的に記載する。
(注31)　監査報告書作成日は，法定記載事項とされていることに留意する（会社法施行規則第130条第2項第3号，会社計算規則第156条第2項第3号）。
(注32)　常勤の監査役は，その旨を表示することが望ましい。なお，常勤の監査役の表示は，「監査役（常勤）〇〇〇〇」とすることも考えられる。
(注33)　会社法第2条第16号及び第335条第3項に定める社外監査役は，その旨を表示することが望ましい。なお，「常勤監査役（社外監査役）〇〇〇〇」の箇所は，「常勤社外監査役〇〇〇〇」とすることも考えられる。
　　　　また，社外監査役の表示方法については，署名欄における表示に代えて，監査報告書の末尾に脚注を付し，「(注)監査役〇〇〇〇及び監査役〇〇〇〇は，会社法第2条第16号及び第335条第3項に定める社外監査役であります。」と記載することも考えられる。
(注34)　「社外監査役〇〇〇〇」の箇所は，「監査役（社外監査役）〇〇〇〇」とすることも考えられる。
(注35)　監査報告書の真実性及び監査の信頼性を確保するためにも，各監査役は自署した上で押印することが望ましい。なお，監査報告書を電磁的記録により作成した場合には，各監査役は電子署名する。

＜その他＞
　　　期中に監査役が欠けた場合等は，監査報告書にその事実を具体的に注記する。

II　各監査役が作成する監査報告書
1.　機関設計が「取締役会＋監査役会＋会計監査人」の会社の場合
　　(1)　常勤の監査役の場合(注1)

　　　　　　　　　　　　　　　　　　　　　　　　　　　　平成〇年〇月〇日
　〇〇〇〇株式会社
　　監　査　役　会　御中(注イ)

　　　　　　　　　　　　　　　　　　　　　　　常勤監査役　〇〇〇〇

監査報告書の提出について

　会社法第381条第1項の規定に基づき監査報告書を作成しましたので，別紙のとおり(注4)提出いたします。

　　　　　　　　　　　　　　　　　　　　　　　　　　　　　以　　上

第3節　事業報告の監査

監査報告書

平成○年○月○日から平成○年○月○日までの第○○期事業年度の取締役の職務の執行に関して，本監査報告書を作成し，以下のとおり報告いたします。

1. 監査の方法及びその内容(注ロ)

　　私は，監査役会が定めた監査役監査の基準に準拠し(注9)，監査の方針，職務の分担(注ハ)等に従い，取締役，内部監査部門(注11)その他の使用人等と意思疎通を図り，情報の収集及び監査の環境の整備に努めるとともに(注12)，取締役会その他重要な会議に出席し，取締役及び使用人等からその職務の執行状況について報告を受け(注13)，必要に応じて説明を求め，重要な決裁書類等を閲覧し，本社及び主要な事業所において業務及び財産の状況を調査いたしました。また，取締役の職務の執行が法令及び定款に適合することを確保するための体制その他株式会社の業務の適正を確保するために必要なものとして会社法施行規則第100条第1項及び第3項に定める体制の整備に関する取締役会決議の内容及び当該決議に基づき整備されている体制（内部統制システム）(注14)の状況を監視及び検証いたしました。事業報告に記載されている会社法施行規則第127条第1号の基本方針及び第2号の各取組みについては，取締役会その他における審議の状況等を踏まえ，その内容について検討を加えました(注15)。子会社については，子会社の取締役及び監査役等と意思疎通及び情報の交換を図り，必要に応じて子会社から事業の報告を受けました(注ニ)。以上の方法に基づき，当該事業年度に係る事業報告及びその附属明細書について検討いたしました。

　　さらに，会計監査人が独立の立場を保持し，かつ，適正な監査を実施しているかを監視及び検証するとともに，会計監査人からその職務の執行状況について報告を受け，必要に応じて説明を求めました。また，会計監査人から「職務の遂行が適正に行われることを確保するための体制」（会社計算規則第159条各号に掲げる事項）を「監査に関する品質管理基準」（平成17年10月28日企業会計審議会）等に従って整備している旨の通知を受け，必要に応じて説明を求めました(注17)。以上の方法に基づき，当該事業年度に係る計算書類（貸借対照表，損益計算書，株主資本等変動計算書及び個別注記表(注18)）及びその附属明細書**並びに連結計算書類（連結貸借対照表，連結損益計算書，連結株主資本等変動計算書及び連結注記表）**について検討いたしました。

2. 監査の結果(注19)

　(1) 事業報告等の監査結果

　　　一　事業報告及びその附属明細書は，法令及び定款に従い，会社の状況を正しく示しているものと認めます。

　　　二　取締役の職務の執行(注20)に関する不正の行為又は法令もしくは定款に違反する重大な事実は認められません。(注21)

　　　三　内部統制システムに関する取締役会決議の内容は相当であると認めま

第5章 計算関係書類，事業報告の監査

　　　　　す。(注22)　また，当該内部統制システムに関する取締役の職務の執行についても，指摘すべき事項は認められません。(注23)
　　四　事業報告に記載されている会社の財務及び事業の方針の決定を支配する者の在り方に関する基本方針については，指摘すべき事項は認められません。事業報告に記載されている会社法施行規則第127条第2号の各取組みは，当該基本方針に沿ったものであり，当社の株主共同の利益を損なうものではなく，かつ，当社の会社役員の地位の維持を目的とするものではないと認めます。(注24)
　3.(2)　計算書類及びその附属明細書の監査結果
　　　　会計監査人○○○○(注25)の監査の方法及び結果は相当であると認めます。(注26)
　　(3)　連結計算書類の監査結果
　　　　会計監査人○○○○(注27)の監査の方法及び結果は相当であると認めます。(注28)
　4.　後発事象（重要な後発事象がある場合）(注30)
　　　平成○年○月○日(注ホ)

　　　　　　　　　　　○○○○株式会社
　　　　　　　　　　　　　　　　　常勤監査役(注32)　　○○○○　印
　　　　　　　　　　　　　　　　　　　　　　　　　　　　(自　署)(注35)

　上記ひな型本文及び下記の注記において，番号による注記を付している箇所については，すべて「Ⅰ　株主に対して提供される監査報告書　1.機関設計が「取締役会＋監査役会＋会計監査人」の会社の場合」における当該注記に対応するものであるので，それらを参照されたい。

(注イ)　前文の3項にあるとおり，監査役会設置会社の場合，監査報告書は，各監査役が作成した監査報告書に基づき，これらの内容をとりまとめる形で監査役会としての監査報告書が作成される。そのため，本送り状の宛先は「監査役会」としている。
(注ロ)　注6を参照。なお，当期における特別の監査事項がある場合には，とくにその監査の方法及びその内容を記載すべきである。
(注ハ)　各監査役の職務の分担を定めている場合には，その内容を具体的に記載することが望ましい。この場合，「・・・監査の方針，職務の分担等に従い，主として私が職務を分担する○○○○について監査を実施するため，取締役，内部監査部門その他の・・・」などと記載することが考えられる。
(注ニ)　注16を参照。
　　　　なお，常勤の監査役の場合，自ら行った監査の実施状況及び結果を監査役会に対して報告することも重要な職務であることから，監査役会との関係について言及する場合は，「・・・子会社から事業の報告を受けました。これらの監査の実施状況及び結果については，適宜監査役会に報告をし，他の監査役と意思疎通及び情報の交換を図り，適正な監査意見の形成に努めました。」などと記載することも考えられる。
(注ホ)　監査役会設置会社において各監査役が作成する監査報告書については，作成日は法定記載事項とはされていない（会社法施行規則第129条第1項柱書き，会社計算規則第155条柱書き）。ここでは，望ましい姿として，作成日を記載することとしている。

142

第3節　事業報告の監査

<その他>
　上記以外の事項については，必要に応じて「Ⅰ　株主に対して提供される監査報告書　1．機関設計が「取締役会＋監査役会＋会計監査人」の会社の場合」における注記も参考としながら，各社の実状に応じて記載を検討されたい。

(2)　非常勤の監査役の場合（注1）

平成○年○月○日

○○○○株式会社
監　査　役　会　御中（注イ）

監　査　役　　○○○○

監査報告書の提出について

　会社法第381条第1項の規定に基づき監査報告書を作成しましたので，別紙のとおり（注4）提出いたします。

以　上

監　査　報　告　書

　平成○年○月○日から平成○年○月○日までの第○○期事業年度の取締役の職務の執行に関して，本監査報告書を作成し，以下のとおり報告いたします。

1. 監査の方法及びその内容（注ロ）
　　私は，監査役会が定めた監査役監査の基準に準拠し（注9），監査の方針，職務の分担（注ハ）等に従い，取締役，内部監査部門（注11）その他の使用人等と意思疎通を図り，情報の収集及び監査の環境の整備に努めるとともに（注12），取締役会（注ニ）に出席し，取締役及び使用人等からその職務の執行状況について報告を受け（注13），必要に応じて説明を求め，他の監査役から監査の実施状況及び結果について報告を受けました（注ホ）。また，取締役の職務の執行が法令及び定款に適合することを確保するための体制その他株式会社の業務の適正を確保するために必要なものとして会社法施行規則第100条第1項及び第3項に定める体制の整備に関する取締役会決議の内容及び当該決議に基づき整備されている体制（内部統制システム）（注14）の状況を監視及び検証いたしました（注ヘ）。事業報告に記載されている会社法施行規則第127条第1号の基本方針及び第2号の各取組みについては，取締役会その他における審議の状況等を踏まえ，その内容について検討を加えました（注15）。以上の方法に基づき，当該事業年度に係る事業報告及びその附属明細書について検討いたしました。

143

第5章 計算関係書類，事業報告の監査

　　　　さらに，会計監査人が独立の立場を保持し，かつ，適正な監査を実施しているかを監視及び検証するとともに，会計監査人からその職務の執行状況について報告を受け，必要に応じて説明を求めました。また，会計監査人から「職務の遂行が適正に行われることを確保するための体制」（会社計算規則第159条各号に掲げる事項）を「監査に関する品質管理基準」（平成17年10月28日企業会計審議会）等に従って整備している旨の通知を受け，必要に応じて説明を求めました(注17)。以上の方法に基づき，当該事業年度に係る計算書類（貸借対照表，損益計算書，株主資本等変動計算書及び個別注記表(注18)）及びその附属明細書並びに連結計算書類（連結貸借対照表，連結損益計算書，連結株主資本等変動計算書及び連結注記表）について検討いたしました。

2. 監査の結果(注19)
  (1) 事業報告等の監査結果
　　一　事業報告及びその附属明細書は，法令及び定款に従い，会社の状況を正しく示し　ているものと認めます。
　　二　取締役の職務の執行(注20)に関する不正の行為又は法令もしくは定款に違反する重大な事実は認められません。(注21)
　　三　内部統制システムに関する取締役会決議の内容は相当であると認めます。(注22) また，当該内部統制システムに関する取締役の職務の執行についても，指摘すべき事項は認められません。(注23)
　　四　事業報告に記載されている会社の財務及び事業の方針の決定を支配する者の在り方に関する基本方針については，指摘すべき事項は認められません。事業報告に記載されている会社法施行規則第127条第2号の各取組みは，当該基本方針に沿ったものであり，当社の株主共同の利益を損なうものではなく，かつ，当社の会社役員の地位の維持を目的とするものではないと認めます。(注24)

3. (2) 計算書類及びその附属明細書の監査結果
　　　会計監査人○○○○(注25)の監査の方法及び結果は相当であると認めます。(注26)

  (3) <u>連結計算書類の監査結果</u>
　　　<u>会計監査人○○○○(注27)の監査の方法及び結果は相当であると認めます。(注28)</u>

4. 後発事象（重要な後発事象がある場合）(注30)

　　　平成○年○月○日(注ト)
　　　　　○○○○株式会社
　　　　　　　　　　　　　社外監査役(注33,34)　　○○○○　印
　　　　　　　　　　　　　　　　　　　　　　　　　（自　署）(注35)

上記ひな型本文及び下記の注記において，番号による注記を付している箇所については，すべて「Ⅰ　株主に対して提供される監査報告書　1．機関設計が「取締役会＋監査役会＋会計監査人」の会社の場合」における当該注記に対応するものであるので，それらを参照されたい。
(注イ)　前文の3項にあるとおり，監査役会設置会社の場合，監査報告書は，各監査役が作成し

144

た監査報告書に基づき，これらの内容をとりまとめる形で監査役会としての監査報告書が作成される。そのため，本送り状の宛先は「監査役会」としている。
(注ロ) 注6を参照。なお，当期における特別の監査事項がある場合には，とくにその監査の方法及びその内容を記載すべきである。
(注ハ) 各監査役の職務の分担を定めている場合には，その内容を具体的に記載することが望ましい。この場合，「・・・監査の方針，職務の分担等に従い，主として私が職務を分担する〇〇〇〇について監査を実施するため，取締役，内部監査部門その他の・・・」などと記載することが考えられる。
(注ニ) 取締役会以外に出席した重要な会議がある場合には，その会議名を具体的に記載する。
(注ホ) 主要な事業所等を調査した場合には，「・・・他の監査役から監査の実施状況及び結果について報告を受け，本社及び主要な事業所において業務及び財産の状況を調査いたしました。」などと記載することが考えられる。

　また，非常勤の監査役の場合，取締役会に加え，監査役会における報告や協議が監査活動の中心となることから，監査役会への出席を明記し，併せて常勤の監査役から報告を受けた旨を例示する場合は，「・・・必要に応じて説明を求めました。また，監査役会に出席し，常勤監査役から常務会その他重要会議の状況のほか，監査の実施状況及び結果について報告を受けました。」などと記載することも考えられる。
(注ヘ) 子会社の監査について言及する場合には，「・・・（内部統制システム）の状況を監視及び検証いたしました。子会社については，子会社の取締役及び監査役等と意思疎通及び情報の交換を図り，必要に応じて子会社から事業の報告を受けました。以上の方法に基づき・・・」などと記載することが考えられる。

　また，非常勤の監査役の場合，内部統制システムの監査は，取締役会における取締役等からの報告や監査役会における常勤監査役や内部監査部門からの報告・質疑による，いわば間接的な監査が中心になると考えられることから，これらを明確にしたい場合には，「・・・（内部統制システム）の状況に関しては，取締役会及び監査役会等において報告を受け，必要に応じて説明を求めました。」などと記載することも考えられる。
(注ト) 監査役会設置会社において各監査役が作成する監査報告書については，作成日は法定記載事項とはされていない（会社法施行規則第129条第1項柱書き，会社計算規則第155条柱書き）。ここでは，望ましい姿として，作成日を記載することとしている。

＜その他＞
　上記以外の事項については，必要に応じて「Ⅰ　株主に対して提供される監査報告書　1. 機関設計が「取締役会＋監査役会＋会計監査人」の会社の場合」における注記も参考としながら，各社の実状に応じて記載を検討されたい。

第5章 計算関係書類，事業報告の監査

図表5－2 会社法における会計監査人の会計監査報告（無限定適正意見の場合）の文例

(日本公認会計士協会 監査・保証実務委員会報告75号より)

独立監査人の監査報告書

平成×年×月×日

○○株式会社
　取締役会御中

　　　　　　○○監査法人
　　　　　　　指定社員・業務執行社員　公認会計士○○○○　印
　　　　　　　指定社員・業務執行社員　公認会計士○○○○　印
　　　　　　　　　　　　　　　　　　　　　　　　　　　（注1）

　当監査法人(注2)は，会社法第436条第2項第1号の規定に基づき，○○株式会社の平成×年×月×日から平成×年×月×日までの第×期事業年度の計算書類，すなわち，貸借対照表，損益計算書，株主資本等変動計算書および個別注記表(注3)，ならびにその附属明細書について監査を行った。この計算書類およびその附属明細書の作成責任は経営者にあり，当監査法人(注2)の責任は独立の立場から計算書類およびその附属明細書に対する意見を表明することにある。

　当監査法人(注2)は，我が国において一般に公正妥当と認められる監査の基準に準拠して監査を行った。監査の基準は，当監査法人(注2)に計算書類およびその附属明細書に重要な虚偽の表示がないかどうかの合理的な保証を得ることを求めている。監査は，試査を基礎として行われ，経営者が採用した会計方針およびその適用方法ならびに経営者によって行われた見積りの評価も含め全体としての計算書類およびその附属明細書の表示を検討することを含んでいる。当監査法人(注2)は，監査の結果として意見表明のための合理的な基礎を得たと判断している。

　当監査法人(注2)は，上記の計算書類およびその附属明細書が，我が国において一般に公正妥当と認められる企業会計の基準(注4)に準拠して，当該計算書類およびその附属明細書に係る期間の財産および損益の状況をすべての重要な点において適正に表示しているものと認める。

　会社と当監査法人または業務執行社員(注2)との間には，公認会計士法の規定により記載すべき利害関係はない(注5)。

(注1)　会計監査人が監査法人の場合で，指定証明でないときには，以下とする。
　　　　○○監査法人
　　　　　　指定社員・業務執行社員　公認会計士○○○○　印
　　　　　　指定社員・業務執行社員　公認会計士○○○○　印
　　　また，会計監査人が公認会計士の場合には，以下とする。
　　　　○○公認会計士事務所

第3節　事業報告の監査

　　　　　公認会計士　　○○○○　印
　　　○○公認会計士事務所
　　　　　公認会計士　　○○○○　印

（注2）　会計監査人が公認会計士の場合には、「私」または「私たち」とする。
（注3）　会社計算規則第89条第3項の規定に基づき、個別注記表と題する計算関係書類を作成していない場合には、「計算書類、すなわち、貸借対照表、損益計算書、株主資本等変動計算書および個別注記表ならびにその附属明細書」を、「計算書類、すなわち、貸借対照表、損益計算書および株主資本等変動計算書ならびにその附属明細書」とする。
（注4）　会社計算規則154条では、会計監査人は監査の対象となった計算関係書類が一般に公正妥当と認められる企業会計の慣行に準拠して、当該計算関係書類に係る期間の財産および損益の状況をすべての重要な点において適正に表示しているか否かについて意見を表明することを求め、会計監査人が監査を行うに当たっての判断の拠り所を「企業会計の慣行」という用語により規定している。

　　　　同規定の趣旨は、会計監査報告の内容について監査基準等に即した表現や内容を求めるものであると考えられることから、本報告では証券取引法監査［ママ］に係る監査報告書の文言と整合するよう、この会計監査人が監査を行うに当たっての判断の拠り所を文中「企業会計の基準」として示した。
（注5）　公認会計士法第25条第2項に規定する証明書に明示しなければならない事項として、利害関係府令第8条第3号に規定する「当該公認会計士または当該監査法人が被監査会社等（法第24条の2に規定する大会社等に限る）から法第2条第2項の業務（第5条各号の掲げる業務を除く）により継続的な報酬を受けている場合」に該当するときは、重要性がないと認められる場合を除いて次の記載を行う。

　　　　「当監査法人は、会社に対し、監査証明との同時提供が認められる公認会計士法第2条第2項の業務を継続的に行っている」（会計監査人が公認会計士の場合には、「当監査法人」を「私」または「私たち」とする）

第6章　計算関係書類，事業報告等の伝達

第1節　総　説

　会社情報も，利害関係人に伝達されなくては意味がない。会社法は，その伝達方法について，いくつかの方法を講じている。

　これらを時系列でみると，第1に，定時株主総会前に本店・支店に備置かれる書類がある。これは第5節で解説する。

　第2に，株主総会招集通知の際に株主に提供される情報がある。これには，①計算書類，事業報告および連結計算書類とそれらの監査に関する情報，および②株主総会に出席しない株主が，議決権行使をするための情報を提供することを目的とした株主総会参考書類がある。①は第2節で解説し，②は第6節で解説する。①では，計算書類，連結計算書類は会社計算規則で規制され（会社法施行規則116条参照），事業報告は会社法施行規則で規制されているので（同117条以下），それぞれ分けて説明する。また，情報の提供の仕方には，書面もしくは電磁的方法による提供とWEB開示による方法とがあるので，これも分けて説明することにする。

　第3に，株主総会において提出・提供される情報がある。計算書類は定時株主総会の承認（会社法438条2項。臨時計算書類は株主総会の承認。会社法441条4項）が必要であるが，事業報告（会社法438条3項）および連結計算書類（会社法444条7項）は，定時株主総会の報告事項である。

　ただし，会計監査人設置会社で，①計算関係書類（会社計算規則2条3項3号）について会計監査人の会計監査報告の内容が無限定適正意見（臨時計算書類である場合にあってはそれに相当する事項が含まれていること）であって，②会計監査報告に係る監査役・監査役会または監査委員会の監査報告の内容として会計監査人の監査の方法または結果を相当でないと認める意見がなく，③会計監査報告に係る監査役会または監査委員会の監査報告に付記された監査役また

149

は監査委員の監査報告の内容が会計監査人の監査の方法または結果を相当でないと認める意見がなく，④計算関係書類が監査期間の経過によって監査を受けたものとみなされたものでなく，⑤取締役会設置会社であるときには，計算書類の内容を報告すれば足りる（会社法439条，会社計算規則163条）。

なお，株主全員の書面または電子的記録により承認または報告の同意があったときは，これらの承認・報告は省略できる（会社法319条，320条）。

第4に，定時株主総会終了後，公告される情報がある。これは第4節で解説する。

第5に，株主総会とは無関係に，少数株主には会社の会計帳簿の閲覧・謄写が認められている。これは第3節で解説することにする。

第2節　計算書類および事業報告の株主・株主総会への提供

取締役会設置会社は，定時株主の招集の通知に際して，計算書類，事業報告，監査報告等を提供しなければならない（会社法437条）。これらの内容は法務省令で定められることになっているので，会社計算規則および会社法施行規則に定められた内容を見ていこう。

1　計算書類の株主・株主総会への提供

(1)　提供すべき計算書類等の内容

会社法437条により提供される計算書類（提供計算書類）については，会社計算規則161条1項に定めがあり，次のとおり段階的な規制を行っている。

　　監査役設置会社・会計監査人設置会社を除く株式会社……計算書類のみ（同項1号）

　　会計監査人設置会社を除く監査役設置会社……イ．計算書類，ロ．計算書類に係る監査役・監査役会の監査報告，ハ．監査役監査の監査期限を徒過した場合の記録等（同項2号各号）

　　会計監査人設置会社……イ．計算書類，ロ．会計監査報告，ハ．会計監査人が存しない場合の記録等，ニ．会計監査人監査の監査期限を徒過した場合の記録等，ホ．計算書類に係る監査役・監査役会の監査報

第2節　計算書類および事業報告の株主・株主総会への提供

告，ヘ．監査役監査の監査期限を徒過した場合の記録等（同項3号各号）

上記2号ロや3号ホにいう監査役・監査役会の監査報告は，一通の監査報告（書）にとりまとめられている場合は，当該監査報告（書）を提供すればよい（同項2号ロ，3号ホ）。

連結計算書類の場合は，株主総会に提供しなければならないのは，連結計算書類のみであるが（会社法444条6項），定款で会計監査報告および監査役・監査役会の監査報告も株主に提供する旨を定めた場合には，これらの報告も含まれる（会社計算規則162条2項）。

当期の計算書類・連結計算書類ばかりでなく，過年度の情報も参考情報として提供できる（会社計算規則161条3項，162条3項）ことを規定していることの意義は大きい。会計情報とりわけ損益情報は，暦年比較をしてはじめて経営成績が把握できるからである。

また，株主に提供した計算書類や連結計算書類について修正する場合の定めが置かれている。招集通知を発出した日から定時株主総会の前日までの間に修正をすべき事情が発生した場合における修正事項を株主に周知させる方法を，当該招集通知と併せて通知することができる（会社計算規則161条7項，162条7項）。誤植ミスの訂正が認められたことにより，総会運営の負担が軽減されたものと思われる。臨時計算書類は株主総会の招集通知の際に株主への提供は要求されていない（会社法437条対照）。

(2) 提供方法

提供計算書類の提供方法は，定時株主総会招集通知の発送形態により異なる。会社計算規則161条2項では，書面による提供の場合と，電磁的方法による提供の場合とに分け，次のように規制されている。

　書面による提供（同項1号）……提供計算書類が書面で作成されている場合は，当該書面に記載された事項を記載した書面の提供（同号イ），提供計算書類が電磁的記録で作成されている場合は，当該電磁的記録に記録された事項を記載した書面の提供（同号ロ）

　電磁的方法による提供（同項2号）……提供計算書類が書面で作成されている場合は，当該書面に記載された事項の電磁的方法による提供（同号イ），提供計算書類が電磁的記録で作成されている場合は，当

151

第 6 章　計算関係書類，事業報告等の伝達

該電磁的記録に記録された事項の電磁的方法による提供（同号ロ）

(3) WEB による個別注記表，連結計算書類に表示すべき事項の開示

会社情報等の伝達については，現下の IT 社会に対応した WEB 開示制度が一部認められており，部分的とはいえ開示に関する物理的制約から解放されたことにより開示が拡充されることの意義は大きい。

会社計算規則161条4項ないし6項では，計算書類の WEB 開示に関する事項を定めている。

定款で定めておけば，個別注記表に係る情報全部を，招集通知発出の時から3ヶ月間，継続して電磁的方法により株主が提供を受けることができる状態に置く措置を採る場合は，株主に提供されたものとみなされる（同条4項）。このアクセス方法，監査済みのものである旨の株主への通知については，同条5項，6項参照。

個別計算書類で WEB 開示が認められているのは，個別注記表だけであるが，個別注記表には，関連当時者との取引が含まれるので，その必要性が高いものといわれている(1)。

連結計算書類については，連結計算書類に表示すべき事項全体が WEB 開示されるが，会計監査報告や監査役の監査報告がある場合はこれも開示される（会社計算規則162条4項）。これらの手続については，個別注記表の場合に準ずる（同条5項，6項）。

後述する事業報告の場合と異なり，計算書類・連結計算書類に係る WEB 開示については，監査役や監査委員会が異議を述べても（会社法施行規則133条2項2号対照）WEB 開示の対象となる(2)。

なお，後述する株主総会参考書類についても WEB 開示が認められている（会社法施行規則94条1項）。ただし，議案・事業報告記載事項の一部・ホームページのアドレス・監査役等が異議を述べた事項などは除かれ（同項各号），このような措置を採ることの定款の定めが必要である（同項ただし書）。

2　事業報告の株主・株主総会への提供
(1) 提供すべき事業報告の内容

会社法437条により提供すべき事業報告の内容(提供事業報告)については，会社法施行規則133条1項に定めがあり，次のとおり段階的な規制を行っている。

第2節 計算書類および事業報告の株主・株主総会への提供

　　　監査役設置会社・委員会設置会社を除く株式会社……事業報告（同項1号）
　　　監査役設置会社・委員会設置会社……イ　事業報告，ロ　事業報告に係る
　　　　　監査役・監査役会・監査委員会等の監査報告，ハ　監査期限を徒過
　　　　　した場合の記録等（同項2号各号）
　事業報告の場合，計算書類と異なり，会計監査人設置会社であるか否かで区別が行われていない。これは，会計監査人は事業報告の監査権限がないからである。

　上記2号ロにいう監査報告は，1通の監査報告にまとめられている場合は，当該監査報告を提供すればよい（同項2号ロ）。

　修正事項があった場合の措置は，計算書類の場合と同様に，規定が置かれている（同条6項）。

(2) 提供方法

　事業報告の提供方法も，書面による提供の場合と，電磁的方法による提供の場合とに分け規制している。計算書類の場合と同様である（同条2項）。

(3) WEBによる事業報告の部分的開示

　事業報告についても，計算書類と同様，WEB開示が認められている。会社法施行規則133条3項ないし5項では，事業報告に関するWEB開示に関する事項を定めている。

　定款で定めれば，次の事項を除いた事業報告表示事項がWEB開示できる(同条3項1号)。

　　　会社の現況(会社法施行規則120条1項1号ないし8号)関係……主要な事業内
　　　　容，主要な営業所および工場ならびに使用人の状況，主要な借入
　　　　先・借入額，事業の経過・成果，資金調達・設備投資等々の状況，
　　　　直前三事業年度の財産および損益の状況，重要な親会社・子会社の
　　　　状況，対処すべき課題。
　　　会社役員（会社法施行規則121条1号ないし5号および8号）関係……氏名，
　　　　地位・担当，他の法人の代表者である場合の重要な事実，役員ごと
　　　　の報酬総額，報酬等の算定方針内容の概要，監査役・監査委員の財
　　　　務・会計に関する知識。
　　　株式（会社法施行規則122条1号）および新株予約権（会社法施行規則123条1
　　　　号，2号）関係……発行済株式総数の10％以上を保有する株主の氏

名等，ストックオプションの対象者。

　以上のように，重要な開示事項と思われるおよその部分は，除外事項となっており，開示可能な部分はあまり多くないように考えられるが，内部統制に関する事項，社外役員に関する事項，会社支配に関する基本方針などはWEB開示の対象である。いずれもコーポレートガバナンスに関する事項であり，これらがWEB開示の対象となっていることは注目されよう。ここにも物理的制限から開放された開示制度の前進が見れる。

　そして，事業報告に表示すべき事項につき，WEB開示をする事項について監査役または監査委員会が異議を述べた場合は，当該事項は開示されない（会社法施行規則133条3項2号）。

第3節　会計帳簿の閲覧等の請求

　これまでは，計算書類，事業報告ならびにこれらの附属明細書などの伝達について述べてきたが，計算書類の原始資料である会計帳簿に対しても閲覧等の請求が一部の株主に認められている。すなわち，総株主の議決権の3％以上の議決権を有する株主または（議決権にかかわりなく）発行済株式の3％以上の数の株式を有する株主は，株式会社の営業時間中であればいつでも次の閲覧等の請求ができる（会社法433条1項）。

　　1号　会計帳簿またはこれに関する資料が書面をもって作成されている場合は，当該書面の閲覧または謄写の請求
　　2号　会計帳簿またはこれに関する資料が電磁的記録をもって作成されている場合は，当該電磁的記録に記録された事項を紙面または映像面に表示する方法によって（会社法施行規則226条20号）表示されたものの閲覧または謄写の請求

　このような請求があったときは，株式会社は次の場合を除き拒むことはできない（会社法433条2項）。

　　1号　当該請求を行う株主がその権利の確保または行使に関する調査以外の目的で請求を行ったとき
　　2号　請求者が当該株式会社の業務の遂行を妨げ，株主の共同の利益を害する目的で請求を行ったとき

3号　請求者が当該株式会社の業務と実質的に競争関係にある事業を営み，またはこれに従事するものであるとき

4号　請求者が会計帳簿またはこれに関する資料の閲覧・謄写によって知り得た事実を利益を得て第三者に通報するため請求したとき

5号　請求者が，過去2年間以内において，会計帳簿またはこれに関する資料の閲覧・謄写によって知り得た事実を利益を得て第三者に通報したものであるとき

閲覧等の請求は株式会社の親会社社員も，その権利を行使するため必要があるときは，行うことができるが，裁判所の許可が必要であり，また請求理由も明らかにしなくてはならない（同条3項）。

会計帳簿は，訴訟においても閲覧等が行われることがある。裁判所は，申立てまたは職権により，会計帳簿の全部または一部について提出を命ずることができる（会社法434条）。

第4節　計算書類の公告

1　公告の方法

計算書類のうち貸借対照表（大会社の場合は損益計算書も加わる）について，株式会社は，定時株主総会の後，遅滞なく法務省令で定めるところにより公告しなければならない（会社法440条1項）。臨時計算書類および連結計算書類については公告が要求されていない（会社法440条対照）。官報または時事に関する日刊新聞紙への公告をするか，あるいは電子公告による公告をするのか，定款で定めることができる（会社法939条1項各号）。

定款で官報または時事に関する日刊新聞紙を採用した場合は，貸借対照表（大会社の場合は損益計算書も加わる）の要旨の公告でよい（会社法440条2項）。このように官報または時事に関する日刊新聞紙への公告を採用する場合でも，貸借対照表等の内容を，定時株主総会終了後，5年間，継続して不特定多数の者が提供を受ける状態に置く措置（会社計算規則175条）を採る場合は，公告の必要はない（会社法440条3項）。

電子公告を採用する場合，定時株主総会の終結の日より5年間（公告期間），継続して公告しなければならない（会社法940条1項2号）。なお，公告期間中に

中断が生じた場合，中断することにつき会社が善意でかつ重大な過失がないなど正当な事由があるなどのほか，いくつかの要件が満たされれば，当該公告の効力には影響を及ぼさない（同条3項）。また，計算書類の公告については，電子公告調査機関の調査を求めることは要しない（会社法941条）。

金融商品取引法24条1項により有価証券報告書を提出している会社は，公告を要しない（会社法440条4項）が，これは金融庁のEDINETによる公衆縦覧方式の詳細な電子開示が実施されているからであろう。

2　公告すべき内容

公告すべき内容は，貸借対照表（大会社では損益計算書も加わる）の全部を公告するのか，あるいは要旨を公告するのか，の2通りである。

(1)　全部を公告する場合

全部を公告する場合は，貸借対照表または損益計算書をそのまま使用すればよい（なお，会社法440条1項の規定は，要旨ではなくこれら本表全部である）。しかし，これら本表による開示だけでなく注記で補足すべき事項もある。注記については個別注記表に一本化されてとりまとめられているので，個別注記表で開示された事項のうち，最低限の注記は公告の際に添付すべきであるから，会社計算規則164条1項は，会社法440条1項の公告の際，次の事項を注記しなければならないとしている。

　　継続企業の前提に関する注記（同項1号）
　　重要な会計方針に係る事項に関する注記（同項2号）
　　貸借対照表に関する注記（同項3号）
　　税効果会計に関する注記（同項4号）
　　関連当事者との取引に関する注記（同項5号）
　　一株当たり情報に関する注記（同項6号）
　　重要な後発事象に関する注記（同項7号）
　　当期純損益金額（同項8号）

上記の注記事項として規定されなかった注記には，損益計算書に関する注記，株主資本等変動計算書に関する注記，リースにより使用する固定資産に関する注記等がある。

第4節　計算書類の公告

> *Coffee break*　監査の話Ⅵ
>
> **監査役会の監査報告書**　会社法は，監査役は監査報告を（第381条），監査役会は監査報告を（第390条），会計監査人は会計監査報告を（第396条），監査委員会は監査報告を（第404条），それぞれ作成しなければならないと規定する。
>
> 一般にはありふれた型通りの一片の紙切れにすぎないであろうが，当該監査人にとっては年間を通じての汗と苦闘にまみれた貴重な報告書類である。
>
> 会社法は，大会社の場合，すべての監査役で監査役会を組織し，監査報告の作成をはじめ常勤監査役の選定，職務執行に関する決定，各監査役の監査役会への報告を義務づけている。各監査役の監査報告書が監査役会の監査報告書となり，定時総会において株主に対して提出される監査報告書になる。
>
> 日本監査役協会の監査役会のひな型によれば，前文に続いて，1．監査役及び監査役会の監査の方法及びその内容，2．監査の結果　(1)事業報告等の監査結果，(2)計算書類及びその附属明細書の監査結果，(3)連結計算書類の監査結果，そして署名の年月日，監査役全員の自署捺印が行われる。なお，異なる意見がある場合には当該監査役の意見が記載され，重要な後発事象がある場合には後発事象の記載になる。
>
> 日本監査役協会は，「監査報告について」の公表に際して，監査報告は各社の監査の実状に基づいて作成されるべきであり，監査の実態を正確に反映するよう強く期待すると述べている。

(2)　要旨を公告する場合

定款で官報や時事に関する日刊新聞紙への公告を採用した場合は，要旨で済むが（会社法440条2項），この場合の貸借対照表または損益計算書の要旨の表示について，会社計算規則165条以下に定めが置かれている（会社計算規則165条）。貸借対照表の資産および負債の部については，公開会社であるかどうかで表示内容が異なり，公開会社の場合は表示が詳細になる。純資産の部は，すべての株式会社共通であり，ほぼ貸借対照表の純資産の部と同様の区分である。

1）貸借対照表の要旨

公告の場合も，資産・負債・純資産の3区分である（会社計算規則166条）。

資産の部は，流動資産・固定資産・繰延資産に区分される（会社計算規則167条1項）。ただし，公開会社においては，固定資産はさらに有形固定資産・無形固定資産・投資その他の資産に区分され（同条3項），財産の状態を明らかにす

第6章　計算関係書類，事業報告等の伝達

るため，重要な適宜の項目に細分しなければならない（同条4項）。

負債の部は，流動負債・固定負債に区分される（会社計算規則168条1項）。負債に係る引当金がある場合には，引当金ごとに他の負債と区別して表示する（同条2項）。公開会社においては，流動負債・固定負債について財産の状態を明らかにするため，重要な適宜の項目に細分しなければならない（同条4項）。

純資産の部は，株主資本・評価換算差額・新株予約権に区分される（会社計算規則169条1項）。株主資本については，資本金・新株式申込証拠金・資本剰余金・利益剰余金・自己株式・自己株式申込証拠金に区分される（同条2項）。資本剰余金，利益剰余金は，それぞれ，資本準備金・その他資本剰余金，利益準備金・その他利益剰余金に区分され，その他の部分については細分することができる（同条3項，4項，5項）。評価換算差額等は，その他有価証券評価差額金・繰延ヘッジ損益・土地再評価差額金に細分される（同条6項）。

貸借対照表の要旨には，当期純損益金額を付記しなければならない。ただし，損益計算書の要旨も公告している場合は，この限りでない（会社計算規則170条）。

2）損益計算書の要旨

損益計算書は全体に表示のボリュームも少ないので，要旨もほぼ損益計算書と同様である。次のような区分と損益金額が表示される（会社計算規則171条1項，7項）。

売上高（1項1号）
売上原価（1項2号）
　　　　　　売上総利益金額または総損失金額（1項3号，7項1号・2号）
販売費・一般管理費（1項4号）
　　　　　　営業利益金額または営業損失金額（7項3号・4号）
営業外収益（1項5号）
営業外費用（1項6号）
　　　　　　経常利益金額または計上損失金額（7項5号・6号）

> 　特別利益（1項7号）
> 　特別損失（1項8号）
> 　　　　　　　　　　　税引前当期純利益金額または税引前当期
> 　　　　　　　　　　　純損失金額（7項7号・8号）
> 　　　　　　　　　　　当該事業年度に係る法人税等（7項9号）
> 　　　　　　　　　　　法人税等調整額（7項10号）
> 　　　　　　　　　　　当期純利益金額または当期純損失金額
> 　　　　　　　　　　　（7項11号・12号）

　営業外収益・営業外費用の額が重要でないときは，区分せずに，差額のみを営業外損益としてもよい（同条2項）。同様に，特別利益・特別損失についても差額のみを特別損益とすることができる（同条3項）。

　損益計算書の要旨の各項目は細分が可能であり（同条4項），損益の状態を明らかにするため必要があるときは，重要な適宜の項目に細分しなければならない（同条5項）。

　3）その他

　公告要旨の金額表示は，100万円単位または10億円単位とするのが原則であるが（会社計算規則172条1項），財産または損益の状態を的確に判断することができなくなるおそれがある場合は，適切な単位で表示することができる（同条2項）。表示言語は日本語が原則である（会社計算規則173条）。

　別記事業（会社計算規則146条）を営む会社の公告要旨の表示については，財産または損益の状態を明らかにし，必要かつ適切である場合には，会社計算規則165条以下に定められた内容以外の適切な表示をすることができる（会社計算規則174条）。

(3) 会計監査人の不適正意見等がある場合

　会計監査人設置会社が公告する場合で，次のような場合に至ったときは，その旨を付記しなければならない（会社計算規則176条）。

　　会計監査人が存しない場合（同条1号）
　　監査期限を徒過した場合（同条2号）
　　不適正意見がある場合（同条3号）

会計監査人の意見がない場合（同条4号）

　会計監査人監査を義務付けている会社であっても，計算書類の確定に当たり，必ずその適正意見を得なければならないということではなく，会計監査人の意見がない計算書類や不適正意見の付された計算書類であっても，株主総会で一応確定させることができる。このため，このような事情がある場合には，公告においてその旨を明らかにさせようとするものである[3]。

第5節　計算書類等の備置き

　株式会社は，株主・債権者等の閲覧等に資するため，本店・支店に計算書類および附属明細書，事業報告および附属明細書，臨時計算書類，監査報告，会計監査報告を一定期間備え置かなければならない（会社法442条）。株主や債権者等が，株式会社の本支店に訪れ，計算書類等を閲覧・謄写する形態の開示を間接開示と呼ぶ。備置きの制度は，定時株主総会の2週間前または1週間前からの開示となるので，事前開示と位置づける考え方もある。これに対し公告の制度は事後開示である[4]。

　株主に対しては株主総会の招集通知に際して計算書類や事業報告等の提供が行われるが，他方，会社が事業を継続している限り債権者に対しそのような情報提供をすることは現実問題としても難しい。したがって，債権者の場合，会社情報が必要であれば当該会社に赴いてもらう制度となっているので，備置きによる間接開示の制度はどちらかというと債権者のためにある制度ということができよう。

　株主としても，会社の状況によっては附属明細書の内容を見たいときがあるであろう。附属明細書は，株主には直接提供されない。附属明細書の記載事項自体が少なくなってしまっているので，あまりその必要性はないのかもしれないが，会社役員の兼務状況の明細（会社法施行規則128条），販売費・一般管理費の明細（会社計算規則145条3号）などは，株主にとっても知っておきたい情報となろう。

1　備え置かれる計算書類等とその期間

　株式会社の本店と支店に計算書類等が備え置かれるが，まず本店に備え置か

れる書類およびその備え置きの期間は，次のとおりである（会社法442条1項）。

> 各事業年度に係る計算書類，事業報告，これらの附属明細書（監査役や会計監査人の監査を受けている場合は，監査報告・会計監査報告が加わる）……定時株主総会の日の1週間前（取締役会設置会社は2週間前）から5年間（同項1号）
>
> 臨時計算書類（監査役や会計監査人の監査を受けている場合は，監査報告・会計監査報告が加わる）……臨時計算書類を作成した日から5年間（同項2号）

支店では，写しを備え置くことになるが，計算書類等が電磁的記録で作成されており会社法施行規則227条に定める措置を支店が採っている場合は，写しの供え置きの必要はない（同条2項ただし書）。備え置く場合の計算書類等の種類は本店と同じであるが，期間は3年と短縮される（会社法442条2項）。

2 株主・債権者による閲覧等

株主および債権者は，営業時間内であればいつでも，次の閲覧や交付を請求できる（会社法442条3項）。

> 計算書類等が書面で作成されている場合……当該書面または写しの閲覧請求（同項1号），当該書面の謄本・抄本の交付の請求（同項2号）
>
> 計算書類等が電磁的記録で作成されている場合……当該電磁的記録を会社法施行規則226条に定める表示方法により表示したものを閲覧することの請求（同項3号→会社法76条5項），電磁的記録の会社が定めた方法により提供することの請求または当該事項を記載した書面の交付の請求（同項4号→会社法81条3項2号）

親会社の社員も，その権利の行使のため必要な場合は，裁判所の許可を得て，上記各号の請求をすることができる（会社法442条4項）。

第6節 株主総会参考書類による開示

取締役は，強制によりあるいは任意に書面投票を採用するとき（会社法301条1項）または電子投票を認めるときには（会社法302条1項），株主総会の招集に際して，法務省令で定めるところにより株主総会の議決権行使について参考と

第6章　計算関係書類，事業報告等の伝達

なる書類（参考書類）および株主が議決権を行使するための書面（議決権行使書面）を株主に交付しなければならない。これを書面投票制度という(5)。なお，金融商品取引法上の委任状勧誘府令により全株主に委任状を交付する場合は，重複を避けるため，書面投票による旨を定めなくてもよい（会社法298条2項ただし書，会社法施行規則64条）。

電子投票制度とは，株主総会に出席しない株主が電磁的方法によって議決権を行使する制度である。電磁的方法による通知を承諾した株主に対し通知を発するときは，株主総会参考書類の交付に代えて，当該株主総会参考書類に記載すべき事項を電磁的方法により提供することができる（会社法302条2項）。ただし，株主の請求があったときは，株主総会参考書類を株主に交付しなければならない。また，電磁的方法による通知を承諾した株主に対し通知を発するときは，議決権行使書面に記載すべき事項を電磁的方法により提供しなければならない（同条3項）。

議決権行使書面は投票用紙そのものであり，参考書類は株主総会で取り扱われる議案についての説明書であるから，そこで開示される情報は，株主にとって，これまで見てきた計算関係書類，事業報告，監査報告などによる会社情報と共に重要な情報である。

1　株主総会参考書類の開示方法

株主総会に提供される資料に，株主総会参考書類に記載すべき事項が記載されている場合は，その旨を明らかにして，当該事項を省略できる（会社法施行規則73条4項）。とくに，会社役員，社外役員に関する事項は典型例である。

逆に，他の提供資料に記載すべき事項を株主総会参考書類に記載した場合も，たとえば事業報告から省略できるが（同項），株主提供以外の場合も事業報告の利用が必要となるので，実務上，4項による方法はあまり採用されないであろう。

株主総会参考書類には，任意の追加記載も可能である（会社法施行規則73条2項）。印刷ミスその他修正したい事項，事情変更があった場合などは，修正後の事項を株主に周知させる方法を，招集通知と併せて送ることができる（会社法施行規則65条3項）。

2 株主総会参考書類の記載内容

　株主総会参考書類には，議案（会社法施行規則73条1項1号）のほか，株主総会に対する監査役の報告義務（会社法384条，389条3項）について調査結果があるときは，その調査結果の概要を株主総会参考書類に記載しなければならない（会社法施行規則73条1項2号）。会社提案の場合には，①役員等の選任に関する事項（会社法施行規則74条ないし77条），②役員等の解任等に関する事項（会社法施行規則78条ないし81条），③役員の報酬に関する事項（会社法施行規則82条ないし84条），④計算関係書類の承認に関する事項（会社法施行規則85条），⑤合併契約等の承認に関する事項（会社法施行規則86条ないし92条）が記載される。

　株主提案の場合における記載事項については，会社法施行規則93条を参照されたい。

　これらのうち，紙幅の関係上，計算関係書類の承認に関する事項だけを取り上げる。

　計算書類の承認を求める場合には，会社法施行規則85条に従い，次の事項を記載しなければならない（会社法施行規則85条）。

　会計監査人設置会社において，計算関係書類が法令・定款に適合するか否かについて，会計監査人と監査役の意見が異なるときは，会計監査人は定時株主総会において意見を述べることができるが（会社法398条1項），この場合は，会計監査人の意見の内容を記載する（会社法施行規則85条1号）。

　また，取締役会設置会社である場合には，取締役会の意見があるときは，取締役会の意見の内容の概要を記載する（同条2号）。

　取締役会の意見については概要でよいが，会計監査人の意見は，そのすべてとなっている点は注目される。

［注］
（1）　弥永真生『コンメンタール会社計算規則・改正商法施行規則』（商事法務，2006年）743頁参照。
（2）　相澤哲・和久友子「計算書類の監査・提供・公告，計算の計数に関する事項」商事法務1766号（2006年）70頁。
（3）　相澤・和久前掲注（2）71頁参照。
（4）　神田秀樹『会社法（第9版）』弘文堂（2007年）241頁参照。
（5）　その沿革は，昭和56年の商法改正時に始まる。商法上の大会社でかつ株主

第6章 計算関係書類，事業報告等の伝達

数が1000人以上の会社には書面投票制度が採用されたことに伴い，株主の議決権行使に関して参考となる事項が開示されることとなった。これに関連して，法務省令として株主総会参考書類等の法定記載事項を規定する「参考書類規則」が制定された。同規則は，平成14年改正商法の商法施行規則として統一されるまでは単行の省令であった。

設 問

Q1 計算関係書類および事業報告の内容を株主・債権者等利害関係人に伝達するための施策として，会社法上どのような施策が総合的になされているか説明しなさい（会社法433条における一部の株主に認められているものを含む）。

Q2 会計監査人設置会社における株主・株主総会への計算書類の提供方法について，該当条文を引用しつつ説明しなさい。

Q3 書面投票制度と株主総会参考書類の関係について触れたうえで，株主総会参考書類の開示事項の骨子を述べなさい。さらに，株主総会参考書類に開示することで監査の独立性を担保している事項を取り上げ，簡単な説明を加えなさい。

第7章　剰余金の配当

第1節　総　説

　会社は事業を永続的に営むため，利益を定期的に区切って，社員に分配する。会社法が，株式会社につき，平成17年改正前商法が用いていた「利益配当」（改正前商法290条）という用語を使用しないで，剰余金の配当という用語を使用するのは，その原資が利益に限られないからである（なお会社法621条1項・628条参照）。株式会社における剰余金の配当とは，当該剰余金の配当をする時の株主に一定の金銭等を交付することである。株主は剰余金の配当を受けることを目的に会社に投資しているので（会社法105条1項1号），株主権のなかで，剰余金配当請求権は，解散時の残余財産分配請求権と並んで，もっとも本質的で重要な権利である。もっとも，自己株式に対して剰余金の配当はできない（会社法453条括弧書）。

1　剰余金配当請求権と株主平等の原則

　剰余金の配当は，①定款により剰余金の配当に関する種類株式を発行している場合（会社法108条1項1号・2項1号），または②非公開会社で剰余金の配当を受ける権利について株主ごとに異なる取扱いを行う旨を定款で定めた場合（会社法109条2項・3項。属人的みなし種類株式といわれる）を除き，各株主の有する株式の数に応じてしなければならない（会社法109条1項・454条3項。最判昭和45・11・24民集24巻12号1963頁〔大運事件〕）。

2　日割配当の禁止

　わが国では事業年度の途中で新株の発行があった場合に，その年度の決算期に利益配当をするときには，新株に対して，旧株と同額の配当をしないで，新株の発行の日から決算期までの日数によって日割計算した額を配当する慣行が

あった。これを日割配当という。平成17年改正前商法の下では、日割配当も平等原則に違反しないと解しつつ（反対説・下級審判例あり），義務なのか，任意なのか議論されていた。会社法は，剰余金配当額は必ずしも一事業年度の利益を基準に決定されるわけではないことから，日割配当を行うべき論理的必然性はないという理由で，株主は，その有する株式の発行時期にかかわらず，同一の配当を受けるとして，日割配当を禁止している（会社法454条3項）。

3　抽象的権利と具体的権利

①株主総会または取締役会の決議によって内容が確定する前の剰余金配当請求権（抽象的剰余金配当請求権といわれる）は一種の期待権（固有権である）であり，株式から切り離して独立に譲渡，質入れなどの処分や差押の対象とすることはできない（大判大正8・1・24民録25輯30頁）。将来生ずべき具体的剰余金配当請求権を配当決議前に差し押さえることは可能であるが（大判大正2・11・19民録19輯974頁），取立前に株式が譲渡されれば，その差押えは効力がなくなる。

これに対し，②株主総会または取締役会の決議によって内容が確定した具体的剰余金配当請求権（債権者的権利ともいわれる）は，もはや株式に包含されず（会社法621条3項対照），通常の指名債権であって，株式とは独立に譲渡，質入れなどの処分や差押の対象となり，独立して時効にかかる[1]。具体的剰余金配当請求権が帰属するのは，本来は，剰余金の配当を決定する機関の決議で確定した剰余金の配当がその効力を生ずる日（会社法454条1項3号・459条1項4号）の株主名簿上の株主であるが，従来，多くの会社では，決算期を基準日（会社法124条1項）とし，配当はその基準日現在の株主に帰属すると定めて来たので，今後も基準日を定めることになろう。

4　金銭配当と現物配当

配当には①現金配当と②現物配当（配当財産を金銭以外の財産とすること）とがある。平成17年改正前商法の下では現物配当が許容されるか否か見解が対立していたが，会社法は，現物配当が許容されることを明確化している（会社法454条4項）。

5 統一的な財源規制

　平成17年改正前商法では，株主に対する金銭等の分配として，利益配当，中間配当，資本減少に伴う払戻，法定準備金の減少に伴う払戻および自己株式の買受けがあったが，その財源規制については，それぞれ別個に定められていた。しかし，これらの行為は，会社債権者の立場からみれば，株主に対して会社財産が払い戻され，責任財産が減少するという点においては全く同一の意義を有する行為であり，各別の財源規制を講ずべき理由は存在しないので，会社法は，社員と会社債権者との間の利害調整コストの軽減を主たる目的として，これらを「剰余金の配当等」として整理し，統一的な財源規制をかけ，いずれも，当該行為が効力を生じる日における「分配可能額」を超えてはならないとしている（会社法461条1項）。図表7－1から分かるように，会社法461条1項に列挙された行為は，剰余金の配当を除けば，自己株式の取得行為であり，会社法は，アメリカ法と同じくに，自己株式の取得を剰余金の配当と理解している。なお，会社の純資産額が300万円を下回る場合には，剰余金の配当ができない（会社法458条)[(2)]。

図表7－1　財源規制とてん補責任

	剰余金の配当または自己株式の取得の方法	財源規制	違反の場合	てん補責任
	剰余金の配当	461Ⅰ⑧	462Ⅰ⑥	465Ⅰ⑩
自己株式の取得	取得請求権付株式の取得請求（166Ⅰ）	166Ⅰ但書	無効	465Ⅰ④
	取得条項付株式の取得事由の発生（107Ⅱ③イ）	170Ⅴ	無効	465Ⅰ⑤
	譲渡不承認の場合の譲渡制限株式の買取（138①ハ・138②ハ）	461Ⅰ①	462Ⅰ	465Ⅰ①
	156条1項による決定に基づく取得（株主総会決議・取締役会決議による有償取得〔156Ⅰ・163・165ⅡⅢ〕）	461Ⅰ②（163・165Ⅰに限る）	462Ⅰ①	465Ⅰ②
	157条1項による決定に基づく取得	461Ⅰ③	462Ⅰ②	465Ⅰ③
	全部取得条項付種類株式の取得決議（171Ⅰ）	461Ⅰ④	462Ⅰ③	465Ⅰ⑥

第7章　剰余金の配当

（155条）	一般承継人からの譲渡制限株式の買取り決議（176Ⅰ）	461Ⅰ⑤	462Ⅰ	465Ⅰ⑦
	所在不明株主の株式の売却の際の買取り決議（197Ⅲ）	461Ⅰ⑥	462Ⅰ④	465Ⅰ⑧
	株式の端数処理として売却される株式買取り（234Ⅳ）	461Ⅰ⑦	462Ⅰ⑤	465Ⅰ⑨
	単元未満株式の買取請求（192Ⅰ）	—		
	他の会社の事業全部の譲受け（467Ⅰ③）	—		
	合併後消滅会社からの自己株式の承継取得（750Ⅰ・754Ⅰ）	—		
	吸収分割する会社からの自己株式の承継（759Ⅰ）	—		
法務省令の定め	合併，会社分割，株式交換，株式移転，事業譲渡等の際の反対株主の買取請求に応じて買い受ける場合（785・806・469）			
	一定の定款変更の際の反対株主の買取請求に応じて買い受ける場合，および，種類株主総会の決議を要しない旨の定款の定めがある場合において，ある種類株主に損害を及ぼすおそれのある一定の行為の際の反対株主の買取請求に応じて買い受ける場合（会116）	—		464

6　剰余金の配当の時期・回数

　平成17年改正前商法は，ある決算期に1回の利益を配当するという考え方を採用していたが，会社法は，剰余金の配当を決算の確定手続とは切り離したため，理論的には，期中何回でも剰余金の配当をすることができるように改められている（会社法453条・454条1項）。剰余金の配当を制限する合理的理由がないことのほか自己株式の取得には回数制限がないことによる。その結果，いわ

ゆる「四半期配当」なども可能であり[3]，改正前商法が定めていた「中間配当」（平成17年改正前商法293条ノ5。配当可能利益を確定する手続をとらずに株主に分配する制度であったので，利益配当ではなく，株主に対する金銭の分配として扱われていた）は，剰余金の配当に関する事項を決定する機関についての特則に過ぎなくなっている（会社法454条5項。中間配当自体に固有な規定は廃止している）。

7　準備金の積立て

剰余金の配当をする場合には，準備金の合計額が資本金の額の4分の1（基準資本金額）に達するまで，配当により減少する剰余金の額の10分の1を資本準備金または利益準備金として積み立てなければならない。従って，剰余金の配当により，配当財産の額と，準備金を計上すべき場合には計上すべき準備金相当額が，剰余金から減少することになる（会社計算規則45条1項2号ロ・2項2号ロ）。

その他資本剰余金を減少させるときには，減少させるその他資本準備金に相当する額に10分の1を乗じて得た額（会社法445条4項）と基準資本金額から剰余金の配当をする日における準備金の額を控除した額（準備金計上限度額）のより少ない額に相当する額だけ資本準備金を計上し（会社計算規則45条1項），その他利益剰余金を減少させるときには，減少させるその他利益準備金に相当する額に10分の1を乗じて得た額と準備金計上限度額のより少ない額に相当する額だけ利益準備金を計上し，両方が混じっている場合にはその割合に応じて，それぞれ計上しなければならない（会社計算規則45条2項）。

改正前商法は配当財源を問わなかったが，その他利益剰余金を配当しておきながら資本準備金を増加するという処理には「違和感がある」[4]ことから上記のように改正されている。準備金の額が基準資本金額を超えるときは，準備金を計上する必要がないが，任意積立金としてしか計上できなかった改正前商法と異なり，会社法451条の手続を踏むことにより，4分の1を超えて準備金を計上することは可能であって，別途積立金（任意準備金）となるわけではない。計上が必要なのは，「剰余金の配当をする場合」である（会社法445条4項）。従って，発生した会計期間の費用として処理される役員賞与（「役員賞与に関する会計基準」3項）の際には，準備金の積立を要しない。なお会社法は，改正前商法と異なり，積み立てるべき準備金の額を分配可能利益から控除することはして

いない（改正前商法290条1項3号対照）。

8 配当財産の交付の履行場所

　配当財産（会社法455条2項・456条により支払うものを含む）は，株主名簿に記載し，または記録した株主（登録株式質権者を含む）の住所または株主が株式会社に通知した場所において，交付しなければならず（会社法457条1項。持参債務。なお民法484条参照），交付に要した費用は，会社が負担する[(5)]。ただし，株主の責めに帰すべき事由によってその費用が増加したときは，その増加額は，株主の負担とする（会社法457条2項。日本に住所等がない場合を除く。会社法457条3項）。会社の通知・催告が5年間以上継続して不到達でかつ剰余金の配当を受領しなかったものについては，会社は，利害関係人への公告および一定の者への各別の催告後，その株式を競売するか，一定の方法で売却し，その代金をその株式の株主に交付することができる（会社法197条・198条）。

第2節　剰余金の概念と分配可能額の制限

1　剰余金

　剰余金の額は，剰余金の額を減少させて資本金の額または準備金の額を増加させる場合において，減少させる額の限度を画する機能も有しているが（会社法450条3項・451条3項），これは第8章で説明することにし，本節では，分配可能額を算定する場合の要素となる機能（会社法461条2項1号）を説明することにする。
　剰余金の配当がその効力を生ずる日（会社法454条1項3号）の「剰余金の額」（＝a）は，「最終事業年度（会社法2条24号）の末日」（期末日）の「剰余金の額」（＝A）に，剰余金の配当がその効力を生ずる日までの剰余金の変動額（＝B・C）を反映させて算出する（会社法446条。図表7－2参照）。
　「最終事業年度の末日」とは，当該ある事業年度の末日ではなく，決算が確定しているその前の事業年度の末日である。期末日の剰余金の額（A）は，その他資本剰余金（会社計算規則177条3号）とその他利益剰余金（会社計算規則177条4号）の合計額である。前者は，株主に払い戻すことについて債権者の承諾を受けているというべき額であり，後者は，会社があげた利益の額である。

第2節　剰余金の概念と分配可能額の制限

図表7－2　剰余金の分配可能額の算出過程

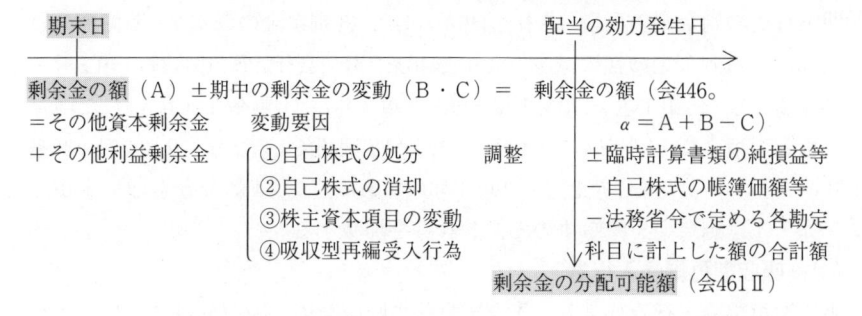

```
期末日                              配当の効力発生日
───────────────────────────────────────────────→
剰余金の額（A）±期中の剰余金の変動（B・C）＝　剰余金の額（会446。
＝その他資本剰余金　　変動要因　　　　　　　　　α＝A＋B－C）
＋その他利益剰余金　┌①自己株式の処分　　調整　±臨時計算書類の純損益等
　　　　　　　　　　│②自己株式の消却　　　　　－自己株式の帳簿価額等
　　　　　　　　　　│③株主資本項目の変動　　　－法務省令で定める各勘定
　　　　　　　　　　└④吸収型再編受入行為　　　　科目に計上した額の合計額
　　　　　　　　　　　　　　　　　　剰余金の分配可能額（会461Ⅱ）
```

これに剰余金の配当がその効力を生ずる日までの剰余金の変動額（＝B・C）を反映させる。剰余金の変動要因は，(a) 期末日後の自己株式の処分，(b) 期末日後の自己株式の消却，(c) 期末日後の株主資本項目の変動，および (d) 吸収型再編受入行為（これは，吸収合併による消滅会社の権利義務の包括承継，吸収分割による権利義務の全部または一部の承継，および株式交換による株式交換完全子会社の株式全部の取得をいう。会社計算規則2条3項33号）である[6]。

(1) 自己株式の処分

自己株式処分差額とは，自己株式の処分の対価から自己株式の帳簿価額を控除した額をいう（会社法446条2号。自己株式及び準備金の額の減少等に関する会計基準4項）。それが正の値の場合（自己株式処分差益という。同会計基準5項）には，その他資本剰余金に計上し（同会計基準9項），負の値の場合（自己株式処分差損という。同会計基準6項）には，その他資本剰余金から減額し，減額しきれない場合には，その他利益剰余金（繰越利益剰余金）から減額する（同会計基準10項・12項）。

(2) 自己株式の消却

自己株式を消却した場合には，自己株式の帳簿価額をその他資本剰余金から減額し（会社計算規則47条3項，自己株式及び準備金の額の減少等に関する会計基準11項），その他資本剰余金がないときはその他利益剰余金から減額するので（同会計基準12項・13項・44項から46項まで。会社計算規則50条3項・52条3項），これと同額の剰余金が減少する（会社法446条5号）。

(3) 株主資本項目の変動

期末日後の株主資本項目の変動要因は，①期末日後の資本金・準備金の額の

減少（会社法446条3号・4号，会社計算規則50条1項1号・2号・52条1項1号），②期末日後の剰余金の配当（会社法446条6号），③剰余金の資本金・準備金への組入れによる剰余金の額の減少（会社法446条7号。会社計算規則48条1項2号・49条1項2号・51条1項・178条1項1号・2項3号），④剰余金を配当した場合の準備金の積立て（会社法445条4項。会社計算規則45条1項2号・2項2号・46条1号ロ・2号ロ・178条1項2号・2項4号）である。①は剰余金を増やすが，②・③・④は剰余金を減らすので，これらを加減する。

(4) 吸収型再編受入行為

吸収型再編受入行為により，①期末日後の吸収合併，吸収分割または株式交換の際に対価として交付する自己株式の処分差損益（会社計算規則178条1項3号）と②吸収型再編受入行為の前後の資本剰余金・利益剰余金の差額相当額（会社計算規則178条1項4号）は，剰余金に影響を与える。①にあっては，(1)と同じく，自己株式処分差額を加減する。②では（再編後資本剰余金額－再編直前資本剰余金額）＋（再編後利益剰余金額－再編直前利益剰余金額）の計算で得た額を減額する。

2 分配可能額

(1) 総　説

分配可能額は，会社債権者に優先して，株主が払戻しを受けることを制限する機能を有している。改正前商法は，純資産額から資本等の額を控除して，配当可能利益を算出していたが，平成11年以降の改正の結果，資本の部が単純な構成ではなくなったので，分配できる額から分配した額を控除する形式に改められている。

通常の「分配可能額」は，剰余金の額（会社法461条2項1号）－｛自己株式の帳簿価格（会社法461条2項3号）＋期末日後に自己株式を処分した場合における当該自己株式の対価の額（会社法461条2項4号）＋法務省令で定める各勘定科目に計上した額の合計額（会社法461条2項6号)｝で表される。

これに対し，臨時計算書類（会社法441条1項，会社計算規則2条2項18号）では，①剰余金の額に臨時決算日までの期間損益を加減算しなければならない。すなわち，利益が生じている（ゼロ以上の）場合には加算し（会社法461条2項2号イ，会社計算規則184条），損失が生じている（ゼロ未満の）場合には減算しなけ

ればならない（会社法461条2項5号，会社計算規則185条）。②期末日後に不公正発行に伴う責任（会社法52条1項・212条1項・285条1項）が履行される場合には，その他資本剰余金が増加するので（会社計算規則44条），分配可能額に加算しなければならない（会社計算規則184条2号）。③期末日後に自己株式を処分した場合における当該自己株式の対価の額は減算するが（会社法461条2項4号）。臨時決算日までに処分した場合の自己株式の対価額は分配可能額に加算しなければならない（会社法461条2項2号ロ）。④吸収型再編受入行為（会社計算規則2条3項33号）・特定募集（会社計算規則186条5号）(7)の場合における自己株式対価額については，すでに加算されているため（会社計算規則186条10号），臨時決算の加算額からは減額される（会社計算規則186条7号）。⑤のれん等調整額（会社計算規則186条1号括弧書）(8)，「負の」その他有価証券評価差額金（会社計算規則186条2号），「負の」土地再評価差額金（会社計算規則186条3号）については，最終事業年の末日ベースで算定されている数値を，臨時決算日ベースの数値に切り替える。そして，期末日以後に2度以上臨時決算した場合には，当期純損益が重複計上されないよう，前に行った臨時決算によって増減した額は，すべて相殺する（会社計算規則186条5号）。

そこで，臨時計算書類の「分配可能額」は，｜剰余金の額＋株主総会または取締役会の承認を受けた臨時計算書類に計上された次に掲げる額（＝臨時決算日までの当期利益額（会社計算規則184条1号）＋不公正発行に伴う責任が履行されたことにより増加したその他資本剰余金の額（会社計算規則184条2号）＋臨時決算日の属する事業年度の初日から臨時決算日までの期間内に自己株式を処分した場合における当該自己株式の対価の額｜－｜自己株式の帳簿価格＋期末日後に自己株式を処分した場合における当該自己株式の対価の額＋株主総会または取締役会の承認を受けた臨時計算書類の臨時決算日までの当期純損失（会社計算規則185条）＋⑧法務省令で定める各勘定科目に計上した額の合計額｜で表される（会社法461条2項）。

(2) 法務省令で定める各勘定科目に計上した額の合計額

会社法461条2項6号は，分配可能額の算定に際し，「法務省令で定める各勘定科目に計上した額の合計額」を減じるとし，会社計算規則186条は，その内容を定めている。

第7章　剰余金の配当

(a)　のれん等調整額と分配可能額

のれん等調整額があるときには，分配可能額は，のれん等調整額の大きさに応じて以下の4つに分類される。

① のれん等調整額が資本金等金額（＝資本金の額＋準備金の額）以下の場合には，資本金等金額がのれん等調整額によって生じうる損失等をカバーしうると考えられるので，減算しない（会社計算規則186条1号イ）。

② のれん等調整額が資本金等金額およびその他資本剰余金以下の場合には，資本金等金額でカバーしきれてない部分（＝資産のれん等調整額－資本金等金額）は，分配可能額を増加させる要因となるので，分配可能額から減算する（会社計算規則186条1号ロ）。

③ のれん等調整額が資本金等金額および期末日のその他資本剰余金を超え，かつ，のれんの2分の1の額が資本金等金額およびその他資本剰余金以下の場合には，②と同様の額を減算する（会社計算規則186条1号ハ(1)）。

④ のれんの2分の1の額が資本金等金額およびその他資本剰余金を超える場合には，その他資本剰余金の額および繰延資産の額を減額する（会社計算規則186条1号ハ(2)）。

(b)　その他有価証券評価差額金の評価差損および土地再評価差額金の評価差損

その他有価証券評価差額金の評価差損および土地再評価差額金の評価差損は，保守性の観点から，未実現損失ではあるが，現実化したものと考え，分配可能額から減算する（会社計算規則186条2号・3号）。

(c)　連結配当規制適用会社における連単剰余金差損額

連結配当規制適用会社とは，「ある事業年度の末日が最終事業年度の末日となる時から当該ある事業年度の次の事業年度の末日が最終事業年度の末日となる時までの間における当該株式会社の分配可能額の算定につき第186条第4号の規定を適用する旨を当該ある事業年度に係る計算書類の作成に際して定めた株式会社」である（会社計算規則2条3項72号。なお会社計算規則129条1項11号・143条参照）。連結配当規制適用会社となるかどうかは，会社の任意の選択に委ねられ，かつ，各事業年度ごとの選択に委ねられているが，連結計算書類を作成していることが前提である（会社法444条1項・3項参照）。連結配当規制を選択をした会社は[9]，単体ベースの「株主資本の額に負のその他有価証券評価差

額金・土地再評価差額金を加え，のれん等調整額（当該のれん等調整額が資本金の額，資本剰余金の額および利益準備金の額を超えている場合にあっては，資本金の額，資本剰余金の額および利益準備金の額の合計額）を減じて得た額」から，連結ベースの「株主資本の額に負のその他有価証券評価差額金・土地再評価差額金を加え，のれん等調整額（当該のれん等調整額が資本金の額，資本剰余金の額および利益準備金の額を超えている場合にあっては，資本金の額，資本剰余金の額および利益準備金の額の合計額）を減じて得た額」および「最終事業年度の末日後に子会社から当該株式会社の株式を取得した場合における当該株式の取得直前の当該子会社における帳簿価額のうち，当該株式会社の当該子会社に対する持分に相当する額」の合計額を減じて得た額が正の値をとるときには，子会社株式に含み損がある場合と同視できるので，その差額（連単剰余金差損額）を分配可能額から減額する（会社計算規則186条4号）。逆に，連結ベースの方が多いときには，その含み益は未実現評価益であるので，その差額は分配可能額に算入しない。

　(d)　2度以上臨時決算した場合の取扱い

　2度以上臨時決算した場合には，前に行った臨時決算によって増減した額については，すべて相殺される（会社計算規則186条5号）。

　(e)　300万円不足額と分配可能額

　300万円から，分配可能額に組み入れられない純資産の部の項目（資本金の額・準備金の額・新株予約権の額・評価・換算額等の額）を減じて，その差額が残る場合には，これを分配可能額から減額する（会社計算規則186条6号）。これは，最低資本金規制（有限会社300万円）を撤廃したが，株主と債権者との利害関係を調整する役割を果たしていた配当拘束としての計数の役割は維持することとしたため，純資産額300万円は債権者に対する弁済原資として確保しようとするものである。資本金・準備金が300万円に満たない場合であっても，それに評価・換算差額等の差益を加えれば300万円以上となるときは，減算されないので注意する必要がある。

　(f)　臨時会計年度中の自己株式の処分と分配可能額

　臨時計算書類が適法に確定した場合に，最終事業年度の末日後株式会社が臨時会計年度中に吸収型再編受入行為または特定募集に際して処分する自己株式に係るその自己株式の対価の額は，分配可能額から減額する（会社計算規則186

条7号)。これは，会社法461条2項2号ロにより，臨時計算書類が適法に確定した場合に，最終事業年度の末日後株式会社が臨時会計年度中に処分した自己株式に係るその自己株式の対価の額が，分配可能額算定上，加算されているところ，会社計算規則186条10号も，最終事業年度の末日後吸収型再編受入行為または特定募集に際して処分する自己株式に係るその自己株式の対価の額を，分配可能額算定上，加算するものとしているため，二重に加算されることになるので，その重複部分を控除するためである。

(g) 不公正発行の責任が履行された場合等と分配可能額

①最終事業年度の末日後に，不公正発行に伴う責任が履行された結果増加したその他資本剰余金の額と②最終事業年度がない株式会社が成立の日後に自己株式を処分した場合における当該自己株式の対価の額の合計額は，分配可能限度額算定上，減額する（会社計算規則186条8号イ・ロ）。これは，これらの額を分配可能額に含めるためには，通常の決算か，臨時決算を経なければならないという考え方に基づくものである[10]。

(h) 自己株式を対価とする自己株式の取得と分配可能額

最終事業年度の末日後に，株式会社が自己株式を取得した場合であって，その株式の取得と引換えにその株式の株主に対して自己株式を交付した場合には，その取得した株式の帳簿価額から，その取得に際してその取得した株式の株主に交付するその株式会社の株式以外の財産（自己社債および自己新株予約権を含む）の帳簿価額とその取得に際してそのその取得した株式の株主に交付するその株式会社の社債等（自己社債および自己新株予約権を除く）に付すべき帳簿価額との合計額を減じて得た額を，分配可能額の算定上，加算する（会社計算規則186条9号イ・ロ）。これは，自己株式を対価として自己株式を取得する場合には，会社からの財産の流出はないため，取得した株式の取得価額を，分配可能額算定上，減ずる必要はないが，自己株式以外の財産またはその会社の社債等を交付した場合には，その財産の価額相当部分あるいは会社の社債等の帳簿価額相当部分については，減ずる必要があることによる。

(i) 自己株式の処分と分配可能額

最終事業年度の末日後に株式会社が吸収型再編受入行為または特定募集に際して処分する自己株式に係るその自己株式の対価の額は，分配可能額の算定上，加算し（会社計算規則186条10号），自己株式対価額を分配可能額から減算する旨

第2節　剰余金の概念と分配可能額の制限

> ── *Coffee break*　監査の話Ⅶ ──
>
> **公認会計士法**　公認会計士は，日本経済のインフラを構成する職業的会計専門家として重要な使命を担っている。この制度は，1948年（昭和23年）に証券取引法監査の担い手として創設され，1966年（昭和41年）監査法人制度が加わっている。
>
> 　その仕組みを形成する公認会計士法は，公認会計士の使命，登録，義務，責任等のほか監査法人の設立手続，社員，業務，処分等について規定する。
>
> 　さらに，公認会計士・監査審査会および日本公認会計士協会といった関係の組織についても規定している。
>
> 　同法では，公認会計士の使命を次のようにうたっている。監査及び会計の専門家として，独立した立場において，財務書類その他の財務に関する情報の信頼性を確保することにより，会社等の公正な事業活動，投資者及び債権者の保護等を図り，もって国民経済の健全な発展に寄与することである。
>
> 　その職責として，公認会計士は，常に品位を保持し，その知識及び技能の修得に努め，公正かつ誠実にその業務を行わなければならない。
>
> 　監査法人を設立するには，その社員になろうとする公認会計士が，5人以上共同して定款を定めなければならない。監査法人は業務を公正かつ的確に遂行するため業務管理体制を整備しなければならない。
>
> 　企業の事業拡大，複雑化，国際化，また社会的な要望に応えるべく，同法の適正な運用が求められるところである。

の規定（会社法461条2項4号）を相殺している。これは，組織再編行為で処分する自己株式については，剰余金・分配可能額とも包括的に，当該組織再編行為の前後の剰余金変動額で処理することとしているためである。

3　剰余金の分配を決定する機関
(1)　原　　則

　会社が，剰余金を社内に留保しないで，その株主に配当することを決定する行為は，重要な行為であるから，剰余金の配当をしようとするときは，その都度，株主総会の普通決議（会社法309条1項。現物配当の場合を除く）によって，①配当財産の種類（当該会社の株式等〔株式，社債，新株予約権〕は配当できない）および帳簿価額の総額，②株主に対する配当財産の割当てに関する事項，およ

び③剰余金の配当の効力発生日を定めなければならない（会社法454条1項。自己株式には配当ができない。会社法453条）。

①で株式等が除かれているのは，これらには，募集による発行（会社法199条・238条・676条），無償割当てによる交付（会社法185条・277条）の定めがなされているので，これらの定めに従うべきものとされているからである。

②の事項は，株主（会社および種類株主を除く）の有する株式の数に応じて配当財産を割り当てることを内容とするものでなければならない（会社法454条3項），剰余金の配当について内容の異なる2以上の種類の株式を発行しているときは，当該種類の株式の内容に応じて，ある種類の株式の株主に対して配当財産の割当てをしないこととするときは，その旨およびその株式の種類，配当財産の割当てについて株式の種類ごとに異なる取扱いを行うこととするときは，その旨およびその異なる取扱いの内容を定めることができる（会社法454条2項）。

(2) 現物配当の場合

剰余金の配当が現物配当（配当財産を金銭以外の財産とすること）であるときでも，会社は，①株主に対して金銭分配請求権（現物配当財産に代えて金銭を交付することを会社に対して請求する権利）を与えるときは，その旨および金銭分配請求権を行使することができる期間（配当効力発生日より前でなければならない），②一定の数未満の数の株式を有する株主に対して配当財産の割当てをしない（金銭を支払う）こととするときは，その旨およびその数を，株主総会の普通決議によって，定めることができる（会社法454条4項）。②の一定の数を基準株式数という（会社法456条）。現物配当の場合，配当財産一単位の価値によっては，端数が生じることが考えられるので，一定の数以上の株式を有する者には現物配当を行い，それ未満の数の株式を有する株主には現物に相当する金銭を交付することができるようにしたものである。

これに対し，現物配当で，株主に金銭分配請求権を与えない場合には，株主総会決議は特別決議となる（会社法309条2項10号）。

株主に対して金銭分配請求権を与えるときは，①の期間の20日前までに，株主に対し，①の事項を通知しなければならない（会社法455条1項）。金銭分配請求権を行使した株主には，配当財産に代えて，（ⅰ）当該配当財産が市場価格のある財産である場合には，当該配当財産の市場価格として法務省令（会社

計算規則182条）で定める方法により算定する額を，（ⅱ）当該配当財産が市場価格のある財産でない場合には，株式会社の申立てにより裁判所が定める額を支払わなければならない（会社法455条2項）。

(3) 例　外

　会社が，会計監査人設置会社かつ監査役会設置会社で，取締役の任期を1年以内と定めているか，または委員会設置会社であるときは，定款で定めることにより，剰余金の配当を，株主総会ではなく，取締役会の権限とすることができる（会社法459条1項4号。なお会社法施行規則126条10号参照。既存の委員会等設置会社には459条に関する定款の定めがあるものとみなされる。整備法57条）。剰余金の配当が現物配当で，かつ株主に金銭分配請求権を与えないこととする場合は除かれる。この場合には，株主にとって好ましくない財産が交付されることがありうるから，株主総会の特別決議が必要であるからである。なお取締役の任期を1年以内とする要件は，取締役会の権限が大きいものとなるため，株主の信任を問う機会を設けることが適当であるからである。

　当該定款の定めは，最終事業年度に係る計算書類が法令および定款に従い会社の財産および損益の状況を正しく表示しているものとして法務省令で定める要件に該当する場合に限り，その効力を有する（会社法459条2項）。この要件は，各事業年度ごとに判断され，要件を満たさないと，株主総会の決議が必要となる。

　法務省で定める要件とは，①会計監査報告における会計監査人の意見が無限定適正意見であって，且つ，②会計監査報告に係る監査役会または監査委員会の監査報告の内容として会計監査人の監査の方法または結果を相当でないと認める意見がなく，③監査役会設置会社の監査役監査報告に付記された監査役の監査報告または監査委員会の監査報告に付記された監査委員の意見に，会計監査人の監査の方法または結果を相当でないと認める意見がなく，④監査期間の満了により，監査役・監査委員会の監査を受けたものとみなされたものでないことである（会社計算規則183条）。

　以上のような取締役会への権限移動は，同じ要件のもとで，(a)特定株主からの場合を除く自己株式の有償取得，(b)欠損てん補のための準備金の額の減少，(c)財産流出を伴わない剰余金の処分にも認められる（会社法459条1項1号から3号まで）。(a)の場合に，特定株主からの有償取得が除かれるのは，株

179

主平等との関係で，株主総会の特別決議が要求されているからである（会社法309条2項2号）。(b)の場合には，欠損の額を超えない（分配可能額がプラスとならない。会社計算規則179条）範囲で準備金の額を減少する場合に限られる。欠損の範囲をこえると，株主総会の決議（普通決議）および債権者保護手続を取る必要があるからである。

当該定款の定めは，株主総会の権限を制限するものではないで，株主総会で剰余金の配当を決めることも可能である（会社法459条3項参照）。株主総会の権限を定款で奪うことも可能である（会社法460条1項。このような定款の定めは剰余金配当に関する株主提案権を排除する効果を有する）。この定款の定めも，最終事業年度に係る計算書類が法令および定款に従い会社の財産および損益の状況を正しく表示しているものとして法務省令で定める要件（会社計算規則183条）に該当する場合に限り，その効力を有する（会社法460条2項）。

(4) 中間配当

(3)のような定款を設けていない会社であっても，取締役会設置会社は，1事業年度（改正前商法では事業年度を1年とする会社に限定されていたが，会社法ではこのような制限はなくなっている）の途中に1回に限り，取締役会決議によって剰余金の配当（金銭配当に限る）を行うことができる旨を定款で定めることができる（会社法454条5項）。

第3節　違法な剰余金の配当の責任

1　違法な剰余金の配当の効力

分配可能額規制に違反して分配可能額がないのに（または分配可能額を超えて）剰余金分配をしたときの効力については，有効説と無効説とが対立している[11]。ちなみに従来，このような配当を俗に「たこ配当」と呼んでいた。法令または定款違反の剰余金の配当は犯罪である（会社法963条5項2号）。

2　違法な剰余金分配の返還

①金銭等の交付を受けた株主は，分配可能額を超えたことについて善意・悪意を問わず，支払い義務を負う（会社法462条1項）。無過失責任である（会社法462条2項対照）。しかし，違法配当であることにつき善意の株主は，交付を受

けた金銭等について，支払義務を履行した業務執行者等からの求償に応ずる義務がない（会社法463条1項）。これは，自ら違法行為をなした業務執行者等が善意の

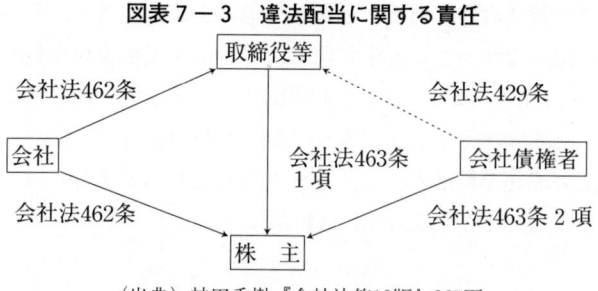

図表7－3　違法配当に関する責任

会社 ─会社法462条─ 取締役等 ─会社法429条─ 会社債権者
会社 ─会社法462条─ 株主 ←会社法463条1項─ 取締役等
株主 ─会社法463条2項─ 会社債権者

（出典）神田秀樹『会社法第10版』267頁

株主に対して求償することは不当であることに鑑みた一種の制裁と解することができる。

②会社債権者は，違法な剰余金の分配により損害を受けるときには，任務を懈怠した役員等に対し損害賠償責任を追求することができるが（会社法429条1項），支払い義務を負う株主に対し，その債権者が会社に対して有する債権額の範囲内で，違法配当額を債権者自身に支払うよう請求することもできる（会社法463条2項）。これは，民法上の債権者代位権（民法423条）の特則（すなわち，債務者の無資力要件や期限前代位をする場合における裁判上の代位（非訟事件手続法72条）を要しない）として位置づけることができる。この場合の債権者は，違法配当当時の債権者である必要はなく，債権の履行期が到来していなくてもかまわない。もっとも，債権者は，自己の債権の弁済期が到来していなければ，自己の債権の満足にあてることができない（民法505条1項）。

3　違法な剰余金配当の責任

1で述べたように，株主は会社に対し返還義務を負うが，多数の株主に返還させることは実際上困難であることから，会社法は，①業務執行者（業務執行取締役〔委員会設置会社では執行役〕その他当該業務取締役の行う業務の執行に職務上関与した者として法務省令で定める者。会社計算規則187条）および②株主総会や取締役会に剰余金分配議案を提案した取締役等に対して（会社計算規則188条・189条），連帯して，交付をした金銭等の帳簿価額に相当する金銭を会社に支払う義務を負わせている（会社法462条1項）。この義務（責任）は株主代表訴訟の対象となる（会社法847条）。

当該義務は，任務懈怠責任とは異なる，資本充実の必要性より課せられた法

定の特別責任である。しかし，①および②の者は，その職務を行うにつき注意を怠らなかったことを証明したときは，支払義務を負わない（会社法462条2項。過失責任）。また，①および②の者の負う義務（責任）は，会社債権者保護のため，免除することができないが（会社法462条3項本文），各行為の時における分配可能額を限度として，総株主の同意がある場合には，免除することが可能である（会社法462条3項ただし書）。

4 欠損てん補責任

株式会社が，図表7－1に掲げる行為を，前営業年度中（平成17年改正前商210ノ2・293ノ5参照）ではなくて，前期の計算書類の承認時から当期の計算書類の承認時までに行い，予測を誤り，当期の計算書類の確定時に分配可能額がマイナスとなったときは，当該行為に関する職務を行った業務執行者は，その職務を行うについて注意を怠らなかったことを証明しない限り，当該株式会社に対し，連帯して，分配可能額のマイナス額と株主に払戻しをした額とのいずれか小さい額を支払う義務を負う（会社法465条1項本文）。ただし，①定時株主総会（会社法459条1項の適用がある場合には，436条3項の取締役会）の決議に基づく剰余金の配当は，正規の決算手続に基づくものであるので，てん補責任の対象とならないし（会社法465条1項10号イ），②資本金の額または準備金の額の減少に併せた剰余金の配当も，資本金の額または準備金の額の減少手続の段階で債権者保護手続が採られているので，資本金の額または準備金の額の減少額以下で配当が行われる限り，てん補責任の対象から除外される（会社法465条1項10号ロハ）。この支払義務は，株主に対して負うべき責任であるので，総株主の同意により，免除することができる（会社法465条2項）。

[注]
（1） 剰余金配当金支払請求権の消滅時効期間は，商行為によって生じたものではないので，10年であり（民法167条1項），遅延損害金の法定利率は年5分である（民法419条1項・404条。東京地判昭58・8・23判時1114号102頁〔オリエンタルモーター事件〕）。しかし，10年は長すぎるので，多くの会社では，定款で，一定期間（3年）内に配当金を受け取らないと，会社は支払義務を免れると定めている。このような除斥期間の定めも，不当に短いものでない限り有効である（大判昭和2・8・3民集6巻10号484頁〔日露漁業事件〕）。

第 3 節　違法な剰余金の配当の責任

(2)　剰余金分配規制は，株主よりも弁済順位が優先する会社債権者に一定額の財産を残す趣旨の規制であるから，資本の額と会社財産の額との関係が切れているわが国では，端的に，純資産額が300万円を下回る場合には，剰余金があっても分配することができないとする方が合理的であること（法務省民事局参事官室・商事法務1678号46頁）および新事業創出促進法は，確認有限会社の利益配当の際に300万円に最低資本金の役割を負わせている（10条の12第4項）ので，新会社法もこれに倣ったこと（江頭・商事法務1726号23頁）により，会社法で新しく導入された制限である。

(3)　四半期配当が行われるようになって来ている。ちなみに，金融商品取引法は，平成20年4月1日以後開始される事業年度から，上場会社等に対し四半期報告書の提出を義務付け（同法24条の4の7第1項），有価証券報告書を提出しなければならない会社であって，上場会社等以外の会社は，四半期報告書を任意に提出することができるとしている（同2項）。これらの会社は，四半期報告書の記載内容が金融商品取引法令に基づき適正であることを確認した旨を記載した確認書の提出義務も負う（同法24条の4の8）。そのため，企業会計審議会より「四半期レビュー基準の設定に関する意見書」（平成19年3月27日）が公表されている。

(4)　郡谷大輔「会社法施行規則（計算関係）及び会社計算規則」税経通信2006年4月臨時増刊号，43頁。

(5)　実務では，①株主があらかじめ指定した銀行等の口座に振り込み，同時に株主宛に配当金振込通知書を送付するか，その指定がなされていなければ，②会社が株主に送付した郵便振替支払通知書により郵便局の窓口（どの郵便局でもよい）で支払を受けるか，③会社が株主宛に配当金領収証（法的性質は免責証券。通説）を送り，株主はそこに記載された銀行からそれと引き替えに支払を受けるかのいずれかの方法によっている。

(6)　株式会社の剰余金の額（会社法446条）は，$\alpha = A + B - C$ で表すことができる。$\alpha =$ ｛(期末日における資産の額＋自己株式の帳簿価額の合計額）－（期末日における負債の額＋資本金の額＋準備金の額＋法務省令で定める各勘定科目に計上した額の合計額（＝①期末日における資産の額＋自己株式の帳簿価額の合計額－（②期末日における負債の額＋資本金の額＋準備金の額＋③その他資本剰余金の額＋④その他利益剰余金の額））（会社法446条1号。会社計算規則177条1号ないし4号））｝（＝A）＋｜(a) 期末日後に自己株式の処分をした場合における処分差額）＋（c 1）期末日後に資本金の額の減少をした場合における当該減少額）＋（c 2）期末日後に準備金の額の減少をした場合における当該減少額）｝（＝B）－｛(b) 期末日後に自己株式を消却をした場合における当該自己株式の帳簿価額）＋（c 3）期末日後に剰余金の配当をした場合における配当財産の帳簿価額の総額＋金銭分配請求権を行使した株主に交付した金銭の額の合計額＋基準未満株式の株主に支払った金銭の額の合計額）＋法務省令で定める各勘定科

第 7 章　剰余金の配当

目に計上した額の合計額（＝（（c 4）期末日後に剰余金の額を減少して資本金の額または準備金の額を増加した場合における当該減少額）＋（（c 5）期末日後に剰余金の配当をした場合に，剰余金の配当の額の10分の 1 の準備金の積立てを行う場合［会社法445条 4 項参照］には当該額。会社計算規則46条 1 号ロ・ 2 号ロ）＋（（d 1）期末日後に，株式会社が吸収型再編受入行為［吸収合併，吸収分割または株式交換。会社計算規則 2 条 3 項33号)］をしたときの自己株式の処分の対価の額から当該自己株式の帳簿価額を控除して得た額）＋（（d 2）期末日後に株式会社が吸収型再編受入行為をしたときの資本剰余金または利益剰余金を減じて得た剰余金の増加額＋最終事業年度の末日後に不公正発行に伴う責任（会社法52条 1 項・212条 1 項・285条 1 項）の履行により増加したその他資本剰余金の額（会社法446条 7 号，会社計算規則178条 1 項 1 号ないし 5 号)]｝（＝Ｃ）。

　会社法がこのような複雑な規定の仕方をしたのは，従来の伝統的な配当可能利益に対する考え方を尊重しようという法制的な理由からのものである（郡谷大輔「会社法施行規則（計算関係）及び会社計算規則」税経通信2006年 4 月臨時増刊，87頁等）。Aでは，数値は相殺されているので，結局は，Ａ＝その他資本剰余金＋その他利益剰余金となる（神田秀樹『会社法〈第10版〉』265頁（弘文堂，2008年）は，このような規定の仕方をした理由を，立法時に会計処理が未定であったという事情に求める。郡谷大輔・和久友子・小松岳志『会社計算規則逐条解説』（税務研究会出版局，2007年）466頁は，Aの式は，分配規制の趣旨である，株主と債権者との利害調整という役割に着目しつつ，将来の会計基準等の変更に対しても柔軟に適正な対応（むしろ，会社法としては対応しないという対応）をすることを可能とするためであると説明している）。なお最終事業年度のない会社の剰余金額については，成立の日における貸借対照表が，最終事業年度の末日の貸借対照表に相当するものとして計算する（会社計算規則178条 2 項）。

（7）　特定募集とは，全部取得条項付種類株式を会社が取得するのと同時に，その取得した自己株式の引受人を募集し，当該引受人が出資した財産を，全部取得条項付種類株式の取得対価として交付する行為である（会社計算規則187条 5 号）。したがって全部取得条項付種類株式は会社を通過するだけで，会社からの実質的な財産流出はない。

（8）　のれん等調整額とは，資産の部に計上したのれんの 2 分の 1 と繰延資産の合計額である（会社計算規則186条 1 号）。のれんは，企業結合に際して生じた対価の価額と識別可能な財産の価額との差額であるから，それ単独では換価可能性がないが，将来の収益によって回収可能なものも含まれている可能性がある。そこでその 2 分の 1 を資産として扱うが，繰延資産は，資産とは言っても費用の繰延であるので，資産性は否定される。

（9）　連結配当規制適用会社には，以下の特則が適用される。①連結配当規制適用会社が債務超過子会社を吸収合併する場合や子会社の債務超過部門を承継する吸収分割をする場合には，親会社における分配可能額に子会社の有する損失

がすでに反映されているといえるので，株主総会の決議を要しない（会社法施行規則195条3項・4項）。②連結配当規制適用会社の株式を子会社が保有している場合であっても，親会社における分配可能額に適切に反映されているので，子会社は他の子会社から親会社株式を譲り受けることができる（会社施行規則23条12号）。

(10) 自己株式の処分によって，分配可能額は，処分対価相当額だけ増加することになるが，これをそのまま分配可能額に算入すると，例えば，取得した財産が不当に高く評価された場合には，分配可能額が不当に多くなるという問題があるので，自己株式の対価額については，通常の決算か，臨時決算を経ない限り，分配可能額に組み入れないこととされており（会社法461条2項4号），不公正発行の責任が履行された場合も同様であると説明されている。相澤哲・郡谷大輔「分配可能額」相澤哲編著『立法担当者による新会社法関係法務省令の解説』別冊商事法務 No. 300, 127頁・130頁。

(11) 有効説として相澤哲・葉玉匡美・郡谷大輔『論点解説新・会社法』（商事法務，2006年）517頁等。無効説として神田秀樹『会社法〈第10版〉』（弘文堂，2007年）265頁，弥永真生『リーガルマインド会社法第11版』（有斐閣，2007年）480頁等。

設問

Q 1 現物配当の際の会計処理を述べなさい。

Q 2 業務執行者が反対株主の株式買取請求に応じて株主に支払った額が分配可能額を超えた場合の業務執行者の責任を述べよ。

Q 3 決算期後，剰余金の配当を決議する株主総会または取締役会までの間に，会社が自己株式を取得し，または処分した場合，分配可能額はどのような影響を受けるか。

Q 4 会社法459条に基づき，定款で取締役会の決議により定めることができるとすることができる事項にはどのようなものがあるか述べなさい。

Q 5 定時株主総会で剰余金の配当の決定を行う場合以外に剰余金の配当を行うことができる場合を挙げ，その場合と業務執行者の欠損てん補責任の関係を論じなさい。

第8章　資本金・準備金・剰余金の額の変動

第1節　株式会社の株主資本

　株式会社の資本金の額は，会社法に別段の定めがある場合を除き，設立または株式の発行に際して株主となる者がその会社に対して払込みまたは給付をした財産の額である（会社法445条1項）。払込みまたは給付に係る額の2分の1を超えない額は，資本金として計上しないで（会社法445条2項），資本準備金として計上することができる（会社法445条3項。なお会社法976条25号参照）。なお，合併，吸収分割，新設分割，株式交換または株式移転に際して資本金または準備金として計上すべき額については，法務省令で定めており（会社法445条5項，会社計算規則36条2項10号から15号まで・76条から83条まで），このような制限はない。このような制限があると，組織再編後に分配可能額が減少し剰余金の配当等がしにくくなる場合があるからである。組織再編に際しての資本金または準備金の額については第9章で説明する。

　資本金の額および準備金の額は，計算上の数額であって，刻々変動する会社財産とは異なっている。会社法は授権資本制度[1]を採用しているので，資本金の額は定款の記載・記録事項ではないが（会社法27条。なお会社法576条1項参照），株式会社は間接有限責任社員のみで構成されているので，資本金の額は，会社債権者にとって重要な情報であるので，登記事項である（会社法911条3項5号。なお会社法914条5号参照）。これに対し，準備金は登記事項ではない。資本金の額と株式との関係は切り離されている。

1　資本金の額
(1)　株式会社設立時
　株式会社の設立の場合，①払込みを受けた金銭の金額（外国通貨をもって金銭の払込みを受けた場合にあっては，払込みがあった日の為替相場に基づき算出され

た金額），②給付を受けた現物出資の価額および③払込みまたは給付を受けた財産（当該財産の会社における帳簿価額として，その財産の払込みまたは給付をした者におけるその払込みまたは給付の直前の帳簿価額を付すべき場合における当該財産に限る）の払込みまたは給付をした者におけるその払込みまたは給付（共通支配下の取引に当たる現物出資等）の直前の帳簿価額の合計額の3つの合計額から設立に要した費用の額を減じて得た額[2]が，設立の際の資本金または資本準備金の額となる（会社計算規則74条1項）。

控除後の金額がマイナスとなる場合には，資本金または資本準備金の計上額は零となり，控除しきれなかったマイナス額はその他利益剰余金のマイナスとする（会社計算規則74条4項）。定款で定めた現物出資の価額と（会社法28条1項），現物出資の結果帳簿に付すべき価額は異なる場合がありうる（会社計算規則74条5項）。前者の価額は，出資者と会社とが合意した金額で，他の出資者との公平を図るための金額であり，時価以下であれば十分であるが，後者の金額は，取得原価基準（会社計算規則5条1項，企業会計原則第三の五）の下で適切な額でなければならないからである。これは会社計算規則37条5項と同趣旨の規定である。

(2) 株式会社成立後

株式会社の成立後に行う株式の交付（組織再編の場合を除く）による株式会社の株主資本の変動については，会社計算規則36条2項が網羅的に規定している（36条1項は，株主が払込みまたは給付した財産の額を「資本金等増加限度額」と定義している。募集株式の払込金額（会社法199条1項2号）と混同しないこと）。会社法は新株の発行に自己株式の処分を含めているので（会社法199条1項），会社計算規則36条2項は，株式の交付を，新株の発行と自己株式の処分の双方がありうる場合（以下に述べる①から⑦までのケース）と自己株式の処分のみが行われる場合（⑧⑨のケース）とに分けている（会社計算規則36条2項）。

①募集株式を引き受ける者の募集を行う場合には（会社法第2編第2章第8節），払込みを受けた金銭の金額（外国通貨をもって金銭の払込みを受けた場合には，払込期日〔払込期間を定めた場合には，払込みを受けた日〕の為替相場に基づき算出された金額），給付を受けた現物出資の価額[3]および払込みまたは給付を受けた財産（当該財産の会社における帳簿価額として，その財産の払込みまたは給付をした者におけるその払込みまたは給付の直前の帳簿価額を付すべき場合における

第 1 節　株式会社の株主資本

当該財産に限る）の払込みまたは給付をした者におけるその払込みまたは給付の直前の帳簿価額の合計額の 3 つの合計額（募集株式を引き受ける者の募集に際して発行する株式または処分する株式が株式等交付請求権の行使によって発行または処分をする株式であるときには，株式等交付請求権の行使時における帳簿価額の合計額を加算する。会社計算規則87条 9 項。株式等交付請求権とは，新株予約権以外の権利であって，会社に対して行使することにより会社の株式を受けることができる権利をいう。会社計算規則87条 8 項）から新株発行費用を減じて得た額(2)に，株式発行割合（当該募集に際して発行する株式の数をその数および処分する自己株式の数の合計額で除して得た割合）を乗じて得た額から，処分した自己株式に自己株式処分差損があるときは，それを減じて得た額が零以上であれば，その額が，資本金等増加限度額となる（会社計算規則37条 1 項。マイナスであれば，限度額は零である）。自己株式処分差損があるときは，それを減ずるのは，その他資本剰余金を減額しながら，資本金等を増加させる処理が行われるのを阻止するためである(4)。自己株式処分差益があるときは，その他資本剰余金を増額する（会社計算規則37条 2 項 1 号。なお自己株式及び準備金の額の減少等に関する会計基準第 9 項参照）。

②取得請求権付株式（会社法108条 2 項 5 号ロ）の取得，③取得条項付株式（会社法108条 2 項 6 号ロ）の取得または④全部取得条項付種類株式（会社法108条 2 項 7 号）の取得の場合には，実質的な出資がないので，資本金等の額は増えない（会社計算規則38条 1 項 1 号から 3 号まで）。⑤株式無償割当ての場合（会社法185条）も資本金等の額は増えず（会社計算規則39条 1 項），株式無償割当てに際して自己株式を処分した場合には，当該自己株式の帳簿価額がその他資本剰余金から減額される（会社計算規則39条 2 項）。

⑥新株予約権の行使があって株式を交付した場合には（会社法282条参照），資本金等増加限度額は，行使時に新株予約権に付されている帳簿価額が加えられるほかは，①と同様の処理となる（会社計算規則40条 1 項）。

⑦取得条項付新株予約権の取得と引換えに会社の株式をする場合には（会社法236条 1 項 7 号ニ），資本金等増加限度額の基礎として，取得時の新株予約権（新株予約権付社債に付されたものである場合には，社債を含む）の価額が加えられるだけで，その他の事項は①と同様の処理となる（会社計算規則41条）。

⑧単元未満株式売渡請求に応じた場合には（会社法194条），資本金等増加限

度額は，株式が発行されない限り，零である（会社計算規則42条1項）。単元未満株式売渡請求に係る代金の額だけ，その他資本剰余金の額が増加し，その単元未満株式売渡請求に応じて処分する自己株式の帳簿価額だけ，その他資本剰余金の額が減少する（会社計算規則42条2項）。

⑨会社法462条1項は，主として自己株式の有償取得が分配可能額を超えてなされた場合の譲渡人・業務執行者等の責任を規定しているが，この責任を履行する株主（株主と連帯して義務を負う者を含む）に対して，その株主から取得した株式に相当する株式を会社が交付すべき場合にも，会社財産は増加するわけではないので，資本金等増加限度額は零である（会社計算規則43条1項）。もっとも，株主（株主と連帯して義務を負う者を含む）が株式会社に対して支払った金銭の額だけ，その他資本剰余金の額が増加し，交付に際して処分する自己株式の帳簿価額だけ，その他資本剰余金の額が減少する（会社計算規則43条2項）。

2　準備金の額
(1)　法定準備金

平成13（2001）年改正商法は，公開会社で多額の資本準備金が積み立てられていたことから，利益準備金の積立基準を資本準備金と併せて資本の4分の1に達するまでと改め（平成17年改正前商法288条），それに伴い法定準備金の取崩し順序に関する規定（平成17年改正前商法289条2項）も廃止した。その結果，利益準備金はその積み立てるべき機会の点を除けば，資本準備金とその商法上の取扱いにつき異なるところがなくなったので，会社法は，利益準備金と資本準備金とを「準備金」と総称している（会社法445条4項）。これらは法律が積立てを強制しているという意味で，法定準備金とも言われる。これに対立する概念は，積み立てるか否かを会社の判断に委ねている任意準備金である。

企業会計原則によると，資本剰余金は，資本取引から生じた剰余金であり，利益剰余金は損益取引から生じた剰余金，すなわち利益の留保額であるから，両者が混同されると，企業の財政状態および経営成績が適正に示されないことになる（企業会計原則註解注2）。これを資本取引損益取引区分の原則という（企業会計原則第一の三）。会社計算規則は，この原則を受けて，資本剰余金を資本準備金およびその他資本剰余金に分類し（会社計算規則108条4項），利益剰

余金を利益準備金およびその他利益剰余金の項目に分類している（会社計算規則108条5項）。その他資本剰余金およびその他利益剰余金は，それぞれ適当な名称を付した項目に細分することができる（会社計算規則108条6項）。

(2) 資本剰余金

(イ) 資本準備金

資本準備金は，①設立または新株発行に際して株主となる者が株式会社に対し払込みまたは給付をした財産額の2分の1を超えない額で資本金の額に計上しなかった額（会社法445条2項・3項），②その他資本剰余金を原資とする剰余金の配当をする場合に積立が要求されている額（会社法445条4項，会社計算規則45条1項），③資本金または剰余金の額を減少して，資本準備金に組み入れた額（会社法447条1項2号・451条1項1号，会社計算規則49条1項），および④合併等の組織再編行為の際に生ずる合併差益等のうち，合併契約等により資本準備金とする旨を定めた額（会社計算規則58条1項2号ロ・59条1項2号ロ・63条1項2号ロ・64条4項2号・68条1項2号ロ・69条2号・76条1項2号・83条2号）より構成され，額に上限はない。

(ロ) その他資本剰余金

その他資本剰余金（会社計算規則108条4項2号）は，資本取引から生じた剰余金であって，会社法が定める資本準備金以外ものである。株主資本等変動計算書があるため，その他資本剰余金の内訳を定める意義は乏しいので，その他資本剰余金の内訳は定められていない（貸借対照表の純資産の部の表示に関する会計基準34項参照）。設立時のその他資本剰余金は零である（会社計算規則74条2項）。その他資本剰余金には，資本金および資本準備金の取崩しによって生じた剰余金（資本金及び資本準備金減少差益）や自己株式処分差益が含まれる。

(3) 利益剰余金

(イ) 利益準備金

会社法は，将来株式会社の経営が悪化した場合に取り崩して欠損の填補に当てること（会社法449条1項ただし書，会社計算規則179条）ができるよう，株式会社が剰余金の配当をする場合に，配当をする日における「準備金」の額が，基準資本金額（資本金の額に4分の1を乗じて得た額）未満であるときには，準備金計上限度額（基準資本金額から準備金の額を減じて得た額）か，配当額の10分の1の額のうちいずれか少ない額を，剰余金の配当がその他資本剰余金をもって

191

行うときは資本準備金に，その他利益剰余金をもって行う場合には利益準備金に，両方が混じっている場合にはその割合に応じて，それぞれ計上すべきものとしている（会社法445条4項，会社計算規則45条）。このうち「その他利益剰余金」をもって積み立てるのが利益準備金である。従って，設立時の株式会社の利益準備金の額はゼロである（会社計算規則74条3項）。平成17年改正前商法は，配当原資の如何を問わず利益準備金を計上すべきとしていたが（平成17年改正前商法288条），その他利益剰余金を原資に配当しているにもかかわらず，資本準備金が増加するという処理には違和感があるので，配当原資に応じて，準備金の計上を分離している。

(ロ)　その他利益剰余金

利益準備金以外の利益剰余金がその他利益剰余金である。その他利益剰余金のうち，任意積立金のように，株主総会または取締役会の決議に基づき設定される項目については，その内容を示す科目をもって表示し，それ以外については繰越利益剰余金にて表示する（貸借対照表の純資産の部の表示に関する会計基準6項(2)・35項参照）。

第2節　資本金の額・準備金の額・剰余金の額の減少

1　総　　説

資本金および準備金の額は固定した金額であるので，変動しないが，一定の手続を経ると，いつでも，資本金および準備金（ならびに剰余金）の計数を変動することができる（①資本金→準備金，②資本金→剰余金，③準備金→資本金，④準備金→剰余金，⑤剰余金→資本金，⑥剰余金→準備金）。これらの計数は，もっぱら配当拘束がかかるか否か（資本金・準備金と剰余金の違い）という点と，その額を減少させる場合の要件の違い（資本金と準備金の違い）の点のみであるからである。資本金の額の減少（減資）および準備金の額の減少は，社内に留保すべき拘束財産を小さくするので，原則として，株主総会決議（会社法447条・448条。なお金融商品取引法166条2項1号ロ・ハ参照）と会社債権者保護手続（会社法449条）が必要である[5]。一欄表に表せば図表8－1のようになる。

第2節　資本金の額・準備金の額・剰余金の額の減少

図表8－1　資本金・準備金・剰余金の増減

科目 (移動元)	移　動　先	会社内手続	債権者保護 手続の要否	根拠規定
資本金	資本準備金	総会／特別決議	要(449Ⅰ)	447Ⅰ・309Ⅱ⑨，計規48Ⅱ・49Ⅰ①
	その他の資本剰余金	総会／特別決議	要(449Ⅰ)	計規50Ⅰ①
	欠損のてん補	総会／特別決議	要(449Ⅰ)	447Ⅰ・309Ⅱ⑨
	定時総会における欠損額以下の減少	総会（普通決議）	要(449Ⅰ括弧書)	447Ⅰ・309Ⅱ⑨括弧書
	減資だが新株発行により資本金の額が減資の効力発生前の資本金の額を下回らない場合	取締役の決定／取締役会の決議	要(449Ⅰ)	447Ⅲ
資本準備金	資本金	総会／普通決議	不要(449Ⅰ括弧書)	448Ⅰ②・309Ⅰ，計規48Ⅰ①・49Ⅱ
	その他の資本剰余金	総会／普通決議	要(449Ⅰ)	448Ⅰ。計規49Ⅱ・50Ⅰ②
	欠損のてん補	総会／普通決議	要(449Ⅰ)	448Ⅰ・309Ⅰ
	定時総会における欠損額以下の減少	総会（普通決議）	不要(449Ⅰ但書)	448Ⅰ・309Ⅰ
		取締役会（剰余金の配当を取締役会が決定する旨の定款の定めがある委員会設置会社・会計監査人設置会社である監査役会設置会社）	不要(449Ⅰ②)	459Ⅰ②
	準備金の額の減少だが新株発行により準備金の額が下回らない場合	取締役の決定／取締役会の決議	要(449Ⅰ)	448Ⅲ
利益準備金	(資本金)	－	－	計規48Ⅰ①で禁止
	その他の利益剰余金	総会／普通決議	要(449Ⅰ)	448Ⅰ①，計規51Ⅱ・52Ⅰ①
	欠損のてん補	総会／普通決議	要(449Ⅰ)	448Ⅰ・309Ⅰ
	定時総会における欠損額以下の減少	総会（普通決議）	不要(449Ⅰ但書)	448Ⅰ・309Ⅰ
		取締役会（剰余金の配当を取締役会が決定する旨の定款の定めがある委員会設置会社・会計監査人設置会社である監査役会設置会社）	要(449Ⅰ②)	459Ⅰ②
	準備金の額の減少だが新株発行により準備金の額が下回らない場合	取締役の決定／取締役会の決議	要(449Ⅰ)	448Ⅲ

第8章 資本金・準備金・剰余金の額の変動

その他資本剰余金	資本金	総会/普通決議	不要	450ⅠⅡ・309Ⅰ。計規48Ⅰ②・50Ⅱ①
	資本準備金	総会/普通決議	不要	451ⅠⅡ・309Ⅰ，計規49Ⅰ②・50Ⅱ②
	未処分損失（利益剰余金のマイナス部分）への計上	総会/普通決議	不要(459Ⅰ③)	452・計規50Ⅱ③・52Ⅰ③
その他利益剰余金	（資本金）	―	―	計規48Ⅰ②で禁止
	利益準備金	総会/普通決議	不要	451ⅠⅡ・309Ⅰ。計規51Ⅰ
	利益のその他の処分（損失の処理や任意積立金の積立など）	総会/普通決議	不要	459Ⅰ③
		取締役会（取締役会が決定する旨の定款の定めがある会社）		

2 資本金・準備金の額の減少

(1) 資本金の額の減少

　資本金の額の減少は，会社の基礎的変更に当たるので，これをするには，株主総会の特別決議（会社法309条2項9号）により，①減少する資本金の額，②減少する資本金の額の全部または一部を準備金とするときは，その旨および準備金とする額（会社計算規則49条1項1号参照），③資本金の額の減少の効力発生日を定めなければならない（会社法447条1項）。①の額は，③の「効力発生日における」資本金の額を超えてはならない（会社法447条2項）。これは，資本金の額にはマイナスとならない限度で下限はなく，零でもかまわないことおよび資本金の額の減少は，減少決議時の資本金の額ではなくて，効力発生日における資本金の額を基準とすることを意味している。②の資本金の準備金への組み入れは，行うニーズが乏しいとの理由から改正前商法では認められていなかったが，会社法は，とくに禁ずる必要もないことから，これを許容している。

　上記株主総会の決議は，①定時総会で行われる場合で，かつ，減少する資本金の額が定時株主総会の日（計算書類を取締役会で確定する場合は取締役会の承認があった日）における欠損の額として法務省令で定める方法により算定される額（会社法施行規則68条）を超えない場合には，普通決議でよい（会社法309条2項9号括弧書）。これは，資本金の額の減少は，分配可能額を増加させるので，株主にとって利益となる行為であるとともに，この場合には株主に対する払戻

第2節 資本金の額・準備金の額・剰余金の額の減少

もないからである（平成17年改正前商法283条１項参照）。また，②株式の発行と同時に資本金の額を減少する場合において，当該株式の発行により増加する資本金の額の範囲内で資本金の額を減少させる場合には，実質的には，株式の発行により増加する払込資本の内訳を変更しているにすぎないので，株主総会決議は不要で，取締役の決定（取締役会設置会社では取締役会の決議）で行うことができる（会社法447条３項。なお平成17年改正前産業再生12条の11第１項参照）。これは，実質的には会社法445条１項および２項の規制を緩和している。

　減少した額は，分配可能額とすることも（会社法446条３号・461条２項１号・465条１項10号ロ），資本準備金に計上することもできるが（会社法447条１項２号），資本準備金としない額は，欠損があればその塡補に充当し，欠損がなければその他資本剰余金に計上する（会社計算規則50条１項１号。なお自己株式及び準備金の額の減少等に関する会計基準20・59項参照）。

(2)　準備金の額の減少

(イ)　準備金の額の減少は，株主総会の普通決議（会社法309条１項）により，①減少する準備金の額，②減少する準備金の額（資本準備金に限る）の全部または一部を資本金とするときは，その旨および資本金とする額，および③準備金の額の減少の効力発生日を定めて行うのが原則である（会社法448条１項。なお会社法976条25号参照）。①の額は，減少の「効力発生日における」準備金の額を超えてはならない（会社法448条２項）。資本準備金と利益準備金のどちらを先に減少するかは，会社の選択に委ねられている。定時総会の決議である必要はないが，定時総会で決議するときには，後述するように，債権者保護手続が不要となる場合がある（会社法449条１項但書）。

　資本準備金の減少によって生じた剰余金は，減額前に持っていた資本性剰余金の性質を有しているので，資本金に計上（会社計算規則48条１項１号）しないときには，減少の法的効力が発生したときに，その他資本剰余金に計上し（自己株式及び準備金の額の減少等に関する会計基準20項），利益準備金の減少によって生じた剰余金は，減額前に持っていた利益留保性の剰余金の性質を有しているので，その他利益剰余金に計上する（会社計算規則52条１項１号。なお自己株式及び準備金の額の減少等に関する会計基準21項参照）。会社計算規則は，平成17年改正前商法と異なり，拘束の厳しい項目から拘束の緩い項目への計数の変更の場合（資本金または準備金の減少）だけでなく，拘束の緩い項目から拘束の厳

しい項目への計数の変動（利益の資本組入れなど）にも，資本取引と損益取引の区別の原則を貫いているので，利益準備金を減少して資本金の額を増加することはできない（会社計算規則48条1項1号。会社計算規則50条2項1号に相当する規定が52条2項にない）(6)。

(ロ) 定時株主総会の日における欠損の額として法務省令で定める方法（会社計算規則179条）により算定される額を超えない場合において，減少する準備金の額および準備金の額の減少の効力発生日を取締役会（会社法436条3項の取締役会）で定めることができる旨の定款の定めがある会計監査人設置会社（取締役の任期の末日が選任後1年以内に終了する事業年度のうち最終のものに関する定時株主総会の終結の日後の日であるものおよび監査役設置会社であって監査役会設置会社でないものを除く）は，最終事業年度に係る計算書類が法令および定款に従い会社の財産および損益の状況を正しく表示しているものとして法務省令で定める要件（会社計算規則183条）に該当する場合に限り，取締役会の決議で行うことができる（会社法459条1項2号・2項）。

(ハ) 会社が株式の発行と同時に準備金の額を減少する場合において，準備金の額の減少の効力発生日後の準備金の額が当該日前の準備金の額を下回らないときには，資本金の場合と同様に（会社法447条3項），株主総会の決議を要せずに，取締役の決定（取締役会設置会社にあっては取締役会の決議）により，準備金の額の減少を行うことができる（会社法448条3項）。

(3) 会社債権者保護手続

資本金または準備金の額の減少は，会社債権者の利益に重大な影響を及ぼすので，大陸法系の規則と同様に，これをするには債権者保護手続（債権者異議手続ともいう）をとらなければならない。ただし，①減少する準備金の額の全部を資本金とする場合（会社法449条1項括弧書），および，②準備金のみを減少する場合であって，かつ，定時株主総会で決議し，上記の減少額が定時株主総会の日（計算書類を取締役会で確定する場合は取締役会の承認があった日。会社法436条3項）における欠損の額として法務省令で定める方法により算定される額（零か零から分配可能額を減じて得た額のいずれか大きい額。会社計算規則179条）を超えない場合（すなわち，分配可能額がマイナスとなっている場合に，当該マイナス相当額以下の額を減少する場合）には，債権者保護手続を要しない（会社法449条1項ただし書。資本金の額を減少する場合には債権者保護手続が免除されて

第2節　資本金の額・準備金の額・剰余金の額の減少

Coffee break　監査の話Ⅷ

公認会計士・監査審査会　2003年（平成15年）5月，公認会計士法が改正され，2004年（平成16年）4月に，同法により「公認会計士・監査審査会」が設立された。

設立の背景には，経済活動の多岐化，国際化に対応した監査と会計の専門家の確保，市場の公正性，透明性による投資家からの信頼回復，公認会計士制度に対する国際的な信認の確保があった。

その組織は，会長および9人以内の委員で組織される合議制の行政機関である。会長および委員は，識見者のうちから衆参両議院の同意を得て，内閣総理大臣が任命する。事務局（定員51名）の設置があり，事務局長のもと，総務試験室（12名）と審査検査室（39名）がある。

「公認会計士・監査審査会」は，金融庁に置かれるが，次のような活動をしている。
1. 公認会計士等に対する懲戒処分ならびに監査法人に対する処分に関する事項を調査審議する。たとえば，カネボウの有価証券報告書虚偽記載による監査法人の一時業務停止，公認会計士の登録抹消・業務停止があった。
2. 日本公認会計士協会が作成した「品質管理レビュー」に関する審査をし，必要に応じて立入検査をしている。なお，「品質管理レビュー」とは，日本公認会計士協会が監査に対する社会的信頼を維持，確保するため，公認会計士または監査法人が行う監査の品質管理状況をレビューする制度である。

各監査事務所に対しても，監査の品質管理の方針と手続の整備および運用状況を審査する。
3. 審査結果に基づき，行政処分その他の措置について内閣総理大臣に勧告すること。
4. 公認会計士試験を行うこと。

いない点に注意すること）。

債権者が異議を述べることができる場合には，会社は，①資本金等の額の減少の内容，②会社の計算書類に関する事項として法務省令で定めるもの（会社計算規則180条），③債権者が一定の期間（1箇月以上）内に異議を述べることができる旨を官報で公告し，かつ，知れている債権者（社債管理者がある場合にあっては，当該社債管理者を含む)(7)には，各別にこれを催告しなければならない（会社法449条2項・740条3項。なお会社法976条26号，商業登記法70条参照）。た

だし，その公告を，官報に加えて日刊新聞紙または電子公告でするときは，各別の催告は不要である（会社法449条3項）。

債権者が期間内に異議を述べなかったときは，その債権者は，資本金等の額の減少について承認をしたものとみなされる（会社法449条4項）。社債権者が異議を述べるには，社債権者集会の決議によることが必要である。そこで，裁判所は，利害関係人の申立てにより，社債権者のために異議を述べることができる期間を伸長することができる（会社法740条1項）。もっとも，契約に別段の定めがなければ，社債管理者は，社債権者のために，異議を述べることができる（会社法740条2項）。

債権者が期間内に異議を述べたときは，会社は，その債権者に対し，①弁済し，②相当の担保を提供し，③その債権者に弁済を受けさせることを目的とする信託会社・信託兼営金融機関への相当の財産の信託のいずれかをしなければならないが，資本金等の額の減少をしても当該債権者を害するおそれがない場合は（会社にその立証責任がある），その措置は不要である（会社法449条5項。なお商業登記法70条参照）。

(4) 減少の効力発生日および登記

資本金の額または準備金の額の減少は，株主総会等で定めた効力発生日（会社法447条1項3号・448条1項3号）に効力が生ずるが，会社債権者保護手続が終了していないときは，同手続が終了した時点に効力が生ずる（会社法449条6項）。そこで，効力発生日より前に手続が終了しないような場合には，会社は，いつでも効力発生日を変更することができる（会社法449条7項）。効力発生日の変更の決定機関については定めがないので，株主総会や取締役会の決議によらず，業務執行をする者が変更を行うことも可能（取締役会においては，この点に関する取締役会の決議による包括的な委任が必要となる）と解されている[8]。

資本金の額の減少は，登記事項の変更であるから（会社法911条3項5号），その効力発生後2週間以内に本店の所在地において登記しなければならならない（会社法915条1項。なお商業登記法70条参照）。変更登記は，資本金等の減少の効力とは無関係である（最判昭42・2・17判時481号124頁）。資本金減少の効力が発生する時点までは，株主総会の特別決議で資本金減少を撤回することは認められる（大判昭5・7・17民集9巻868頁）。

(5) 資本金の額減少無効の訴え

資本金の額の減少の手続に瑕疵がある場合（株主総会決議に無効原因・取消原因があるとか，債権者保護手続が履行されていないなど）には，資本金の額の減少無効の訴えをもってのみ（会社法828条1項5号），資本金の額の減少を無効とすることが認められる（形成訴訟）。提訴期間は資本金の額の減少の「効力発生日」と外形上認められる日（債権者保護手続が行われていない場合には，債権者との関係では，資本金の額の減少の登記日（会社法911条3項5号）(9)）から6箇月以内で（会社法828条1項5号），提訴権者（原告適格）は，会社の株主，取締役，執行役，監査役，清算人，破産管財人または資本金の額の減少を承認しなかった債権者（知れている債権者で必要な個別催告を受けなかった者を含む）である（会社法828条2項5号）。被告は会社である（会社法834条5号）。資本金の額の減少の無効の訴えは「会社の組織に関する訴え」に属しているので，請求認容判決が確定すると，資本金の額の減少は将来に向かってその効力を失う（会社法839条）。

これに対し準備金については無効の訴えの制度は存在していない。

3 その他の資本剰余金の額の減少

その他資本剰余金は，①株式の交付等に伴ってその他資本剰余金を減少する場合，②株式の無償割当ての際の自己株式の処分（会社計算規則39条2項），③剰余金の配当（会社計算規則46条1号），④自己株式の消却（会社計算規則47条3項），⑤吸収合併，吸収分割または株式交換に際してその他資本剰余金の額を減少する場合のほか，⑥資本金・資本準備金の積立て（会社計算規則50条2項1号・2号。会社法450条・451条）および⑦「その他資本剰余金の額を減少すべき場合」（会社計算規則50条2項3号）等において減少する。⑥の場合には，例外なく，株主総会（会社法450条2項・451条2項）の普通決議（会社法309条1項）が必要である。これは，株主に不利益な行為であるからであるが，債権者には有利なので，債権者保護手続は不要である。新株の発行の無効の訴えに係る請求を認容する判決が確定した場合，自己株式の処分の無効の訴えに係る請求を認容する判決が確定した場合，設立時発行株式または募集株式の引受けに係る意思表示その他の株式の発行または自己株式の処分に係る意思表示が無効とされ，または取り消された場合を，資本金・資本準備金の額が減少するものと解して

はならないとされているので（会社計算規則48条2項・49条2項2文），これらの場合には⑦に当たる。

4 その他利益剰余金の額の減少

その他利益剰余金の額は，①株式の交付等に伴ってその他利益剰余金の額を減少すべき場合（会社計算規則37条2項2号等），②剰余金の配当（会社計算規則46条2項），③合併，吸収分割または株式交換に際してその他利益剰余金の額を減少すべき場合，④利益準備金への積立て（会社法451条，会社計算規則52条2項1号），⑤当期純損失（会社計算規則52条2項2号）および⑥その他利益準備金の額を減少するべき場合（会社計算規則52条2項3号）に減少する。会社計算規則50条3項によるその他資本剰余金のマイナス部分の吸収（会社計算規則52条3項）は⑥に当たる。

5 剰余金の処分

株主総会の決議により，剰余金の処分，すなわち社外への財産流出を伴わない，剰余金内部の計数の変更を行うことができる（会社法452条）。具体的には任意積立金の積立て・取崩し，その他利益剰余金がマイナスである場合にその他資本剰余金で埋め合わせをすることなどである（会社計算規則181条1項参照）。もっとも，①法令・定款の規定により剰余金の項目に係る額の増加または減少をすべき場合（会社計算規則181条2項1号。税法上の圧縮積立金の積立てなど），②株主総会の決議によってある剰余金の項目に係る額を増加しまたは減少した場合に，その決議の定めに従って減少しまたは増加すべきときは，改めて決議を要しない（会社計算規則181条2項2号）。

会社が，会計監査人設置会社かつ監査役会設置会社で，取締役の任期が1年以内と定めているか，または委員会設置会社であるときは，定款で定めることにより，財産流出を伴わない剰余金の処分を，株主総会ではなく，取締役会の権限とすることができる（会社法459条1項3号）。

第3節　資本金・準備金・剰余金の額の増加

1　資本金の額の増加

　株式会社の資本金の額は，①株式の発行の際の出資の履行（会社法445条1項），②吸収合併，吸収分割または株式交換に際して存続会社等が行う株式の交付による資本金の額の増加(会445条5項。会社計算規則58条1項1号等)，③準備金（資本準備金）の額の減少（会社計算規則48条1項）および④剰余金の額（その他資本剰余金）の減少により増加する（会社計算規則48条1項2号）。

　④の場合には，株主総会決議（普通決議。会社法309条1項）により，減少する剰余金の額および資本金の額の増加の効力発生日を定めなければならない（会社法450条1項）。減少する剰余金の額は，効力発生日の剰余金（その他資本剰余金）の額を超えてはならない（会社法450条3項）。③の原資が資本準備金に限られ，④の原資がその他資本剰余金に限られるのは，資本・利益区分の原則に基づく。

2　準備金の額の増加
(1)　資本準備金の額の増加

　資本準備金の額は，①株式の発行の際の出資の履行の場合（会社法445条3項），②吸収合併，吸収分割または株式交換に際して存続会社等が行う株式の交付による資本準備金の額の増加の場合（会社法445条5項），③剰余金の配当に際し資本準備金を計上しなければならない場合(会社法445条4項，会社計算規則45条1項）および④資本金の額または剰余金（その他資本剰余金）の額を減少させて資本準備金を増加させた場合（会社法447条1項2号・451条1項）に増加する（会社計算規則49条1項）。

(2)　利益準備金の額の増加

　利益準備金の額は，①吸収合併または吸収分割に際して会社が行う株式の交付による利益準備金の額の増加の場合（会社法445条5項・会社計算規則59条1項4号等），②剰余金の配当に際し利益準備金を計上しなければならない場合（会社法445条4項，会社計算規則45条2項）および③剰余金（その他利益剰余金）の額を減少させて利益準備金を増加させた場合（会社法451条）に増加する（会社計

第8章　資本金・準備金・剰余金の額の変動

算規則51条1項）。

したがって剰余金の額は，剰余金の額を減少させて資本金の額または準備金の額を増加させる場合において，減少させる額の限度を画する機能を有している（会社法450条3項・451条3項）。

(3) その他資本剰余金の額の増加

その他資本剰余金は，①募集株式の募集・新株予約権の行使・取得条項付新株予約権の取得の際の自己株式の処分差益（会社計算規則37条2項1号等。自己株式及び準備金の額の減少等に関する会計基準37項参照），②単元未満株式の売渡請求に応じ自己株式の処分差益が生じた場合（会社計算規則42条2項），③分配可能額を超えて自己株式を取得したことによる責任の履行の際に生じた自己株式処分差益額（会社計算規則43条2項），④不足額塡補責任（会社法52条1項・212条1項・285条1項）が履行された場合（会社計算規則44条），⑤吸収合併，吸収分割，株式交換の際に存続会社等の資本剰余金の額を増加すべき場合（会社計算規則58条1項3号等），⑥資本金の減少額のうち欠損塡補・資本準備金への組入れに使用されなかった場合（会社計算規則50条1項1号），⑦資本準備金の減少額のうち欠損塡補・資本金への組入れに使用されなかった場合（会社計算規則50条1項2号）に増加する（会社計算規則52条1項）。

(4) その他利益剰余金の額の増加

その他利益剰余金は，①合併，分割または株式交換に際して相手方会社から引き継ぐ場合（会社計算規則59条1項5号等），②利益準備金の取崩しの場合（会社法448条，会社計算規則52条1項1号），③当期純利益金額が生じた場合（会社計算規則52条1項2号）および④その他利益剰余金の額を増加すべき場合（会社計算規則52条1項3号）に増加する[10]。

［注］
(1) 昭和25年（1950年）改正前商法が株式会社につき採用していた定款に資本の総額を記載する資本確定の原則の下では，資本を増加するのに，その都度株主総会の特別決議による定款変更を要するので，資金調達が容易でなかった。そこで，同年改正法は，定款に，資本の総額の代わりに，将来発行を予定する株式の総数（発行可能株式総数）を記載させ，その数から発行済株式総数を差し引いた残部については，定款の変更を要せずに，取締役会の決議により随時新株を発行し，資本金を増やすことができるようにした。これを授権資本制度とい

第3節　資本金・準備金・剰余金の額の増加

う。
(2)　会社計算規則は，国際的な会計基準とのコンバージェンスを見据えて，新株発行の場合等における資本金等の増加額の算定に当たって，株式交付費等を控除することができる旨を規定しているが（会社計算規則37条1項2号・40条1項3号・74条1項2号。なお53条1項1号ハ・75条1項3号参照），企業会計基準委員会の「繰延資産の会計処理に関する当面の取扱い」（実務対応報告第19号）が，「会計処理の見直しを行う可能性がある」が，「当面，これまでの会計処理を踏襲し」，費用ないし繰延資産として処理することにこととしたことに対応して，当該規定を，当分の間，適用しないこととしている（平成18年改正会社計算規則附則11条）。

図表8−2　資本金・準備金額の減少による欠損の填補（形式上の資本減少）

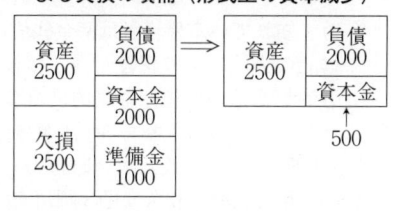

資産 2500	負債 2000
	資本金 2000
欠損 2500	準備金 1000

⇒

| 資産 2500 | 負債 2000 |
| | 資本金 500 |

(3)　債権の現物出資，すなわちデット・エクィティ・スワップをする場合の債務者側の会計処理については，債権の券面額をもって振込資本に振り替るいわゆる「券面額説」と，債権の時価をもって振込資本に振り替えるいわゆる「評価額説」があるが，募集時は券面額説により債務額を募集事項として定めていた場合であっても，会計処理に当たり評価説を採用することとなれば，資本金計上額については，評価額をもって算定することもできる（会社計算規則37条5項）。
(4)　相澤哲・郡谷大輔・和久友子「会計帳簿」相澤哲編『立法担当者による新会社法関係法務省令の解説』別冊商事法務 No. 300（2006年）72頁等。
(5)　資本金の額の減少に際して，株主に不要となった会社財産を払い戻す場合（実質上の資本減少）には，資本金の額の減少の効力発生日と同日に，剰余金の配当（会社法454条1項）か自己株式の取得の手続（会社法155条参照）をとらなければならないが，これは，資本金の額の減少手続とは別個の行為である。これに対し，資本金の額の減少に際し，資本金と準備金の合計額が純資産額より大きい状態にあるため（資本の欠損），資本を減少しても株主に払い戻しが行われず，会社財産の払い戻しもない態様のものを形式上の資本減少または名義上の資本減少という。資本の欠損状態の場合，そのままにしていてもかまわないが，剰余金の出る時期を早めるために，形式上の資本減少が行われる。
(6)　資本取引・損益取引区分の原則の趣旨より，資本剰余金の利益剰余金への振替は認められないが（自己株式及び準備金の額の減少等に関する会計基準19項），利益剰余金が負の残高のときにその他資本剰余金で補てんするのは，資本剰余金と利益剰余金の混同には当たらない。なぜなら，区分が問題となるのは，同じ時点で両者が正の値であるときであって，負の残高になった利益剰余金を，将来の利益を待たずにその他資本剰余金で補うのは，払込資本に生じている毀

損を事実として認識するものであり，払込資本と留保利益の区分の問題に当たらないからである（同会計基準61項）。

（7） 知れている債権者は，金銭債権者に限られないが，弁済・担保提供・財産の信託の方法により保護し得る債権を有する者に限られる。したがって，将来の労働契約上の債権，継続的供給契約上の将来の債権等の債権者は，これに含まれないと解すべきである（江頭憲治郎『株式会社法（第2版）』（有斐閣，2008年）632頁注2等）。反対大判昭和10・2・1民集14巻75頁）。

（8） 郡谷大輔・和久友子・細川充・石井裕介・小松岳志・澁谷亮『会社法の計算詳解－株式会社の計算書類から組織再編行為まで（第2版）』（中央経済社，2008年）290頁。

（9） 相澤哲・葉玉匡美・郡谷大輔『論点解説新・会社法』（商事法務，2006年）545頁。

(10) いわゆる「損失の処理」として，その他資本剰余金を減額し，その他利益剰余金のマイナスを埋めるような場合は「その他利益剰余金の額を増加すべき場合」に当たると解されるが（郡谷大輔・和久友子・小松岳志『会社計算規則逐条解説』（税務研究会出版局，2007年）147頁。なお，相澤哲編『立案担当者による新会社法関係法務省令の解説』別冊商事法務 No. 300（2006年）78頁，自己株式及び準備金の額の減少等に関する会計基準61項参照），資本・利益区分の原則より，許されないと解する説（弥永真生『コンメンタール・会社計算規則・改正商法施行規則』（商事法務，2006年）281頁もある。

> **設問**
>
> Q1 資本金の額を減少して0円にすることができるか。その際に，株式の数も0個になるか。
> Q2 株式会社に欠損が生じたときに，どのような手続で，これをてん補することができるか述べなさい。
> Q3 会社計算規則附則11条は，37条1項2号，40条1項3号，41条1項2号および74条1項2号に「掲げる額は，当分の間，零とする」と規定している。これは何のために定められた規定か述べなさい。
> Q4 資本金の額の減少の無効判決の効力は遡及するか否か論じなさい。
> Q5 会社法452条に規定する剰余金の処分に含まれるものは何か。剰余金の処分を行う場合何を定めなければならないか。

第9章　企業再編の会計——企業結合会計——

第1節　総　説

　会社法の第5編では，会社の組織変更，合併，会社分割，株式交換，株式移転等に関する規定を置いている（会社法743条以下）。これら企業再編に際しては，存続会社や承継会社等の資産・負債・純資産が変化するので，そのための計算が必要になってくる。

　企業再編における会計では，企業再編に際して取得対象財産を時価で評価する場合など差額（後述するように，この差額を「のれん」という）が発生するが，のれんの扱いをどのようにするかが会計規制の中心課題である。とくに資産・負債の評価については，主として企業再編に伴うのれんの計上が会社法における会計規制の主要点となる。

　会社計算規則では，企業再編に伴う資産・負債・純資産の評価等について規定を置いており，およそ以下のように整理されている。

　A　資産・負債の評価（主として企業再編におけるのれんの計上）
　　① 組織変更や組織再編行為の際の資産・負債の評価・・・会社計算規則7条ないし10条
　　② 合併・会社分割・株式交換・株式移転の場合の，のれんの計上・・・会社計算規則11条ないし28条
　　③ 事業の譲受けの場合の，のれんの計上・・・会社計算規則29条
　　④ 組織再編行為により生じる株式の特別勘定・・・会社計算規則30条ないし35条
　B　純資産の額
　　⑤ 組織変更に際しての株主資本等の額・・・会社計算規則56条ないし57条
　　⑥ 合併・会社分割・株式交換に際しての株主資本等の額・・・58条ない

第9章　企業再編の会計

し73条（60条ないし62条は削除）

　企業再編に関する会計を形成するものとして，上記の会社計算規則における定めのほか，公正妥当な企業会計の基準がある。企業会計審議会が定めた「企業結合に係る会計基準（以下，「結合基準」という）」ならびに企業会計基準委員会が定めた「事業分離等に関する会計基準」および「企業結合会計基準および事業分離等会計基準に関する適用指針（以下，「適用指針」という）」が挙げられる。これら一連の会計基準が取り扱う会計は「企業結合会計」と呼ばれている。

　なお，結合基準等では，「会社」は「企業」と表現されているので，以下，文脈の関係で「企業」と表現する場合がある。

1　基礎的概念

　企業再編を扱う会社計算規則の規定には，企業結合会計特有の概念が登場してくるので，ここで基本的なものだけ，大括りに取り上げておこう。

　会社法の企業再編は，会社の組織変更，合併，会社分割，株式交換，株式移転といった法形式で分類されているが，企業結合会計では，その形式はともあれ，企業再編の経済的実態を踏まえた適正な価値をいかに評価するかの視点から整理されている。

　まず，企業再編の経済的実態が「取得」とみなされるのか，単なる「持分の結合」とみなされるのか，の区別が問題となる。

　企業結合会計においては，次のように考えられている。すなわち，「取得」に対しては，ある企業が他の企業の支配を獲得するという経済的実態に注目すると，これは実質的に新規の投資と同じである。当該支配企業の投資額は，獲得した消滅企業なり分割企業における純資産の額が取得額であり，純資産を時価で購入することになる。

　他方，「持分の結合」とは，必ずしも「取得」であると合理的に判定しにくいものと整理し，原価主義に立ち戻って帳簿価額によるべきものとされる。結合当事企業の持分は継続しており，いずれの結合当事企業も支配を獲得していないと判断される場合がこれに該当する。

　さらに企業結合会計の視点から，企業自身の組織変更を除いた企業再編の経済的実態を敷衍していくと，「共同支配」の場合と「共通支配下の取引」の場合が特殊な場合として想定されている（会社計算規則でも，企業再編の形式ごとに，

ほぼこれに対応した規定を置いている)。

「共同支配」とは，複数の独立した企業が契約により共同で支配することをいう（結合基準二3）。複数の独立した企業が一定の契約に基づき，ある企業を共同で支配する場合であり，単独ではその支配を獲得しえない形の合弁企業などがこれに該当する。

「共通支配下の取引」とは，結合当事企業のすべてが，企業結合の前後で同一の企業により最終的に支配され，かつ，その支配が一時的ではない場合の企業結合をいう。親会社と子会社の合併および子会社同士の合併は，共通支配下の取引に含まれる（結合基準二10）。つまり企業グループ内の再編がこれに該当する。

次に，企業再編時の具体的な資産・負債に関する会計処理について触れておこう。

会社計算規則における企業再編時の「のれん」の整理方法として，会社計算規則では，企業再編時におけるのれんの計上については，株式取引とされる株式交換や株式移転を除き，合併，会社分割については，まず吸収型の再編なのか，新設型の再編なのかで整理している（会社計算規則第2編・第2章・第2節）。株式交換は，吸収型の次に規定を置き，株式移転については新設型の次に規定を置いている。

会社計算規則では，上記の企業再編の類型ごとにどのような評価等をすべきか規定されているが，「時価を適切に算定する方法」という文言が随所に現れる。ところが，その要件については会社計算規則には定められておらず，したがって，公正妥当な企業会計の慣行すなわち結合基準等にしたがうことになる。

結合基準では，この「時価を適切に算定する方法」とは，企業再編が「取得」と判断される場合であり，会計上のパーチェス法を使用すべきことを意味する。パーチェス法では，時価によって被投資会社を全部取得した（purchase）以上，被投資会社側の株主による投資は一旦清算されたという見方をする。したがって，投資会社の資産・負債はその帳簿価額でそのまま引き継がれていくものの，被投資会社の資産・負債は時価で評価されなければならない。

他方，「持分の結合」とは，前述のように必ずしも「取得」であると判定しにくいものであり，原価主義に立ち戻って帳簿価額によるべきものと考えられている。単純に帳簿価額のまま投資会社と被投資会社の持分を寄せ集めただけの

もの (pooling) とみる。この会計上の概念を持分プーリング法という。

　パーチェス法と持分プーリング法の差は，企業再編の対象財産を時価で取得したものとみるか，それとも，帳簿価額で引き継ぐものかの違いということになろう。

　パーチェス法によるのか持分プーリング法によるのかについて，結合基準の考え方は，基本的にパーチェス法（時価）である[1]。結合基準では，共同支配形成の場合および共通支配下の取引の場合「以外の」企業結合のうち，厳しい要件（結合基準三3，同注解2，3，4参照）を満たす場合[2]にのみ持分プーリング法の適用を認め，要件を満たさない場合は，パーチェス法が適用される。

　共同支配の形成および共通支配下の取引は，後述するように，基本的に帳簿価額によるが，特殊なケースとして別途の会計処理が求められる。

2　「のれん」の会計処理
(1)　「のれん」の意義

　結合基準の要件で「持分の結合」とみなすことができず，「取得」であり時価によるべきものと判断される場合は（ただし，共同支配の形成，共通支配下の取引を除く），時価を適切に算定する方法であるパーチェス法が適用される。

　パーチェス法によると，被取得会社の資産・負債に対し，時価評価を基礎とした取得原価を取得会社に配分することになる。取得した場合には，まず一括して取得財産の支払対価総額を算定する（取引時点の取得財産のそれぞれの時価で算定する）。この後，支払対価総額を取得会社の資産・負債に配分していく。

　結合基準によれば，「のれんとは，被取得企業または取得した事業の取得価額が，取得した資産および引き受けた負債に配分された純額を超過する額をいい，不足する額は負ののれんという」とされる（結合基準二8）。したがって，のれんは単なる差額であり，超過収益力を意味する営業権とは異なる[3]。

　取得原価である支払対価総額が，取得した資産・負債に配分された純額を上回る場合には，その超過額は「のれん」（「正ののれん」ともいう）として資産に計上し，下回る場合には，その不足額を「負ののれん」として負債に計上する（結合基準三3(3)①参照）。財務諸表等規則上，のれんは，その償却期間中，損益計算書における販売費・一般管理費として費用処理される（財務諸表等規則ガイドライン84）。他方，負ののれんは，営業外収益として収益処理されている

(財務諸表等規則ガイドライン90)。なお，財務諸表等規則上，資産に属する「のれん」はそのまま「のれん」として表示すればよいが，負債に属する「のれん」は，「負ののれん」として表示する。

　会社計算規則11条では，第2編・第2章・第2節の各条項に定めがある場合に限り，資産または負債としてのれんを計上することができるとしている。のれんは差額概念であるため，株式取引とされる株式交換や株式移転に対しても，のれんの計上が認められている（会社計算規則20条，27条，28条）。

　企業結合の取得原価は，企業結合日における時価を基礎として，識別可能な資産等に配分される。取得した資産等の時価と対価性の認められる取得に直接要した支出額との合計が，取得した資産等への配分額になる（適用指針51参照）。

(2) 共通支配下の取引等における「のれん」

親会社が子会社を合併する場合など共通支配下の取引等にあっては，パーチェス法でも，持分プーリング法でもない特殊な処理となる[4]。たとえば，親会社が子会社を吸収合併する場合，次のそれぞれのケースごとに処理される。

　イ　親会社に支配株主がいない場合‥子会社の少数株主へ交付した株式等は時価取引として算定するが，取得した資産等は適正な帳簿価額を引き継ぐため，時価と帳簿価額との差額として，のれんが発生する（適用指針206参照）。

　ロ　親会社に支配株主がいる場合‥同一株主により支配されている会社同士の合併となるため，すべての処理が帳簿価額で処理される。子会社の適正な帳簿価額による株主資本と，交付した株式と現金等の適正な帳簿価額との差額として，のれんが発生する（適用指針251参照）。

(3) 「のれん」の償却

のれんは，20年以内のその効果の及ぶ期間にわたって，定額法その他の合理的な方法により規則的に償却する（結合基準三2(4)）。

　以下，本章では，会社計算規則の整理にしたがって，企業再編時ののれんの計上や，株主資本等の額について取り上げていく。ただ，紙幅の関係上，事業譲受けの場合の「のれん」の計上（会社計算規則29条）とか，債務超過会社等との再編に伴う負債の計上（再編行為により生じる株式の特別勘定）（会社計算規則30条ないし35条）については触れていない。

第2節　組織変更における資産・負債の評価，株主資本等の額

　会社は，持分会社から株式会社に組織変更でき，あるいはその逆の組織変更も認められる（会社法743条）。なお，持分会社として合名会社・合資会社・合同会社が認められているが（会社法575条），ある種類の持分会社から他の種類の持分会社に切り替える場合は，組織変更ではなく定款変更として取り扱われている（会社法638条）。

　組織変更に際しては，資産および負債の額，株主資本等の額が変動する。会社計算規則では，前者については7条ないし10条に，後者については56条および57条に規定が置かれている。

1　組織変更の際の資産・負債の評価

　会社が組織変更をする場合は，組織変更を理由としてその有する資産および負債の帳簿価額を変更することは禁じられている（会社計算規則7条）。したがって，組織変更を利用して資産等の評価替えをすることはできない。

　農業協同組合法など会社法以外の法律による法人が，会社法上の会社となる場合については当該会社が有する資産および負債に付すべき帳簿価額は，別段の定めがある場合を除き，組織変更直前に当該法人が有していた資産および負債の帳簿価額とされる（会社計算規則10条）。

　吸収型の組織再編をする場合，吸収合併存続会社または吸収分割承継会社は，その対象財産には再編直前の吸収合併消滅会社または吸収分割会社の帳簿価額を付さなければならない（会社計算規則8条1項）。ただし，対象財産の全部の取得原価を吸収型再編対価の時価その他当該対象財産の時価を適切に算定する方法をもって測定することとすべき場合を除く（同項）。この規定は，新設合併および新設分割の場合について準用される（同条2項）。

2　組織再編の際の社員資本・株主資本の額

　株式会社が持分会社に組織変更をする場合は，会社計算規則56条の定めるところにより，以下のような社員資本となる（会社計算規則56条）。

① 資本金の額‥組織変更の直前の株式会社の資本金の額（同条1号）
② 資本剰余金の額‥イに掲げる金額から，ロおよびハに掲げる額の合計額を減じて得た額（同条2号）
　イ　組織変更直前の株式会社の資本準備金の額，およびその他資本剰余金の額の合計額
　ロ　組織変更をする株式会社が有する自己株式の帳簿価額
　ハ　組織変更をする株式会社の株主に対して交付する組織変更後持分会社の持分以外の財産の帳簿価額のうち，株式会社が資本剰余金の額から減ずるべき額と定めた額
③ 利益剰余金の額‥イに掲げる額からロに掲げる額を減じて得た額（同条3号）
　イ　組織変更直前の株式会社の利益準備金の額，およびその他利益剰余金の額の合計額
　ロ　組織変更をする株式会社の株主に対して交付する組織変更後持分会社の持分以外の財産の帳簿価額のうち，株式会社が利益剰余金の額から減ずるべき額と定めた額

持分会社が株式会社に組織変更をして株式会社となる場合の株主資本については，会社計算規則57条参照。

第3節　吸収型再編における「のれん」の計上，株主資本等の額

　本節では，吸収型再編の場合の合併および会社分割に関して，資産・負債の評価に関連したのれんの計上と，純資産における株主資本・社員資本（以下，「株主資本等」という）の額を取り上げる。

1　吸収合併の場合の「のれん」の計上

　会社計算規則は，吸収合併におけるのれんの計上について，時価で評価する場合（会社計算規則12条），共通支配下関係にある場合（同規則13条），子会社と合併する場合（同規則14条）に分けて規定している。

(1) 時価で評価する場合の「のれん」の計上

時価で評価する場合とは,「取得」を意味し,パーチェス法の会計処理となる。吸収合併存続会社は,吸収合併に際して資産または負債として,のれんを計上することができる(会社計算規則12条1項)。取得対価が時価により取得原価総額を上回ればのれんとして資産に,下回れば負ののれんとして負債に計上することができる(企業結合に係る会計基準の設定に関する意見書三3(3)①)。

時価で評価する場合には,さらに次の3点が吸収型再編対価として考慮される(会社計算規則12条2項)。

① 吸収合併存続会社が先行して取得している株式(同項1号)
② 吸収合併消滅会社が新株予約権を発行している場合の交付財産(同項2号)
③ 吸収合併の再編対価として考慮すべき合併費用(同項3号)

(2) 共通支配下関係にある場合の「のれん」の計上

子会社同士の合併など,共通の支配株主たる親会社が存在する場合の吸収合併については,原則としてすべて適正な帳簿価額を引き継ぐ会計処理となる。しかし,会社計算規則13条1項は,次の場合について,のれんの計上を認めている。ただし,吸収型再編対価の一部が吸収合併存続会社の株式であるときは,第1号に定めるのれんは,吸収型再編対価簿価を超えて計上することはできない(同項ただし書)。

① 吸収型再編簿価株主資本額から存続会社が先行して有する消滅会社の株式の帳簿価額を減じて得た額が,吸収型再編対価簿価未満である場合は,その差額に対応する部分について,資産としてのれんを計上できる(同項1号)
② 吸収型再編簿価株主資本額から存続会社が先行して有する消滅会社の株式の帳簿価額を減じて得た額が,吸収型再編対価簿価以上である場合は,その差額に対応する部分について,負債として負ののれんを計上できる(同項2号)。

上記で計上されたのれんの額は,吸収型再編簿価株主資本額には算入しない(会社計算規則13条2項)。

(3) 子会社と合併する場合の「のれん」の計上

親会社に支配株主がいない場合で,親会社が子会社を吸収合併する場合は,

第3節　吸収型再編における「のれん」の計上，株主資本等の額

子会社から受け入れる資産等は，簿価を引き継ぐ形になる（なお，親会社に支配株主がいる場合は，会社計算規則13条が適用される）のが原則である。しかし，会社計算規則14条では，以下の場合にのれんの計上を認めている。

　すなわち，吸収合併消滅会社である子会社の少数株主や中間子会社（会社計算規則2条3項40号）に対応する持分については親会社グループ（吸収合併存続会社およびその子会社）以外の取引となる。したがって，交付する再編対価は時価で算定されるべきなので，この対価に対応する部分については，のれんの計上を認めている（同条1項）。この際には，吸収合併の再編対価として考慮すべき合併費用も含まれる（同条2項）。

　親会社グループ以外に属する吸収合併消滅会社以外の子会社に関する持分については，共通支配下の吸収合併と同様であるから，これものれんの計上を認めている（同条3項）。

　無対価の合併もないわけではない。対価を交付しない場合には，共通支配下の吸収合併と同じ処理となる（同条4項）。

　吸収合併存続会社たる親会社が先行して取得している吸収合併消滅会社の株式（いわゆる抱合わせ株式）の帳簿価額と，これに対応する吸収型再編簿価株主資本額との差額は，利益または損失として損益計算書に計上する（同条5項）。したがって，のれんの算定には影響がない。

(4) 帳簿価額を引継ぐ場合の「のれん」計上の禁止

　会社計算規則では，持分の結合など，再編対象財産を適正な帳簿価額で評価する場合は，原則としてのれんの計上を禁止することを明文にしている（会社計算規則15条）。ただし，以下の場合には，のれんを計上できる（同条ただし書き）。

① 共通支配下の取引は，再編対象財産を適正な帳簿価額で評価するが，持分プーリング法ではないため，のれんの計上が認められる（同条1号）
② 吸収合併消滅会社がすでにのれんを計上している場合は，そののれんを引き継ぐ形になるが，この場合は計上が認められている（同条2号）
③ 正当な理由がある場合で適正なのれんを計上するとき（同条3号）

2　吸収合併の場合の株主資本等の額

　会社計算規則は，吸収合併の場合の株主資本等の額について，再編対価の全

部または一部が存続会社の株式である場合（会社計算規則58条），資本金等も引き継ぐ場合（同規則59条）に分けて規定している。なお，資本金等も引き継ぐ場合とは，持分プーリング法である。吸収合併の場合の基本原則の多くは会社計算規則58条に置かれている。

(1) 再編対価の全部または一部が存続会社の株式である場合の株主資本等の額

第一に，再編対価の全部または一部が存続会社の株式である場合すなわち合併対価として株式を交付した場合は，存続会社の吸収型再編後資本金額は，次のイおよびロの額の合計額となる（会社計算規則58条1項1号）。ここに「株主払込資本変動額」とは，合併契約により株主資本が変動した分から，再編対価として処分する自己株式の帳簿価額分を減じた額である。契約内容によっては，零未満の場合も考えられる。

　　イ　吸収型再編直前資本金額
　　ロ　株主払込資本変動額が零以上の額であるときは，株主払込資本変動額の範囲内で，存続会社が契約で定めた零以上の額

第二に，吸収型再編後資本準備金額については，次のイとロの合計額となる（同項2号）。

　　イ　吸収型再編直前資本準備金額
　　ロ　株主払込資本変動額が零以上の額であるときは，当該株主払込資本変動額から前号ロに掲げる額を減じて得た額の範囲内で，存続会社が契約で定めた零以上の額

第三に，吸収型再編後資本剰余金額については，吸収型再編直前資本剰余金額と株主払込資本変動額の合計額から，第1号ロおよび第2号ロに掲げる額の合計額を減じて得た額となる（同項3号）。

第四に，吸収型再編後利益準備金額については，再編直前利益準備金額とする（同項4号）。

第五に，吸収型再編後利益剰余金額については，再編直前利益剰余金額を原則とするが，株主資本変動額が零未満であるときは，吸収型再編株主資本変動額との合計とする（同項5号）。なお，吸収型再編株主資本変動額とは以下に掲げるものをいう（会社計算規則58条2項）。

　　a　取得とみなされる場合，存続会社株式に係る再編対価の時価すなわち

第3節 吸収型再編における「のれん」の計上，株主資本等の額

Coffee break　監査の話Ⅸ

日本公認会計士協会

日本公認会計士協会は，1949年（昭和24年10月）に設立されている。公認会計士また監査法人が設立する全国で唯一の団体である。

公認会計士の品位を保持し，監査証明業務の改善促進を図るために，会員の指導および監督に関する事務を行い，公認会計士の登録に関する事務を行っている。

2007年9月末現在，同協会の登録メンバーは公認会計士17,768人，監査法人176，会計士補4,273人（準会員）等合計23,560人で構成されている。

職業専門家である公認会計士は，高度の学識と技能を求められるとともに，本質的に正義，平等，公正，自律といった社会公共性を要請されよう。特に独立性は絶対的条件である。その使命を果たすためには，職業倫理を基礎とした不断の自己研鑽が欠かせない。

同協会では，まず遵守すべき「倫理規則」を定め，会員に対して徹底を図っている。

平成18年12月改正の日本公認会計士協会の「倫理規則」は，総則において基本原則として，a誠実性，b公正性，c専門能力，d正当な注意，e守秘義務，f職業専門家としての行動の6つを挙げている。

経済のグローバル化，IT化に伴い，会計・監査の対象が複雑化し，国際化していることを踏まえ，平成16年から継続的専門研修（CPE制度）を会員に義務化している。

全体として監査と会計に関する理論・実務面の研究調査を行い，監査基準，会計基準など制度の確立に盡力している。国際的な活動として，国際会計士連盟（IFAC）の創設以来，理事会へメンバーを出している。また，監査・保証基準審議会（IAASB）などで活発な諸活動を行っている。

吸収型再編対価時価（同項1号）
b　共通支配下の関係の場合，簿価株主資本額から，いわゆる抱合わせ株式簿価と株式以外の対価の簿価を減じて得た額（同項2号）
c　消滅会社が存続会社の子会社である場合，①少数株主に交付する存続会社の株式に係る再編対価の時価と，②中間子会社（会社計算規則2条3項40号参照）等の消滅会社持分に相当する簿価株主資本額から中間子会社等に交付する対価簿価を控除した額の，合計額（同項3号）

d　支配株主が存在する場合で，消滅会社が存続会社の子会社である場合，少数株主および中間子会社等の消滅会社持分に係る簿価株主資本額から，対価簿価を減じて得た額（同項4号）
　　　e　以上の規定を適用することで，株主資本等が計算できない場合や，適切でない場合は，上記bによる（同項5号）

(2) 資本金等も引き継ぐ場合の株主資本等の額

会社計算規則59条では，原則として資本金等もそのまま引き継ぐ場合（持分プーリング法）について，一定の要件を定めている。ここに一定の要件とは，次のいずれの場合にも該当する場合をいう（同条2項）。

　　①　再編対象財産に消滅会社における直前の帳簿価額を付すべき場合であること（同項1号）
　　②　再編対価の全部が存続会社の株式である場合か，再編対価が存しない場合であること（同項2号）
　　③　第1項の規定に従って計算すべき場合か，共通支配下の関係の場合または株主資本等の計算ができない場合・不適切である場合でかつ存続会社が本条の適用することを定めた場合であること（同項3号）

会社計算規則59条1項によれば，再編後の株主資本等は以下のようになる。

第一に，吸収型再編後資本金額は，吸収型再編直前資本金額と合併直前の吸収型消滅会社の資本金の額（対価のない場合は零）となる（同項1号）。

第二に，吸収型再編後資本準備金額は，吸収型再編直前資本準備金額と直前の吸収合併消滅会社の資本準備金額（対価のない場合は零）となる（同項2号）。

第三に，吸収型再編後資本剰余金額は，イとロの合計額から，ハとニの合計額を減じて得た額とする（同項3号）。

　　イ　吸収型再編直前資本剰余金額
　　ロ　合併直前の消滅会社のその他資本剰余金の額（対価のない場合は，直前の消滅会社の資本金額・資本準備金額・資本剰余金額の合計額）
　　ハ　吸収型再編対価として処分する存続会社の自己株式の帳簿価額
　　ニ　存続会社または消滅会社の株式の帳簿価額

第四に，吸収型再編後利益準備金額は，吸収型再編直前利益準備金額と直前の吸収合併消滅会社の利益準備金額（対価のない場合は零）となる（同項4号）。

第五に，吸収型再編後利益剰余金額は，吸収型再編直前利益譲与金額と直前

第3節　吸収型再編における「のれん」の計上，株主資本等の額

の吸収合併消滅会社のその他利益剰余金の額（対価のない場合は，合併直前の消滅会社の利益準備金額およびその他利益剰余金の額との合計額）とする（同項5号）。

3　吸収分割の場合の「のれん」の計上

会社計算規則は，吸収分割におけるのれんの計上について，時価で評価する場合（会社計算規則16条），共通支配下関係にある場合（同規則17条），子会社と吸収分割する場合（同規則18条）に分けて規定している。

(1)　時価で評価する場合の「のれん」の計上

吸収合併と同様,「取得」を意味する場合は，パーチェス法の適用となる。吸収分割承継会社は，吸収分割に際して，資産または負債に，のれんを計上することができる（会社計算規則16条1項）。取得対価の時価が識別可能な純資産を上回っていれば，のれんとして資産に，下回っていれば，負ののれんとして負債に計上することができる。

分割直前に分割会社が新株予約権を発行しているときは，予約権者に交付する新株予約権，分割費用のうち再編対価として考慮すべきものがあるときは，これらを考慮する（同条2項）。

(2)　共通支配下関係にある場合の「のれん」の計上

共通支配下関係にある場合は，原則として適正な帳簿価額による。しかし，会社計算規則17条は，次の場合についてのれんの計上を認めている。ただし，再編対価の一部が吸収分割承継会社の株式である場合には，第1号ののれんは，吸収型再編対価簿価を超えて計上することはできない（同条1項ただし書）。また，この際に計上されるのれんの額は，吸収型再編簿価株主資本額には算入しない（同条2項）。

① 吸収型再編簿価株主資本額が吸収型再編対価簿価未満である場合は，その差額に対応する部分について資産としてのれんを計上することができる（会社計算規則17条1項1号）

② 吸収型再編簿価株主資本額が吸収型再編対価簿価以上である場合（再編対価の全部または一部が承継会社の株式である場合を除く）は，その差額に対応する部分について負債として負ののれんを計上することができる（同項2号）

(3) 子会社と吸収分割する場合の「のれん」の計上

子会社と吸収分割する場合（再編対価がない場合を含む）は，少数株主および中間子会社等の吸収分割会社に対する持分に対応する部分につき，資産または負債として，のれんを計上することができる（会社計算規則18条1項）。

支配株主がいない場合で，子会社と吸収分割する場合は，少数株主の吸収分割会社に対する持分に相当する部分について計上するのれんには，分割費用のうち再編対価として考慮することができる（同条2項）。

(4) 帳簿価額を引継ぐ場合の「のれん」計上の禁止

吸収合併の場合と同様に，再編対象財産を直前の適正な帳簿価額で評価する場合は，のれんの計上を原則として禁止することを明文にしている（会社計算規則19条）。なお，同条各号参照。

4 吸収分割の場合の株主資本等の額

会社計算規則は，吸収分割の場合の株主資本等の額について，再編対価の全部または一部が承継会社の株式である場合（会社計算規則63条），資本金等を適当に定めることができる場合（同規則64条）に分けて規定している。吸収分割の場合の基本原則の多くは会社計算規則63条に置かれている。資本金等を適当に定めることができる場合の規定は，会社計算規則59条に対応したものといえよう。

(1) 再編対価の全部または一部が承継会社の株式である場合の株主資本等

第一に，吸収型再編対価の全部または一部が吸収分割承継会社の株式である場合，承継会社の吸収型再編後資本金額は，次のイとロの額の合計額となる（会社計算規則63条1項1号）。

　　イ　吸収型再編直前の資本金額
　　ロ　株主払込資本変動額が零以上の額であるときは，変動額の範囲内で，承継会社が契約で定めた零以上の額

第二に，吸収型再編後資本準備金額については，吸収型再編直前資本準備金額と，株主払込資本変動額が零以上の額であるときの変動額から第1号ロに掲げる額を減じて得た額の範囲内で，承継会社が契約で定めた零以上の額とする（1項2号）。

第三に，吸収型再編後資本剰余金額については，再編直前の資本剰余金額と

株主払込資本変動額の合計額から，第1号および第2号の株主払込資本変動額の合計額を減じて得た額となる（同項3号）。

　第四に，吸収型再編後利益準備金額については，再編直前の利益準備金額とする（同項4号）。

　第五に，吸収型再編後利益剰余金額については，再編直前の利益剰余金額と，株主資本変動額が零未満であるときの株主資本変動額との合計額となる（同項5号）。

　なお，株主資本変動額とは以下に掲げるものをいう（会社計算規則63条2項）。
　① 取得とみなされる場合，再編対価の時価（同項1号）
　② 共通支配下の関係の場合，再編簿価株主資本額から，再編対価簿価を減じて得た額（同項2号）
　③ 吸収分割会社が承継会社の子会社である場合，少数株主に交付する承継会社の株式に係る再編対価の時価と，中間子会社等の吸収分割会社持分に相当する簿価株主資本額から中間子会社等に交付する対価簿価を控除した分の，合計額（同項3号）
　④ 支配株主が存在する場合で，吸収分割会社が承継会社の子会社である場合，少数株主および中間子会社等の吸収分割会社持分に係る簿価株主資本額から，対価簿価を減じて得た額（同項4号）
　⑤ 以上の規定を適用することで，株主資本等が計算できない場合や，適切でない場合は，上記②による（同項5号）

（2） 資本金等を適当に定めることができる場合の株主資本等

　吸収分割の場合，承継会社の資本金，剰余金の変動額につき適当に定めるものとして計算できる場合には，一定の要件があれば，吸収分割後の株主資本等の額を適当に定めることを認めている（会社計算規則64条1項各号参照）。

　ここに一定の要件とは，次のいずれの場合にも該当する場合をいう（同条2項）。
　① 再編対象財産に吸収分割会社における直前の帳簿価額を付すべき場合であること（同項1号）
　② 再編対価の全部が承継会社の株式である場合において吸収分割する場合か，再編対価が存しない場合であること（同項2号）
　③ 共通支配下関係の場合で，承継会社および吸収分割会社が本条の適用

することを定めた場合であること（同項3号）
④　資本金等の額の変動額を適当に定めることが適切である場合であること（同項4号）

第4節　株式交換における「のれん」の計上，株主資本等の額

　本節では，株式交換に関して，資産・負債の評価に関連したのれんの計上と，純資産における株主資本等の額を取り上げる。株式交換は形式的には株式取引であるが，その本質は吸収型の再編である。株式交換は企業再編に対する規制緩和策の一環すなわち企業再編における対価の柔軟化として認められているものである。

1　株式交換による「のれん」の計上

　株式交換完全親会社（会社計算規則2条3項12号）は，株式交換に当たり，株式交換の対価の全部または一部を現金の交付など株式交換完全親会社の株式以外のものとすることができる（会社法768条1項2号）。株式交換完全親会社が自社の株式に替えて現金の交付をする株式交換において，株式交換完全子会社の株式の取得原価の全部または一部を株式交換完全子会社簿価評価額（会社計算規則2条3項43号）をもって算定すべき場合は，同評価額と吸収型再編対価簿価（会社計算規則2条3項38号）との間に差額が生じることがある。

　この差額について，次の場合には，のれんを計上することができる（会社計算規則20条1項）。ただし，吸収型再編対価の一部が株式交換完全親会社の株式である場合には，第1号に定めるのれんは，吸収型再編対価簿価を超えて計上することができない（同項ただし書）。

①　株式交換完全子会社株式簿価評価額が吸収型再編対価簿価未満の場合は，その差額に対応する部分について，資産としてのれんを計上することができる。ただし，株式交換に際して株式交換完全親会社が株式交換完全子会社の新株予約権者に交付する新株予約権がある場合には，当該新株予約権につき付すべき帳簿価額を含め，株式交換完全親会社が承継する新株予約権付社債についての社債がある場合は，当該社債につき付

第4節　株式交換における「のれん」の計上，株主資本等の額

すべき帳簿価額を含めるものとする（同項1号）。
　②　株式交換完全子会社株式簿価評価額が吸収型再編対価簿価以上である場合は，その差額に対応する部分について，負債として負ののれんを計上することができる。ただし，吸収型再編対価の全部または一部が株式交換完全親会社の株式である場合を除く（同項2号）。
　株式交換により取得する株式交換完全子会社の株式の全部または一部につき株式交換完全親会社が付すべき帳簿価額を，当該株式に対応する株式交換完全子会社簿価株主資本額をもって算定すべき場合も，上記1号に準じてのれんが計算される。ただし，この場合，株式交換の直前に株式交換完全親会社が株式交換完全子会社の株式を有する場合における当該株式の帳簿価額は，のれんの額の計算において考慮されない（会社計算規則20条2項）。

2　株式交換による株主資本等の額

　会社計算規則は，株式交換による株主資本等の額について，時価で評価する場合等（会社計算規則68条）と，株式交換完全子会社株式簿価評価額（会社計算規則2条3項43号）で算定すべき場合（同規則69条）について定めを置いている。

(1)　時価で評価する場合等

　会社計算規則68条1項にいう株式交換完全子会社の株式の「全部」の取得原価を時価等で測定する場合とは，「取得」を意味し，パーチェス法の会計処理となる。
　吸収型再編対価の全部または一部が，株式交換完全親会社の株式である場合には，株主資本等は以下のようになる（会社計算規則68条1項）。
　第一に，吸収型再編後資本金額は，(イ)直前の資本金額と，(ロ)株主払込資本変動額が零以上のときは，同変動額の範囲内で契約の定めに従った額との合計額（零以上の額に限る）となる（同項1号）。本号にいう株主払込資本変動額とは，再編対価時価（親会社の株式に係る分に限る）から，再編対価として処分する自己株式の帳簿価額を減じて得た額である。
　第二に，吸収型再編後資本準備金額は，(イ)直前の資本準備金額と，(ロ)株主払込資本変動額が零以上のときは，当該株主払込資本変動額から前号(ロ)の額を減じた額の範囲内で，契約の定めに従った額の合計額となる（同項2号）。ただし，次に定める額以上の額に限る。

第 9 章　企業再編の会計

　　・株式交換完全親会社が債権者の異議について会社法799条の手続をとっている場合は零。
　　・とっていない場合は，当該株主払込資本変動額に株式発行割合を乗じて得た額から第1号(ロ)の額を減じて得た額（零以上の額）。
　第三に，吸収型再編後資本剰余金額は，直前の資本剰余金額と株主払込資本変動額の合計額から，第1号(ロ)および第2号(ロ)の合計額を減じて得た額とする（同項3号）。
　第四に，吸収型再編後利益準備金額は，再編直前の利益準備金額とする（同項4号）。
　第五に，再編後の利益剰余金額は，再編直前の利益剰余金額とする（同項5号）。
　株式交換により取得する株式交換完全子会社の株式のうちその取得原価を吸収型再編対価の時価その他当該株式交換完全子会社の株式の時価を適切に算定する方法をもって測定するものなどについては，株式交換により取得する株式交換完全子会社の株式の全部または一部につき株式交換完全親会社が付すべき帳簿価額を当該株式に対応する株式交換完全子会社簿価株主資本額をもって算定すべき場合において，株式交換完全親会社の株主資本等の計算について準用される（会社計算規則68条2項）。

(2)　株式交換完全子会社株式簿価評価額で算定すべき場合

　会社計算規則69条は，株式交換によって親会社が子会社を株式交換完全子会社とする場合など，共通支配下の取引等の場合について規定している。
　ここに，株式交換完全子会社株式簿価評価額とは，(イ)株式交換完全子会社簿価株主資本額から，(ロ)株式交換の直前に株式交換完全親会社が株式交換完全子会社の株式を有する場合の当該株式の帳簿価額を減じて得た額をいう（会社計算規則2条3項43号）。
　株式交換完全子会社の株式につき株式交換完全親会社が付すべき帳簿価額を，株式交換完全子会社株式簿価評価額をもって算定すべき場合において，吸収型再編対価の全部または一部が株式交換完全親会社の株式であるときは，株式交換完全親会社の株主資本等は，以下のようになる（会社計算規則69条）。
　第一に，吸収型再編後資本金額は，次のイとロの合計額とする（同条1号）。
　イ　吸収型再編直前資本金額

第4節　株式交換における「のれん」の計上，株主資本等の額

　ロ　株主払込資本変動額が零以上の額であるときは，当該株主払込資本変動額の範囲内で，株式交換完全親会社が株式交換契約の定めに従い定めた零以上の額

ここに株主払込資本変動額とは，次のａとｂの合計額からｃを減じて得た額（零未満の場合は零）をいう。

　　ａ　株式交換完全子会社簿価株主資本額および会社計算規則20条1項1号の規定により計上されたのれんの額の合計額から吸収型再編対価簿価を減じて獲た額

　　ｂ　吸収型再編対価時価（株式交換完全子会社に交付する株式交換完全親会社の株式に係るものに限る）

　　ｃ　株式交換の効力が生じる直前に株式交換親会社が有する株式交換完全子会社の株式の帳簿価額

第二に，吸収型再編後資本準備金額は，㈲直前の資本準備金額と，㈹株主払込資本変動額が零以上のときは，当該株主払込資本変動額から前号㈹の額を減じた額の範囲内で，契約の定めに従った額の合計額となる（同条2号）。ただし，次に定める額以上の額に限る。

・株式交換完全親会社が債権者の異議について会社法799条の手続をとっている場合は，零。

・とっていない場合は，当該株主払込資本変動額に株式発行割合を乗じて得た額から第1号の㈹の額を減じて得た額（零以上の額）。

第三に，吸収型再編後資本剰余金額は，直前の資本剰余金額と株主払込資本変動額の合計額から，第1号㈹および第2号㈹の合計額を減じて得た額とする（同条3号）。

第四に，吸収型再編後利益準備金額は，再編直前の利益準備金額とする（同条4号）。

第五に，再編後の利益剰余金額は，次のイとロの合計額とする（同条5号）。

　イ　吸収型再編直前利益剰余金額

　ロ　上記第1号ロａおよびｂの合計額からｃに掲げる額を減じて得た額が零未満であるときは，当該額

第5節　新設型再編における「のれん」の計上，株主資本等の額

本節では，新設型再編の場合の合併および会社分割に関して，資産・負債の評価に関連したのれんの計上と，純資産における株主資本等の額を取り上げる。

1　新設合併における「のれん」の計上

会社計算規則は，新設合併におけるのれんの計上について，時価で評価する場合（会社計算規則21条），共通支配下関係にある場合（同規則22条）に分けて規定している。

(1)　時価で評価する場合の「のれん」の計上

これまでみてきたとおり，時価で評価する場合とは，「取得」を意味し，パーチェス法の会計処理となる。新設合併設立会社は，新設合併に際して，資産または負債として，のれんを計上することができる（会社計算規則21条1項）。取得対価が時価により取得原価総額を上回ればのれんとして資産に，下回れば負ののれんとして負債に計上することができる。

新設型再編の場合でかつ時価で評価する場合には，次の三点が新設型再編対価としてさらに考慮される（同条2項）。

① 新設合併取得会社が先行して取得している消滅会社の株式（同項1号）
② 新設合併消滅会社が新株予約権を発行している場合の交付財産（同項2号）
③ 新設合併の再編対価として考慮すべき合併費用（同項3号）

新設型再編簿価株主資本額が新設合併取得会社の株主に交付する対価に係る新設型再編対価簿価未満の場合は，新設合併設立会社は新設型再編対価簿価の範囲内であればのれんを資産に計上することができる（同条3項）。この場合に計上するのれんの額は，新設型再編簿価株主資本額には算入しない（同条4項）。

新設合併取得会社が合併前にのれんを計上しているときは，新設合併設立会社は，のれんまたは負ののれんを資産または負債に計上できる（同条5項）。

(2)　共通支配下関係にある場合の「のれん」の計上

共通支配下関係にある場合は，原則としてすべて適正な帳簿価額を引き継ぐ

会計処理となる。しかし，新設合併消滅会社の全部が共通支配下関係にある場合は，会社計算規則22条1項は，次の場合について，のれんの計上を認めている。ただし，株主に交付すべき新設型再編対価の一部が新設合併設立会社の株式である場合には，1号に定めるのれんは，新設型再編対価簿価を超えて計上することができない（同項ただし書き）。

① 各新設合併消滅会社におけるイの額がロの額未満の場合は（株主に交付する対価の全部が新設合併設立会社の株式である場合を除き），その差額に対応する部分についてのれんを資産に計上できる（同項1号）。
　　イ　新設型再編簿価株主資本額から，株主資本承継消滅会社（会社計算規則77条参照）が合併直前に有する各新設合併消滅会社の株式の帳簿価額を減じて得た額
　　ロ　新設型再編対価簿価（消滅会社の株主に交付する再編対価に限る）
② 各新設合併消滅会社について，上記イの額がロの額以上の場合は，その差額に対応する部分について，負ののれんを負債に計上できる（同項2号）。

上記規定により計上するのれんは，新設型再編簿価株主資本額には算入しない（同条2項）。

(3) 「のれん」計上の禁止

会社計算規則では，持分の結合など，新設型再編対象財産を新設合併消滅会社の直前の帳簿価額による場合は，新設合併設立会社においてのれんの計上を禁止することを明文にした（会社計算規則23条）。ただし，以下の場合には，のれんを計上できる（同条ただし書）。

① 共通支配下の取引は，再編対象財産を適正な帳簿価額で評価するが，持分プーリング法ではないため，のれんの計上が認められる（同条1号）
② 合併消滅会社がすでにのれんを計上している場合は，そののれんを引き継ぐ形になるが，この場合は計上が認められている（同条2号）
③ その他正当な理由がある場合（同条3号）

2　新設合併の場合の株主資本等の額

会社計算規則は，新設合併の場合の株主資本等の額について，再編対象財産の全部または一部を時価で評価する場合（会社計算規則76条），共通支配下関係にある場合（同規則77条），資本金等も引き継ぐ場合（同規則78条），その他の場

合（同規則79条）に分けて規定している。

(1) 再編対象財産の全部または一部を時価で評価する場合の株主資本等の額

再編対象財産の全部を時価等で評価すべき場合，新設合併取得会社の株主に交付すべき再編対価の「全部または一部」の対価が新設合併設立会社の株式であるときは，新設合併設立会社の株主資本等は以下のようになる（会社計算規則76条1項）。

第一に，設立時資本金額は，次のイとロの額の合計額（新設型再編株主払込資本額）の範囲内で，新設合併消滅会社が契約で定めた零以上の額となる。ただし合計額が零未満の場合は零とする（同条1項1号）。

　イ　新設合併取得会社部分株主払込資本額（新設型再編簿価株主資本額から新設型再編対価簿価から新設型再編対価簿価を減じて得た額）

　ロ　新設型再編対価簿価

第二に，設立時資本準備金額については，新設型再編株主払込資本額から設立時資本金額を減じて得た額の範囲内で契約で定めた零以上の額（同項2号）。

第三に，設立時資本剰余金額については，新設型再編株主払込資本額（零未満の場合は零）から設立時資本金額および設立時資本準備金額の合計額を減じた額となる（同項3号）。

第四に，設立時利益準備金額については，零とする（同項4号）。

第五に，同利益剰余金額については，零とする。新設型再編払込資本額が零未満であるときは，当該新設型再編株主払込資本額とする（同項5号）。

以上が原則であるが，新設合併取得会社の株主に交付する新設型再編対価の「全部」が新設合併設立会社の株式であるときは，新設合併設立会社の株主資本等の額は以下のようになる（同条2項）。

① 設立時の資本金額は，新設合併取得会社の合併直前の資本金の額と，株主に交付する新設型再編対価時価の範囲内で，新設合併消滅会社が契約で定めた額（零以上の額）との合計額（同項1号）

② 同資本準備金額については，新設合併取得会社の合併直前の資本準備金の額と，新設型再編対価時価から1号の契約で定めた額を減じて得た額の範囲内で，新設合併消滅会社が契約で定めた額（零以上の額）（同項2号）

③ 同資本剰余金額については，新設合併取得会社の合併直前のその他資本

第5節　新設型再編における「のれん」の計上，株主資本等の額

剰余金の額と，新設型再編対価時価との合計額から，1号の契約で定めた額および2号の契約で定めた額の合計額を減じ，さらに合併直前に新設合併取得会社が有する新設合併取得会社の株式の帳簿価額を減じて得た額（同項3号）

④　同利益準備金額については，新設合併取得会社の合併直前の利益準備金の額（同項4号）

⑤　同利益剰余金額については，新設合併取得会社の合併直前のその他利益剰余金の額（同項5号）

(2)　共通支配下関係にある場合

　新設合併消滅会社の全部が共通支配下の関係にあるものとして計算する場合は会社計算規則77条に定めがあるが，関連する概念や用語がやや複雑なので，これらを先に取り上げておこう。

　同条にいう a 株主資本承継消滅会社とは，株主が受ける再編対価のすべてが新設合併設立会社の株式である場合，新設合併消滅会社のうち，株主資本承継消滅会社になると定めた会社をいう（77条1号イかっこ書）。

　同じく b 非株式交付消滅会社とは，株主が受ける新設型再編対価の全部が新設合併設立会社の社債等である場合，または株主が受ける再編対価がない新設合併消滅会社をいう（同条1号ロかっこ書）。

　同じく c 非株主資本承継消滅会社とは，株主資本承継消滅会社と非株式交付消滅会社以外の新設合併消滅会社をいう（同条1号ロ）。

　同じく d 非承継会社部分株主払込資本額とは，新設型再編簿価株主資本額から，合併直前に a が有する c の株式の帳簿価額，および c の株主に交付する新設型再編対価簿価を減じて得た額である（零未満の場合は零とする）（同条1号ロ）。

　さて，新設合併消滅会社の全部が共通支配下の関係にある場合は，新設合併設立会社の株主資本等は以下のようになる（会社計算規則77条）。

　第一に，設立時の資本金額は，次のイとロの合計額とする（同条1号）。
　　イ　上記 a の会社の資本金の額
　　ロ　上記 c の会社における d の額の範囲内で，新設合併消滅会社が契約で定めた額（零以上の額）

　第二に，設立時資本準備金額については，次の合計額とする（同条2号）。

イ 上記aの会社の合併直前の資本準備金の額

ロ 上記dから第1号ロの額を減じて得た額の範囲内で，新設合併消滅会社が契約で定めた額（零以上の額）

第三に，設立時資本剰余金額については，次のイおよびロの合計額からハおよびニに掲げる額の合計額を減じて得た額とする（同条3号）。

イ 上記aの会社の合併直前のその他資本剰余金の額

ロ 上記dの額（零未満の場合は零）

ハ 第1号ロおよび第2号ロの額の合計額

ニ 上記aの会社が合併の直前に有するaの会社の株式の帳簿価額

第四に，設立時利益準備金額については，上記aの会社の合併直前の利益準備金の額とする（同条4号）。

第五に，同利益剰余金額については，次のイとロの額の合計額とする（同条5号）。

イ 上記aの会社の合併直前のその他利益剰余金の額

ロ 上記dの額が零未満のときは，当該dの額

(3) 資本金等も引き継ぐ場合

会社計算規則78条では，原則として資本金等もそのまま引き継ぐことが適切な場合を規定しており，新設合併設立会社の株主資本等の額は以下のようになる。

ここに「引き継ぐものとして計算することが適切である場合」とは，次のいずれの場合にも該当する場合をいう（同条2項）。

a 再編対象財産の全部につき消滅会社における直前の帳簿価額を付すべき場合であること（同項1号）

b 再編対価の全部が新設合併設立会社の株式である場合であること（同項2号）

c 次に掲げるいずれかの場合であること（同項3号）

あ 第1項の規定に従って計算すべき場合

い 次のいずれかの場合で，新設合併消滅会社が本条を適用すると定めた場合

・新設合併消滅会社の全部が共通支配下関係にあるものとして計算すべき場合

第5節　新設型再編における「のれん」の計上，株主資本等の額

・会社計算規則76条または77条を適用することにより株主資本を計算することができない，または不適切な場合

　さて，第一に，設立時資本金額は，合併直前の各新設合併消滅会社の資本金の額の合計額とする。新設合併消滅会社の株主に交付する対価がない場合における新設合併消滅会社（非対価交付消滅会社）がある場合は，直前の非対価交付消滅会社を除く各新設合併消滅会社の資本金の額の合計額とする（会社計算規則78条1項1号）。

　第二に，設立時資本準備金額については，合併直前の各新設合併消滅会社の資本準備金の額の合計額。資本準備金につき非対価交付消滅会社については第1号と同様の扱いとする（同項2号）。

　第三に，設立時資本剰余金額については，新設合併直前の各新設合併消滅会社のその他資本剰余金の合計額（新設合併消滅会社の中に非対価交付消滅会社がある場合は，直前の各新設合併消滅会社のその他資本剰余金の額ならびに各非対価交付消滅会社の資本金および資本準備金の額の合計額）から，各新設合併消滅会社が有する当該新設合併消滅会社の株式およびその他の新設合併消滅会社の株式の帳簿価額，を減じて得た額とする（同項3号）。

　第四に，設立時利益準備金額については，合併直前の各新設合併消滅会社の利益準備金の額の合計額とする。新設合併消滅会社の中に非対価交付消滅会社がある場合は，直前の各新設合併消滅会社の利益準備金の額の合計額とする（非対価交付消滅会社分を除く）（同項4号）。

　第五に，設立時利益剰余金額については，合併直前の各新設合併消滅会社のその他利益剰余金の額の合計額とする。非対価交付消滅会社がある場合は，合併直前の各新設合併消滅会社のその他利益剰余金の額および各非対価交付消滅会社の利益準備金の額の合計額とする（同項5号）。

3　新設分割における「のれん」の計上

　会社計算規則では，新設分割におけるのれんの計上について，単独新設分割の場合（会社計算規則24条）と，共同新設分割の場合（会社計算規則25条）とに分けて規定している。

(1)　単独新設分割の場合

　単独新設分割の場合は完全親子会社の創設であり，承継させる財産を時価で

評価しないのが原則である（適用指針261，267）。したがって，すべて簿価で移転させるのが原則となる。しかし，会社計算規則24条は，単独新設分割におけるのれんの計上について，一定の要件を満たす場合は，のれんの計上を認めている。

すなわち，新設分割設立会社は，新設型再編簿価株主資本額が新設型再編対価簿価未満の場合は，その差額に対応する部分についてのれんを資産に計上することができることになっている（会社計算規則24条1項）。ただし新設型再編対価簿価を超えて計上することはできない（同条1項ただし書）。そして計上するのれんは，新設型再編簿価株主資本額には算入しない（同条2項）。

(2) 共同新設分割の場合

二以上の会社が共同して新設分割する場合には，次の形で計算するならば，のれんを計上できる（会社計算規則25条1項）。

1号　仮に各新設分割会社が他の新設分割会社と共同しないで新設分割を行うことにより会社を設立するものとみなして，当該会社（仮会社）の計算を行う。

2号　各仮会社が新設合併をすることにより，設立される会社が新設分割設立会社になるものとみなして，当該新設分割設立会社の計算を行う。

上記1号の場合，次の各号に掲げるときは，仮会社は各号に定めるのれんを計上できる（会社計算規則25条1項）。ただし，再編対価の一部が新設分割設立会社の株式であるときは，下記1号に定めるのれんは新設型再編対価簿価を超えて計上することができない（同条2項）。

1号　新設分割会社についての新設型再編簿価株主資本額が新設型再編対価簿価未満である場合は，その差額に対応する部分について資産としてのれん

2号　新設分割会社についての新設型再編簿価株主資本額が新設型再編対価簿価以上である場合は，その差額に対応する部分について負債としての負ののれん

なお，第2項で計上されるのれんの額は，新設型再編簿価株主資本額には算入しない（同条3項）。

(3) のれんの計上禁止

新設分割設立会社においては，会社計算規則24条および25条に定めるもの以

第5節 新設型再編における「のれん」の計上，株主資本等の額

外は，のれんの計上をしてはならないと明文で示した（会社計算規則26条）。ただし，新設型再編対象財産にのれんが含まれる場合などは，この限りでない（同条ただし書き）。

4 新設分割の場合の株主資本等の額

会社計算規則では，新設分割の際の株主資本等の額について，単独新設分割の場合（会社計算規則80条），資本金等を適当に定めることができる場合（同規則81条），共同新設分割の場合（同規則82条）に分けて規定している。

前述したように，単独新設分割の場合は完全親子会社の創設であり，承継させる財産を時価で評価しないのが原則であり，すべて簿価で移転させるのが原則となる。しかし，株主資本等の相当額が零未満の場合などは，株主払込資本をマイナス表示することは適当でないなどの問題が生じる。

(1) 単独新設分割の場合

会社計算規則80条は，単独新設分割の場合，新設分割設立会社の株主資本等は，次の額とするものとしている。ただし，資本金等を適当に定める81条の規定を適用すると新設分割会社が定めた場合は，この限りでない（会社計算規則80条ただし書き）。

第一に，設立時資本金額は，新設型再編簿価株主資本額から新設型再編対価簿価を減じて得た額（設立時株主払込資本額）の範囲内で，新設分割会社が分割計画で定めた零以上の額とする（同条1号）。

第二に，設立時資本準備金額については，設立時株主払込資本額（零未満の場合は零）から設立時資本金額を減じて得た額の範囲内で，新設分割会社が分割計画で定めた零以上の額とする（同条2号）。

第三に，設立時資本剰余金額については，設立時株主払込資本額（零未満の場合は零）から設立時資本金額および設立時資本準備金の合計額を減じて得た額とする（同条3号）。

第四に，設立時利益準備金額については，零とする（同条4号）。

第五に，設立時利益剰余金額については，零とする。ただし，新設型再編簿価株主資本額が零未満の場合は，当該新設型再編簿価株主資本額とする（同条5号）。

(2) 資本金等を適当に定めることができる場合

分割型新設分割の新設型再編対価の「全部」が新設分割設立会社の株式であるときは，新設分割設立会社の株主資本等の金額は，適当に定めることができる。設立時資本金額，同資本準備金額，同利益準備金額については零以上の額に限る（会社計算規則81条）。

(3) 共同新設分割の場合

二以上の会社が共同して新設分割をする場合は，新設分割設立会社の株主資本等の金額は，次の計算に従う（会社計算規則82条）。

> 1号　仮に各新設分割会社が他の新設分割会社と共同しないで新設分割をし，会社を設立するものとみなして，当該会社（仮会社）の計算を行う。
>
> 2号　各仮会社が新設合併することにより設立される会社が新設分割設立会社になるものとみなして，当該新設分割設立会社の計算を行う。

第6節　株式移転における「のれん」の計上，株主資本等の額

本節では，株式移転に関して，資産・負債の評価に関連したのれんの計上と，純資産における株主資本等の額を取り上げる。株式移転は形式的には株式取引であるが，その本質は新設型の再編である。株式移転は企業再編に対する規制緩和策の一環すなわち企業再編における対価の柔軟化として認められているものである。

1　株式移転による「のれん」の計上

会社計算規則では，株式移転に伴うのれんの計上について，簿価評価完全子会社が存する場合（会社計算規則27条）と混合評価完全子会社が存する場合（同規則28条）について規定を設けている。

(1) 簿価評価完全子会社が存する場合

簿価評価完全子会社とは，株式移転における取得会社など，株式移転設立完全親会社が付すべき株式移転完全子会社株式の取得原価を，株式移転完全子会社簿価株主資本額によって算定すべき場合における当該株式移転完全子会社を

第6節　株式移転における「のれん」の計上，株主資本等の額

いう（会社計算規則2条3項64号）。

　この簿価評価完全子会社が存する場合，次の1号と2号に掲げるときは，株式移転設立完全親会社は株式移転に際して各号に定めるのれんを計上できる（会社計算規則27条本文）。ただし，簿価評価完全子会社の株主に交付する新設型再編対価の一部が株式移転設立完全親会社の株式である場合は，1号に定めるのれんは，新設型再編対価簿価を超えて計上することはできない（同条ただし書）。

　　1号　株式移転完全子会社簿価株主資本額が新設型再編対価簿価（次のイまたはロに定める額を含む）未満である場合（当該簿価評価完全子会社の株主に交付する新設型再編対価の全部が株式移転設立完全親会社の株式である場合を除く）には，その差額に対応する部分についての資産としてののれん

　　　イ　株式移転に際して株式移転設立完全親会社が簿価評価完全子会社の新株予約権者に交付する新株予約権がある場合‥当該新株予約権につき付すべき帳簿価額

　　　ロ　株式移転に際して株式移転設立完全親会社が承継する簿価評価完全子会社の新株予約権付社債についての社債がある場合‥当該社債につき付すべき帳簿価額

　　2号　株式移転完全子会社簿価株主資本額が新設型再編対価簿価以上である場合（当該簿価評価完全子会社の株主に交付する新設型再編対価の全部または一部が株式移転設立完全親会社の株式である場合を除く）には，その差額に対応する部分についての負債としての負ののれん

(2)　混合評価完全子会社が存する場合

　混合評価完全子会社とは，簿価評価完全子会社および時価評価完全子会社以外の株式移転完全子会社をいう（会社計算規則2条3項65号）。

　混合評価完全子会社株式に付すべき帳簿価額を株式移転株式移転完全子会社簿価株主資本額をもって算定する部分については，混合評価完全子会社の株式について，会社計算規則27条の規定が準用される（会社計算規則28条）。

2　株式移転による株主資本等の額

　株式移転により変動を受ける株式移転設立完全親会社の株主資本等の額は次

のようになる（会社計算規則83条）。

　第一に，株式移転設立完全親会社の設立時資本金額は，新設型再編株主払込資本額の範囲内で，株式移転完全子会社が株式移転計画の定めに従い定めた零以上の額とする（同条1号）。ただし，当該新設型再編株主払込資本額が零未満である場合は零とする。

　ここに，新設型再編株主払込資本額とは，次のイからハの合計額である。

　　イ　簿価評価完全子会社の株式移転完全子会社簿価株主資本額および会社計算規則27条1号の規定により計上されるのれんの額の合計額から，新設型再編対価簿価（当該簿価評価完全子会社の株主または新株予約権者に交付するものに係るものに限る）を減じて得た額

　　ロ　時価評価完全子会社の株主に対して交付する新設型再編対価時価（当該時価評価完全子会社の株主に交付する株式移転設立完全親会社の株式に係るものに限る）

　　ハ　混合評価完全子会社に係る次に掲げる額の合計額

　　　　a　混合評価完全子会社の株式移転完全子会社簿価株主資本額および会社計算規則28条の規定により計上されるのれんの額の合計額のうち，株式移転設立完全親会社の新設型再編株主払込資本額を定めるに当たって算入すべき額から，新設型再編対価簿価（当該混合評価完全子会社の株主または新株予約権者に交付するものに限る）のうち，株式移転設立完全親会社の設立時株主払込資本額を定めるに当たって減ずるべき額を減じて得た額

　　　　b　混合評価完全子会社の株主に対して交付する新設型再編対価時価（当該混合評価完全子会社の株主に交付する株式移転設立完全親会社の株式に係るものに限る）のうち，株式移転設立完全親会社の新設型再編株主払込資本額を定めるに当たって算入すべき額

　第二に，設立時資本準備金額については，新設型再編株主払込資本額（零未満の場合は零とする）から設立時資本金額を減じて得た額の範囲内で，株式移転完全子会社が移転計画で定めた零以上の額とする（同条2号）。

　第三に，設立時資本剰余金額については，新設型再編株主払込資本額（零未満の場合は零とする）から設立時資本金額および設立時資本準備金額の合計額を減じて得た額とする（同条3号）。

第6節 株式移転における「のれん」の計上, 株主資本等の額

第四に, 設立時利益準備金額については, 零とする (同条4号)。

第五に, 同利益剰余金額については, 零とするが, 新設型再編株主払込資本額が零未満の場合は, 当該新設型再編株主払込資本額とする (同条5号)。

[注]
(1) 企業結合に対する国際会計基準の考え方は, ますます全面的時価法に傾斜しているように思われ, 近い将来, 持分プーリング法はもっと認められにくくなるか, かなり限定的な適用となる可能性がある。
(2) 企業結合会計基準および事業分離等会計基準に関する適用指針の付録として,「取得」なのか「持分の結合」なのかにつき判定するためのフローチャート「取得と持分の結合の識別」, および共同支配企業の判定のためのフローチャート「共同支配企業の形成の判定」が所載されている。日本公認会計士協会編『平成20年版・監査小六法』中央経済社 (2008年) 3152, 3153頁参照。
(3) 改正前の営業権, 超過収益力等については, 前田庸『会社法』有斐閣 (2006年) 546〜547頁参照。
(4) 詳細は, 武田雅比人「第2編会計帳簿 第2章資産および負債」郡谷大輔監修『会社法関係法務省令・逐条実務詳解』清文社 (2006年) 535頁以下参照。

設問

Q1 企業再編と「のれん」の関係について論じなさい。

Q2 企業結合会計におけるパーチェス法と持分プーリング法を簡単に説明し, 主にどのような場面で使用されるのか論じなさい。

Q3 吸収合併において時価評価する場合の「のれん」の評価について, 会社計算規則の該当条文を引用しつつ説明しなさい。

解 答 例

第1章

Q1 解答例

　企業会計原則は，損益計算書原則と貸借対照表原則を支配する一般原則として，①真実性の原則（企業の財政状態および経営成績に関して，真実な報告を提供するものでなければならないという原則），②正規の簿記の原則（すべての取引（網羅性）が，客観的事実に基づいて（検証可能性），秩序立って（秩序性）記録されなければならないとともに，会計記録・処理の実質面と形式面で重要性の原則の適用があるという原則），③資本取引・損益取引区分の原則（資本取引と損益取引とを明瞭に区別し，特に資本剰余金と利益剰余金とは混同してはならないという原則），④明瞭性の原則（財務諸表において利害関係人に対して企業の状況に関する判断を誤らせないよう必要な会計事実を明瞭に表示しなければならないという原則），⑤継続性の原則（幾つかの選択的適用が認められる処理原則・手続がある場合において，特定の原則・手続を選択した以上は正当な理由のない限り毎期継続して適用し，正当な理由によって重要な変更を加えた場合にはこれを当該財務諸表に注記すべしという原則），⑥保守主義（安全性もしくは慎重性）の原則（企業の財政に不利な影響を及ぼす可能性がある場合には，これに備えて健全な会計処理をしなければならないという原則）および⑦単一性の原則（財務諸表は株主総会提出，信用目的，租税目的等種々の目的のため作成されるから，目的による形式の多様性は認めるが，計算内容は単一でなければならず，政策の考慮のため事実の真実な表示をゆがめてはならないという原則）の7つの原則を規定し（企業会計原則第一），②・④・⑤の原則の注解として重要性の原則を定めている（企業会計原則注解注1～注1－3）。重要性の原則とは，重要性の乏しいものについては，本来の会計処理によらない他の簡便な方法を認めるという原則である。

Q2 解答例

　「計算書類」は，株式会社および合同会社においては，貸借対照表，損益計算書，株主資本等変動計算書（合同会社の場合には社員資本等変動計算書），個別注記表（会社法435条2項・617条2項，会社法施行規則2条3項10号イ，会社計算規則2条3項2号・91条1項・103条1項2号）である。合名会社および合資会社においては，会社によって異なり，貸借対照表のほか，損益計算書，社員資本等変動計算書または個別注記表の全部または一部である（会社法617条2項，会社計算規則103条1項1号）。

解答例（第1章）

「臨時計算書類」は，株式会社の場合にのみ問題となり，臨時決算日における貸借対照表と臨時決算日の属する事業年度の初日から臨時決算日までの期間に係る損益計算書である（会社法441条，会社計算規則2条2項18号）。

「連結計算書類」も，株式会社の場合にのみ問題となり，連結貸借対照表，連結損益計算書，連結株主資本等変動計算書および連結注記表である（会社法444条1項，会社計算規則2条2項20号・93条）。

「計算関係書類」も，株式会社の場合にのみ問題となり，成立の日における貸借対照表，各事業年度に係る計算書類およびその附属明細書，臨時計算書類および連結計算書をいう（会社法施行規則2条3項11号，会社計算規則2条3項3号）。

「貸借対照表等」は，清算株式会社の各清算事業年度に係る貸借対照表および事業報告ならびにこれらの附属明細書（監査報告を含む）を指す（会社法496条1項・会社法施行規則2条2項62号）。

「計算書類等」は，会社法442条に限っては，株式会社の各事業年度に係る計算書類および事業報告ならびにこれらの附属明細書（監査報告または会計監査報告を含む）および臨時計算書類（監査報告または会計監査報告を含む）である。他方，会社法施行規則では，株式会社については，各事業年度に係る計算書類および事業報告（監査報告または会計監査報告を含む）（会社法施行規則2条3項12号イ）であるが，持分会社については，計算書類を意味する（会社法施行規則2条3項12号ロ）。したがって，持分会社についていえば，計算書類＝計算書類等となり，規定を設けた意味がどこにあるのか不明な定義となっている。

「臨時計算書類等」は，株式会社においてのみ問題となり，臨時計算書類を意味するが，監査役設置会社においては監査報告，または会計監査人設置会社においては会計監査報告を含む（会社法施行規則2条3項13号）。

Q3 解答例

会社法と金融商品取引法の規制が重複する場合として，①募集株式の募集事項の公示（会社法201条5項），②募集株式の引受け申込者に対する通知（会社法203条4項），③募集新株予約権の募集事項の公示（会社法240条4項），④募集新株予約権の引受け申込者に対する通知（会社法242条4項），⑤計算書類の公告（会社法440条4項），⑥募集社債の引受け申込者に対する通知（会社法677条4項）を挙げることができる。

①および③については，金融商品取引法に基づく書類（会社法施行規則40条・53条参照）による公示の方が，開示内容および開示方法の2つの面において充実している。②，④および⑥についても，金融商品取引法に基づく目論見書（2条10項。なお会社法施行規則42条・55条・164条参照）の交付の方が，内容的に充実している。⑤につ

いても有価証券報告書（金融商品取引法24条1項）による公示の方が充実していることは，①・③と同様である。そこで，金融商品取引法の手続を履行する限り，会社法の手続を履行する必要がないという方向で両者の調整が図られている。

　ただし，有価証券届出書・目論見書・有価証券報告書の虚偽記載は，役員等の会社に対する任務懈怠責任（会社法423条1項）および第三者に対する損害賠償責任（会社法429条2項1号イロニ）を引き起こす点で，上記調整は会社法の規制を除外しているわけではないことに注意する必要がある。

Q4　解答例

　「会計帳簿」が何かについては，商法（19条2項）および会社法（374条2項・389条4項・396条2項・432〜434・615・616）を通して定義が置かれていない。各規定における会計帳簿の意味については，それぞれの規定の趣旨に照らして解釈により定めるべきである。会社計算規則4条1項は，会社が作成すべき会計帳簿に付すべき資産，負債および純資産の価額その他会計帳簿の作成に関する事項については，第2編の定めるところによると規定している。

　「正確」とは，一般的には，会計帳簿に記載すべき事項が漏れなく記載・記録され，かつ，その内容が事実に相違ないことをいう。具体的内容は特に規定されていないが，①取引事実に係る記載・記録が適切な証拠資料等に基づき行われていること，②取引事実につき記載・記録された価額・計算が正確であることが要請されると解する。

　「適時」とは，一般的には，記帳・記録が，取引事実が生じた後適切な時間内に行われることをいうが，具体的内容は特に規定されていない。適時性の判断は，種々の取引事実の具体的な態様に応じて，適切に行うほかないが，①現金取引などは，取引が発生した後，可能な限り速やかに現金残高等を確認の上記帳・記録すべきであるし，②信用取引などは，帳簿の集計時（例えば月単位など）を踏まえた適切な時期に記帳すべきである。

Q5　解答例

　EDINET（エディネット）は，金融商品取引法第2章の4（金融商品取引法施行令第3章の3）に基づく有価証券報告書等の開示書類に関する電子開示システムの愛称であって，Electronic Disclosure for Investors' NET work の頭文字の頭文字をとったものである。

　対象となる開示書類は，金融商品取引法第2章に規定する「企業内容等の開示に係る開示書類等」，第2章の2に規定する「公開買付けの開示に係る開示書類等」および第2章の3に規定する「株券等の大量保有の状況に関する開示に係る開示書類等」

239

である。

　上記書類の提出者は，インターネットを利用したオンラインで財務（支）局に登録の届出・開示書類の提出を行う。届出・提出された情報は，財務（支）局ならびに金融商品取引所および認可金融商品取引業協会の閲覧室に設置するモニター画面によって公衆縦覧に供されるとともに，インターネットを利用して広く一般に提供される。これにより，提出者の事務負担の軽減と投資家等による企業情報へのアクセスの公平・迅速化を図ることが意図されている。

　平成20年4月から，HTML（Hyper Text Markup Language）に代わって財務情報の国際的標準であるXBRL（eXtensible Business Reporting Language）を用いた新システムが稼動している。

第2章

Q1 解答例

　企業会計には，大別して2つの目的がある。第一の目的は，会社の財政状態や経営成績を債権者・株主などの利害関係人に対し報告することである。利害関係人が絡むことで，利害関係調整のため法令による規制が必要となる。この関連の法令群は，会社法・金融商品取引法・税法の三法およびこれらの政省令等であり企業会計法と呼ばれている（ちなみに，会社法は債権者・株主保護を，金融商品取引法は投資者保護を，税法は公正な税の徴収を目的としている）。第二の目的は，専ら会社内部の計画，統制，管理のための機能である。換言すれば当該会社経営だけに資するものであるから，直接的に法令で規制する必要は認められない。

　このように企業会計は，使用目的および法令による規制の有無等により，財務会計と管理会計の2つに類別することができる。それは以下の特徴をもつ。

　　財務会計……会社外部の利害関係人に財政状態や経営成績を報告するための会計である。利害関係人との調整が必要なため法令で強制される。会計帳簿における計算方法・手続，それに，計算書類等による強制開示が中心課題となる。財務会計は会社法・会社計算規則，金融商品取引法・財務諸表等規則などの法令および公正妥当な企業会計の慣行により形成されている。

　　管理会計……主として経営者のために経営判断資料を情報提供するための会計である。管理会計には，日常の予算統制・管理など統制管理情報を提供する情報分野と，投資計画など個別の意思決定情報に結びつく情報分野がある。会計帳簿に記録された日々の取引記録をそのまま活用する場合も，あるいは個別の目的・計画ごとに数値計算する場合

もあるが，あくまでも経営者自身の経営判断のための資料を作成するもので，会社外部の利害関係人は絡まないので，基本的に法令による直接的な規制はない。

Q2 解答例

　計算書類（およびその附属明細書）の内容は，会計帳簿に記載された記録をもとに作成されなければならない（会社計算規則91条3項）。会計帳簿に記載された記録をもとに計算書類等を作成する手続は「誘導法」と呼ばれている。

　会計帳簿の記録を作成するに際しては，簿記の原理にしたがった会計処理が基礎となるがおよそ以下のプロセスとなる。

1　日常の取引記録

　日常の取引記録は，収益・費用・資産・負債・純資産の5つの基本要素に分解され，仕訳と呼ばれる複式簿記による記帳を行う。この記録は取引の発生順（日付順）に仕訳帳に記入される。

　他方，仕訳帳に記録された取引は，勘定科目別に振り替えることで（この作業を転記という），経営管理等をしやすいようにする。取引を勘定科目別にまとめた記録簿を元帳（総勘定元帳）という。仕訳帳と元帳は主要簿と呼ばれる。

2　期末における会計処理

　事業年度末には，1年間の記録を集計し，試算表と呼ばれる一覧表を作成し，合計残高等を確認する。さらに，売上原価・損益の確定，有価証券の評価，貸倒の見積り，減価償却などの「期末整理事項」と呼ばれる事項について作業を行う。この作業は精算表と呼ばれる一覧表で行われる。

3　計算書類等の作成

　精算表において期末整理事項の手続を経た勘定科目は，収益・費用に関するものは損益計算書に，資産・負債・純資産に関するものは貸借対照表に計上されていく。とくに貸借対照表の純資産の変動に関する内容は，株主資本等変動計算書としてまとめられる。これらを補足する情報として，注記表や附属明細書が作成される。

Q3 解答例

　簿記学では，収益・費用・資産・負債・純資産の5つを「会計の5つの要素」という。それぞれの要素の特性および具体的な勘定を例示すれば，以下のとおりである。

　　　収益……営業活動・資金運用活動などで会社に流入してくる資金。利益を含む収入。
　　　　　　　売上，受取利息，受取利子，土地・有価証券売却益等々。

解答例（第2章）

費用……サービス・便益の対価として流失した資金。基本的に対価として流失していくので，財産価値のあるものは残らない。
　　　　　原材料の仕入・工賃等の製造費，事務部門の支払給与等の販売費・管理費等々。
資産……会社の権利・財産となるもの。売却・決済によって現金化でき，回収できる価値のあるもの。将来の費用の元になる。
　　　　　現金・預金，受取手形，売掛金，建物，土地，特許権，ソフトウエア等々。
負債……会社以外の他人から借りを作った状態を示す。支払義務を伴うもの。他人の持分（いわゆる他人資本）。
　　　　　借入金，支払手形，買掛金，社債，引当金等々。
純資産……元手となる資本金に剰余金等を含めたもの。株主の持分である株主資本（いわゆる自己資本）が中心であるが，一部，自己資本以外の部分も含まれる。資本金，準備金，剰余金等々。

Q4　解答例

連結特有の会計処理には，連結貸借対照表関係の会計処理と連結損益計算書関係の処理がある。会社計算規則100条の次のような会計処理がその典型である。

1　連結貸借対照表関係の基本的会計処理

会社計算規則100条では，連結計算書類の作成に当たっては，連結子会社の資産および負債の評価ならびに連結子会社に対する投資とこれに対応する当該連結子会社の資本との相殺消去その他必要とされる連結会社間相互間の項目の相殺消去をしなければならないとされている。連結するには，まず親会社・子会社の個別情報の合算が必要であるが，同条によれば，親会社の個別貸借対照表の投資における当該部分と，子会社の個別貸借対照表の純資産における当該部分は相殺消去されなければならない。このような処理を資本連結手続という。

2　連結損益計算書関係の基本的会計処理

企業グループを1つの経済単位と捉えると，親会社も子会社も同一の経済単位であるから，対外的に損益の状況を伝える際に，親会社と子会社の間で行う取引（「内部取引」という）はあまり意味をもたない。そこで，内部取引は会社計算規則100条の「その他必要とされる連結会社間相互間の項目の相殺消去」に相当し，相殺消去しなければならない。また，親子会社間で，商品などの売買が行われた場合，売買価格に含まれる利益は，その商品が企業グループの外に販売されるまでは，「未実現利益」として扱う。連結に当たっては，この未実現利益は消去しなければならない。

Q5 解答例

　会社法431条では，株式会社の会計は，一般に公正妥当と認められる企業会計の慣行に従うものとされている。株式会社が会計処理・手続・開示を進めていく場合は，会社法および会社計算規則の規定以外に，その他の企業会計の慣行も併せて適用されることになる。この公正妥当と認められる企業会計の慣行の代表的なものとして，企業会計審議会が制定した企業会計原則，連結財務諸表原則，企業結合に係る会計基準などが挙げられる。また，企業会計基準委員会が制定した棚卸資産の評価に関する会計基準，金融商品に関する会計基準，リース取引に関する会計基準など一連の会計基準が挙げられる。

　他方，会社計算規則3条では，一般に公正妥当と認められる企業会計の慣行を斟酌しなければならないものとされている。この条文の趣旨は，会社計算規則において定められた規定は会社法上の規律として必要であると判断されたものを規定化したものであり，逆に会社計算規則で定められた規定は，公正妥当な企業会計の慣行にしたがって規定されたものにすぎないことを，明文にしたものである。したがって株式会社の会計実務では，会社計算規則に定められたもの以外に，上記の企業会計の慣行等を「斟酌」して適用することが必要となる。

第3章

Q1 解答例

　会社情報には会計関連の情報と業務関連の情報の別がある。会社法上，開示すべき内容については，法務省令である会社法施行規則と会社計算規則に委任しており（会社法435条2項），詳細はこれら省令で規定されている。会社法施行規則116条は会社法と関連法務省令をつなぐ目次的な役割を果たしている。

　業務関連情報と会計関連情報の関係を各事業年度に係る個別計算書類等に即してみれば，業務関連の情報は事業報告およびその附属明細書に反映されるものとして取り扱われ，その内容は会社法施行規則において規制されている。他方，会計関連の情報は個別貸借対照表・個別損益計算書・個別株主資本等変動計算書・個別注記表およびこれらの附属明細書に反映されるものとして取り扱われ，その内容は会社計算規則において規制されている。

Q2 解答例

　繰延資産は，既に代価の支払が完了しまたは支払義務が確定し，これに対応する役務の提供を受けたにもかかわらず，その効果が将来にわたって発現するものと期待さ

れる費用であることから，その扱いについては，およそ2つの考え方があった。すなわち，①財産主義的立場は，本来の資産でないにもかかわらず政策的見地から資産計上を認めたに過ぎないとする考え方であり，他方，②成果主義的立場は，資産の本質は将来費用に対応する未実現費用の集積であり，資産そのものが費用の繰延であるから，費用と収益の対応の観点から資産性が認められるとする考え方である。

会社法上，繰延資産については「資産の部は，流動資産，固定資産，繰延資産に区分すること」との規定（会社計算規則106条1項3号），「繰延資産とは，繰延資産として計上することが適当であると認められるもの」との規定（会社計算規則106条3項5号），および「繰延資産を計上した場合，その償却累計額は繰延資産から直接控除し，残額を表示する」との規定（会社計算規則115条）があるのみで，具体的にどのような資産が繰延資産であるのか，会計処理はどうするのかについては規定されていない。なお，金融商品取引法上，財務諸表等規則では具体的に創立費・開業費・株式交付費・社債発行費・開発費といった項目が繰延資産として列挙されている（財務諸表等規則37条）。

したがって，会社法上，繰延資産の取り扱いについては，公正妥当な企業会計の慣行に従うことになる（会社法431条，会社計算規則3条）。具体的には，企業会計基準委員会・実務対応報告19号『繰延資産の会計処理に関する当面の取り扱い』に従うことになろう。同実務対応では，繰延資産に関する会計処理は，これまで行われてきた実務慣行をおよそ踏襲したものになっている。

Q3 解答例

デリバティブ取引とは通貨，株式・債券などの現物商品を売買・交換する取引ではなく，原資産（基礎となる現物商品）の価格変動をヘッジするために行われる取引であり，契約の一種と考えられている。

デリバティブ取引として，先物取引，オプション取引，先渡取引，スワップ取引などが挙げられる。先物取引は商品の価格変動を予測するものであり，市場を通じて，将来の一定時点における価格等の取引条件を現時点において約定する取引である。オプション取引は，株式・債券等を定められた期日に予め決めた価格で売買する権利を売買する取引である。先渡取引は，先物取引と同様，将来の一定時点における価格等の取引条件を現時点において約定する取引であるが，市場取引ではなく相対取引である。スワップ取引は，将来の債権の受取や支払いを交換する取引である。

これらデリバティブ取引はいずれも，少ない原資（証拠金の供託等）で多額の取引ができるので，危険性が高い。

会社法上，デリバティブ取引は，資産または負債に対する評価・換算価額の計算に

おいて規制の対象となる。資産または負債につき時価を付する場合における当該資産または負債の評価差額には，デリバティブ取引により生じる正味の財産または負債が含まれる（会社計算規則85条1号）。

デリバティブ取引による評価・換算差額は，個別・連結貸借対照表において繰延ヘッジ損益として計上される（会社計算規則108条7項2号）。また，個別・連結株主資本等変動計算書においても同様に計上される（会社計算規則127条5項2号）。

繰延ヘッジ損益は，ヘッジ会計（会社計算規則2条3項26号）の会計処理により生じるものであるが，具体的な会計処理そのものについては会社法上の定めはなく，公正妥当な企業会計の慣行に従うことになる（会社法431条，会社計算規則3条）。企業会計基準委員会・企業会計基準10号『金融商品に関する会計基準』に従った会計処理が求められる。

Q4 解答例

企業グループによる一体経営の時代においては，配当についても，子会社を含んだ連結ベースで行えば実態がより反映される（親会社単体ベースでは反映されない子会社の損失を，連結ベースでは適切に反映することができる）のではないか。また，親会社単体ベースの分配可能額よりも連結ベースで算出した額のほうが少なければ，分配可能額の算定に当たり，少なくなった分の差額を考慮することも考えられる。このような議論を背景に連結配当制度が設けられた。

会社法では，連結配当制度を適用するかどうかは会社の定めによるもの，つまり任意選択とされ，会社計算規則186条4号の連結配当規制を適用した会社を連結配当規制適用会社としている（会社計算規則2条3項72号）。

連結配当規制適用会社では，分配可能額の算定に当たり，会社法461条2項6号の控除すべき合計額として，次のイに掲げる額からロおよびハに掲げる額の合計額を減じて得た額（当該額が零未満の場合は零）も加えることができる（会社計算規則186条柱書き，同条4号）。

  イ 最終事業年度の末日における貸借対照表の(1)から(3)までに掲げる額の合計額から(4)に掲げる額を減じて得た額
    (1) 株主資本の額
    (2) その他有価証券評価差額金の項目に計上した額（当該額が零以上である場合は零）
    (3) 土地再評価差額金の項目に計上した額（当該額が零以上である場合は零）
    (4) のれん等調整額（当該のれん等調整額が資本金の額，資本剰余金額および利益剰余金の額の合計額を超えている場合は，資本金の額，資本剰余金

解答例（第3章）

245

の額および利益剰余金の合計額）
　　ロ　最終事業年度の末日後に子会社から当該株式会社の株式を取得した場合における当該株式の取得直前の当該子会社における帳簿価額のうち，当該株式会社の当該子会社に対する持分に相当する額
　　ハ　最終事業年度の末日における連結貸借対照表の(1)から(3)までに掲げる額の合計額から(4)に掲げる額を減じて得た額
　　　(1)　株主資本の額
　　　(2)　その他有価証券評価差額金の項目に計上した額（当該額が零以上である場合は零）
　　　(3)　土地再評価差額金の項目に計上した額（当該額が零以上である場合は零）
　　　(4)　のれん等調整額（当該のれん等調整額が資本金の額および資本剰余金の額の合計額を超えている場合にあっては，資本金の額および資本剰余金の額の合計額）

Q5　解答例

会社計算規則129条1項では，注記表の記載事項として以下のものを掲げている。なお，とくに貸借対照表，損益計算書，株主資本等変動計算書等の特定の項目に関する注記については，その関連も明らかにしなければならない（会社計算規則130条）。

　　①　継続企業の前提に関する注記（会社計算規則129条1項1号）
　　②　重要な会計方針に係る事項に関する注記（同項2号）
　　③　貸借対照表等に関する注記（同項3号）
　　④　損益計算書等に関する注記（同項4号）
　　⑤　株主資本等変動計算書に関する注記（同項5号）
　　⑥　税効果会計に関する注記（同項6号）
　　⑦　リースにより使用する固定資産に関する注記（同項7号）
　　⑧　関連当事者との取引に関する注記（同項8号）
　　⑨　一株当たり情報に関する注記（同項9号）
　　⑩　重要な後発事象に関する注記（同項10号）
　　⑪　連結配当規制適用会社に関する注記（同項11号）
　　⑫　その他の注記（同項12号）

上記①から⑫に掲げる事項を注記表ですべて開示する株式会社は，会計監査人設置会社の場合に限られる。たとえば，会計監査人設置会社の場合は，定款により，剰余金の配当を取締役会限りで決定することが認められるが（会社法459条1項），会計監査人の無限定適正意見が配当決定の条件になっており（同条2項，会社計算規則183

条1号），利害関係人との関係をより厳正に調整する必要があるので，これに伴い開示事項を拡充する必要があるからである。

逆に，会計監査人を設置していない会社で非公開会社の場合は，会社計算規則129条1項1号・3号・4号，および6号ないし11号に関する注記は表示しなくてもよい（同条2項1号）。また，会計監査人を設置していない会社で公開会社の場合は，1号および11号については表示しなくてもよい（同項2号）。そうすると，すべての株式会社の注記表において最低限表示すべき記載事項は，重要な会計方針に係る事項に関する注記，株主資本等変動計算書に関する注記，およびその他の注記となる。

第4章

Q1 解答例

事業報告の開示内容は，会社法施行規則において以下のように段階的に規制されている。

第1段階は，すべての株式会社に共通するものである。「株式会社の状況に関する重要な事項」（会社法施行規則118条1号）および「業務の適正性を確保するための体制」（同条2号）が記載される。後者はいわゆる内部統制に関する事項である。会社法348条3項4号および362条4項6号，416条1項1号ロ・ホを受けて規定されるものであり，大会社や公開会社でなくても内部統制の体制整備について定めを行った会社であれば，事業報告に記載しなければならない。

なお，会社法施行規則127条は，主に上場会社等のいわゆる買収防衛策を想定したものであるが，会社の区分や会社機関の状況に関係なくすべての株式会社に適用される。会社支配に関する方針を決定した場合には，その基本方針や取り組みの具体的な内容が開示される（会社法施行規則127条）。

第2段階では，公開会社が開示拡充する特則を設けている。公開会社においては，次の事項が追加開示される（会社法施行規則119条）。なお，大会社であっても公開会社でなければ，これらは記載する必要はない。

  株式会社の現況に関する事項（同条1号）
  株式会社の会社役員に関する事項（同条2号）
  株式会社の株式に関する事項（同条3号）
  株式会社の新株予約権に関する事項（同条4号）

なお，会社法施行規則121条において，公開会社が社外役員を設けている場合の特則を設けている。会社法施行規則119条2号の内訳項目として，公開会社の役員に関する詳細な情報が記載される（会社法施行規則121条）。

第3段階では，会計参与を設置している会社の特則を設けている。会計参与と当該

会社との間で，責任限定契約（会社法427条1項）を締結しているときは，当該契約の内容の概要ならびに当該契約によって会計参与の職務の適正性が損なわれないようにするための措置を講じている場合は，その内容が記載される（会社法施行規則125条）。

第4段階では，会計監査人を設置している会社の特則を設けている。会計監査人については，コーポレートガバナンスの視点から，会社からの独立性が最も高くあるべき機関との位置づけから，独立性に関する事項を中心に開示される（会社法施行規則126条）。

Q2 解答例

諸外国において社外役員は，その中立性，独立性の見地からコーポレートガバナンスに資する制度として導入されている。わが国でも平成5年の商法改正において社外監査役の制度が，平成14年の商法改正においては社外取締役の制度が導入されてきた。

現行会社法上，会社役員とは，当該会社の取締役，会計参与，監査役および執行役をいい（会社法施行規則2条3項4号），社外役員とは，当該会社役員が社外取締役（会社法2条15号）または社外監査役（会社法2条16号）であり（会社法施行規則2条3項5号イ），次のいずれかに該当するものをいう（会社法施行規則2条3項5号ロ）。

(1) 特別取締役（会社法373条1項2号），委員会設置会社の社外取締役（会社法400条3項），責任を一部免除される社外取締役（会社法425条1項1号ハ）または責任限定契約の対象となる社外取締役（会社法427条1項）。

(2) 監査役会設置会社の社外監査役（会社法335条3項）または責任限定契約の対象となる社外監査役（427条1項）

(3) 当該株式会社の社外取締役または社外監査役であるものとして計算関係書類，事業報告，株主総会参考書類その他当該株式会社が法令その他これに準ずるものの規定に基づき作成する資料に表示されているもの

第5章

Q1 解答例

計算関係書類の監査は，会計監査人設置会社かどうかでその内容は大きく異なる。監査役を置いているすべての株式会社では，監査役が各事業年度に係る計算書類（個別貸借対照表・個別損益計算書・個別株主資本等変動計算書・個別注記表）および事業報告ならびにこれらの附属明細書を監査しなければならない（会社法436条1項）。会計監査人設置会社では，監査役の監査に加えて会計監査人が事業報告およびその附属明細書を除いた計算関係書類の監査を実施する（同条2項1号）。なお，事業報告

およびその附属明細書については，監査役のみが監査を実施する。

したがって，会計監査人設置会社では，計算書類に対する監査は，監査役と会計監査人との重畳的監査の形態となる。会計監査人設置会社の監査役は，職業専門家たる会計監査人が第一義的に行った会計監査についてその相当性を判断しつつ，自らの会計監査を進める形となる（会社計算規則155条2号，156条2項2号）。

会計監査人がいない会社の場合は，原則に立ち戻り，監査役ないし監査役会が自ら会計監査を進めねばならない。

このように，会社法および会社計算規則では，会計監査人のいない会社と会計監査人設置会社とに分けて規制を行っている。

Q2 解答例

会社法上の監査役監査には，計算書類の作成・開示に対する監査ばかりでなく，日常の取締役の業務執行を監視する機能（いわゆる業務監査）が含まれている。すなわち監査役による監査は，取締役の職務の執行を監査するというものであり（会社法381条1項），業務監査の結果は監査報告にとりまとめられる（会社法施行規則129条以下）。これが監査役監査の基本であり，事業報告の監査は，この業務監査の一環である開示監査として位置づけられているにすぎない（会社法施行規則129条1項2号）。計算書類等の作成・開示ないし提供の事務は，取締役の職務の執行の一部にすぎず，同時に監査役によるこれら事務に対する監査も監査業務の一部にすぎない。

会計監査人設置会社における監査役の計算書類の監査は，一義的に会計監査人が行った会計監査の結果について相当性の判断を行うというものである（会社計算規則155条2号）。監査役側で会計監査人の監査を相当でないと認めた場合は，会社法の原則に立ち戻り，自ら独自の会計監査を実施しなければならない（会社法436条1項）。

Q3 解答例

会社法制定前は，定時株主総会の会日から逆算して計算書類を提供すべき時期が設けられていた。これは監査役や会計監査人に一定の監査期間を確保させるためのものであった。

会社法では，監査期間を確保する以外に定時株主総会の開催時期を拘束するような規定を設けることは必要ないとの理由により，計算書類の提供時期については規制されていないが，監査期間については規制が設けられている（会社計算規則152条1項，158条1項，160条1項）。

上記の監査期間は原則であり，監査期間をさらに伸長するため，あるいは監査期限を徒過した場合の規定が設けられている。

解答例（第6章）

　前者については，各事業年度に係る計算書類およびその附属明細書に対する監査報告の通知期限を取締役と監査役との間で合意することができる（会社計算規則152条1項1号ハ，2号ロ）。会計監査人も同様に，取締役および監査役との間で合意することができる（会社計算規則158条1項1号ハ，2号ロ）。
　後者については，法定の監査期間内に監査報告が作成されない場合，監査役や会計監査人の監査を受けたものとみなされる（会社計算規則152条3項，158条3項，160条3項）。
　監査役が監査期限を徒過した場合には，提供すべき監査報告自体がないので，株主への提供ができなくなってしまうが，このような場合は，その旨を記載した書面または電磁的記録を提供すれば足りることになっている（会社計算規則161条1項2号ハ，3号ヘ）。
　会計監査人が監査期限を徒過した場合には，監査役（会）としては会計監査人監査に対する相当性判断（会社計算規則155条2号，156条2項2号）ができなくなるが，この際は会計監査報告を受理していない旨だけを明らかにすればよいことになっている（会社計算規則155条2号かっこ書）。

Q4　解答例

　会計監査人設置会社かつ監査役会設置会社で，取締役の任期を1年と定めているかまたは委員会設置会社であるときは，剰余金の配当を取締役会が定めることができる旨を定款で定めることができる（会社法459条1項4号）。この定款の定めは，最終事業年度に係る計算書類が法令および定款に従い株式会社の財産および損益の状況を正しく示しているものとして法務省令で定める場合に限り，その効力を有するものとされている（同条2項）。
　このように，会計監査人設置会社において剰余金の配当を取締役会で定めることができることを定款で定めた場合でも，その効力を有するためには，最終事業年度に係る計算書類が法令・定款に従い財産・損益の状況を正しく示しているものでなければならない。会計監査人の無限定適正意見は，これらの状況をすべての重要な点において適正に表示していると認められる旨の意見となり（会社計算規則154条1項2号イ），会社法459条2項の要件となる（会社計算規則183条1号）。

第6章

Q1　解答例

　会社法では，利害関係人に対する計算関係書類や事業報告の伝達方法について，以下のような規制が行われている。

第1に，計算書類，事業報告およびこれらの附属明細書は，定時株主総会の日の1週間前から5年間，臨時計算書類はその作成の日から5年間，本店（支店の場合は3年間）に備え置かれる（会社法442条1項，2項）。

第2に，取締役会設置会社にあっては，取締役は，定時株主総会の招集の通知に際して，株主に対して法務省令で定めるところにより計算書類および事業報告を提供しなければならないものとしている（会社法437条）。これら提供書類は，監査役ないし会計監査人の監査を受けたものであり（会社法436条1項，2項），取締役会の承認を受けたものである（同条3項）。

第3に，監査および承認を経た計算書類および事業報告は，定時株主総会に提出・提供されなければならない（会社法438条1項）。計算書類については定時株主総会の承認を受けなければならない（同条2項）。他方，事業報告については，報告しなければならない（同条3項）。ただし，会計監査人設置会社の場合は，監査を経て取締役会で承認された計算書類が法令・定款に従い法務省令で定めた要件（会社計算規則163条）に該当するときは，計算書類は定時株主総会での報告事項となる（会社法439条）。なお，株主全員の書面または電子的記録により承認または報告の同意があったときは，これらの承認・報告は省略できる（会社法319条，320条）。

第4に，計算書類のうち貸借対照表（大会社の場合は損益計算書も加わる）については，株式会社は，定時株主総会の後，遅滞なく法務省令で定めるところにより公告しなければならない（会社法440条1項）。なお，公告の方法は，官報や時事に関する日刊新聞紙あるいは電子公告による（会社法939条1項各号）。

第5に，会社側からの伝達というよりも，一部の株主に認められた権限として会計帳簿の閲覧等の請求権があげられる。株主総株主の議決権の100分の3以上の議決権を有する株主または発行済株式の100分の3以上の株式を有する株主における権限ではあるが，計算関係書類に至る前の原始的情報である会計帳簿について閲覧等が認められている（会社法433条）。

Q2 解答例

会計監査人設置会社における計算書類の株主への提供は，まず，定時株主総会の招集通知の際に行われる。委員会設置会社は当然会計監査人設置会社であるので（会社法327条5項），以下では委員会設置会社を含めて説明する。

会社計算規則161条1項3号により，①（会計監査人および監査役の監査を受けた）計算書類，②会計監査人の会計監査報告，③計算書類に係る監査役（監査役会設置会社にあっては監査役会，委員会設置会社にあっては監査委員会）の監査報告があるときは，当該監査報告を提供しなければならない。監査役会設置会社以外の会社（委員

会設置会社を除く）で2人以上の監査役が置かれ，各監査報告の内容が同一であるときは，1つの監査報告の提供でもよい（同号ホ）。

④会計監査人・一時会計監査人が存しないときには，会計監査人が存しない旨の記載または記録した書面または電磁的記録を提供する（同号ハ）。

⑤特定監査役が通知時期までに会計報告または監査報告を通知しないため，提供すべき書類がないときには，その旨を記載または記録した書面または電磁的記録を提供する（同号ヘ）。

また，会社法施行規則133条1項2号により，①監査役（監査役会設置会社にあっては監査役会，委員会設置会社にあっては監査委員会）の監査を受けた事業報告，②事業報告に係る監査役（監査役会設置会社にあっては監査役会，委員会設置会社にあっては監査委員会）の監査報告があるときは，当該監査報告を提供しなければならない。監査役会設置会社以外の会社（委員会設置会社を除く）で2人以上の監査役が置かれ，各監査報告の内容が同一であるときは，1つの監査報告の提供でもよい（同号ロ）。③特定監査役が通知時期までに監査報告を通知しないため，提供すべき書類がないときには，その旨を記載または記録した書面または電磁的記録を提供する（同号ハ）。

取締役は，上記計算書類および上記事業報告を定時株主総会に提供し，計算書類については総会の承認を受け（会社法438条2項），事業報告については総会に報告しなければならない（同438条3項）。

Q3 解答例

会社法301条1項では，取締役は，株主総会の招集に際して，法務省令で定めるところにより株主総会の議決権行使について参考となる書類（参考書類）および株主が議決権を行使するための書面（議決権行使書面）を株主に交付しなければならないとしている。これは株主が総会に出席しなくても意思表示を反映できるようにするための制度であり，書面投票制度という。なお，金融商品取引法上の委任状勧誘府令により，全株主に委任状を交付するときには，金融商品取引法の規制に服すので，書面投票による旨を定めなくてもよい（会社法298条2項ただし書，会社法施行規則64条）。

株主総会参考書類には，議案（会社法施行規則73条1項1号）のほか，議案につき株主総会に対する監査役の報告義務（会社法384条）について調査結果があるときは，その調査結果の概要を株主総会参考書類に記載しなければならないものとされている（会社法施行規則73条1項2号）。

さらに，以下の事項が記載される。

役員等の選任に関する事項（会社法施行規則74条ないし77条）

役員等の解任等に関する事項（会社法施行規則78条ないし81条）
　役員の報酬に関する事項（会社法施行規則82条ないし84条）
　計算関係書類の承認に関する事項（会社法施行規則85条）
　合併契約等の承認に関する事項（会社法施行規則86条ないし92条）
　株主提案の場合における記載事項（会社法施行規則93条）
　株主総会参考書類において監査の独立性を担保している事項として，上記73条1項2号のほか，会社法施行規則85条1号の場合が挙げられる。会計監査人設置会社において，計算関係書類が法令・定款に適合するか否かについて，会計監査人と監査役の意見が異なるときは，会計監査人は定時株主総会において意見を述べることができるが（会社法398条1項），この場合は，会計監査人の意見の内容を記載する（会社法施行規則85条1号）。同号によれば会計監査人の意見は，概要でなくそのすべてを記載しなければならない。

第7章

Q1 解答例

　一般に，金銭以外の財産をもって会社を清算した場合，投資の回収の結果を示すよう分配前に清算損益を計上することが適切である。このため，金銭以外の財産をもって自己株式を取得した場合と同様，現物配当を行う場合には，配当財産について効力発生日（会社法454条1項3号）において時価で評価替えした上で，時価と簿価との差額があるときには，配当の効力発生日の属する期の損益として，配当財産の種類等に応じた表示区分に計上し，時価（会社法454条1項1号にいう配当財産の帳簿価額）をもって，その他資本剰余金またはその他利益剰余金（繰越利益剰余金）を減額する（会社法446条6号）。これは，株主との取引であっても，通常，時価を基礎として当該取引が行われているものと考えられることとも整合的であるとされている。

　ただし，以下の場合には，配当の効力発生日における配当財産の適正な簿価価額をもって，その他資本剰余金またはその他利益剰余金（繰越利益剰余金）を減額する。

　① 分割型の会社分割（按分型），すなわち事業分離日に生じた分割承継会社株式のすべてを株式数に応じて比例的に配当する場合
　② 保有する子会社株式のすべてを株式数に応じて比例的に配当（按分型の配当）する場合
　③ 企業集団内の企業へ配当する場合
　④ 市場価格がないことなどにより公正な評価額を合理的に算定することが困難と認められる場合。

　①の場合には分割会社自体が単に分かれただけであると考えられるし，②も①と同

様である。従って損益を計上しないことが適切である。また，③は，企業結合における共通支配下の取引（企業結合に係る会計基準参(1)①イ）に準じて，④の場合も損益を計上しないことが適切であると考えられるからである。

しかし効力発生日の時価とすることは事実上不可能であるから，株主総会決議の日の時価と解すべきである。
（なお「自己株式及び準備金の額の減少等に関する会計基準の適用指針」10項・38項，秋坂朝則『設例と仕訳でわかる会社計算規則』69頁参照）

Q2 解答例

反対株主の株式買取請求権のうち，会社の組織再編行為以外の場合における反対株主の株式買取請求（会社法116条）については，会社法461条の財源規制の適用はないものの，会社法464条1項により，払い戻した額が分配可能額を超える場合には，その株式の取得に関連する職務を行った業務執行者は，会社に対して連帯してその超過額を支払う義務を負うものとされている。ただしこの責任は過失責任であって，業務執行者がその職務を行うにつき注意をおこたらなかったことを証明した場合には，責任を免れる。または，総株主の同意により免除することができる（会社法464条2項）。これは，株式買取請求権の原因となる行為を行う際に，財源について慎重な配慮を求めるために課された責任である。

これ対し，組織再編行為（合併・会社分割・株式交換・株式移転・事業譲渡等）の際の株式買取請求権の場合には（会社法469条1項・785条1項・797条1項・806条1項），組織再編行為が会社の基礎的変更であり，株主の多数が賛成しているのに，業務執行者に責任を負わせるのは妥当でないので，業務執行者に会社法464条に規定する責任は課せられていない。

Q3 解答例

剰余金の分配可能額は，最終事業年度の末日のその他資本剰余金とその他利益剰余金の合計額を基準とし，それに剰余金の配当がその効力を生ずる日までの剰余金の変動額を反映させて算定する（会社法461条2項）。従って，自己株式の取得または処分が剰余金の変動を生じさせるか問題となる。

① 自己株式を取得すると，その都度，株式の取得と引換えに株主に払い戻しが行われるので，分配可能額の規制の適用の有無にかかわらず，自己株式の帳簿価額相当分の分配可能額が減少する（会社法461条2項3号）。

② 自己株式を処分した場合には，自己株式の帳簿価額が減額する（会社計算規則47条2項）。他方，当該額だけそのまま分配可能額が増加するとすると，例

えば，取得した財産が不当に高く評価されると，不当に分配可能額が多くなるという問題があるため（郡谷大輔＝和久友子編『会社法の計算詳解（第2版）』342頁），分配可能額に組み入れられず（会社法461条2項3・4号），臨時決算（会社法441条）を経て確定した額だけを分配可能額に反映させることとしている（会社法461条2項2号イ）。

Q4 解答例

会社法459条の規定により定款の定めがある場合において，取締役会の決議により定めることができるとされている事項は，株主にとって不利益とならない株主資本の計数変動と株主に対する払戻しに関する事項である。具体的には次の事項である。

① 株主に対する払戻しである自己株式の取得に関する事項（会社法459条1項1号）

　ただし，特定の株主に対してのみ自己株式の取得の通知を行う旨の決定を行う場合には（会社法160条1項），取締役会の決議によることはできない（会社法459条1項1号）。この場合には株主平等の原則との関係から，株主総会の特別決議によらなければならないとされているからである（会社法309条2項2号）。

② 計算書類の承認のための取締役会において，準備金の額を減少してその全額を剰余金とする場合（当該準備金の額の減少後に分配可能額がプラスとならない場合に限る）における減少する準備金の額と準備金額減少の効力発生日（会社法459条1項2号）

③ 剰余金を構成する各項目間の計数の変更に関する事項（会社法459条1項3号・452条後段，会社計算規則181条1項・2項1号）

④ 剰余金の配当に関する事項（会社法459条1項4号・454条1項・4項）

　ただし，配当財産が金銭以外の財産であり，かつ，株主に対して金銭分配請求権を与えないこととする場合には，株主総会の特別決議によることとされているので（会社法309条2項10号），取締役会の決議によることができない。

Q5 解答例

定時株主総会で剰余金の配当の決定を行う場合以外の場合としては，①会社法459条1項の定款の定めがある会社において，取締役会の決議で剰余金の配当を決定する場合と，②臨時株主総会の決議で剰余金の配当を決定する場合（会社法454条）の2つがある。①は，（ⅰ）計算書類等の承認を行う取締役会（会社法436条3項）で剰余金の配当を決定する場合と，（ⅱ）それ以外の場合とに区別することができる。また，

②も，（ⅰ）資本金・準備金の減少を定める株主総会で剰余金の配当を決定する場合と（会社法447条1項・448条1項），（ⅱ）それ以外の場合とに区別することができる。

そして，業務執行者は，①の（ⅰ）および②の（ⅰ）の場合（②の（ⅰ）の場合には，配当財産の帳簿価額（基準株式数を定めた場合の処理の規定により基準未満株式の株主に支払う金銭があるときは，その額を合算した額）が，減少する資本金・準備金の額を超えない場合であって，資本金の減少の場合には，減少する資本金の額の全部または一部を準備金する旨の定めがなく，準備金の減少の場合には減少する準備金の額の全部または一部を資本金とする旨の定めがない場合に限る）には，欠損てん補責任を負わないが（会社法465条1項10号括弧書），これ以外の場合には，剰余金の配当をした事業年度に係る計算書類上，分配可能額がマイナスとなったときは，てん補責任を負う関係にある（会社法465条1項10号）。

第8章

Q1 解答例

改正前商法は，平成2年改正により最低資本金制度を採用しており，株式会社の資本金の額は1,000万円を下回ることができなかった（平成17年改正前商法168条ノ4）。これに対し，会社法は，最低資本金制度を廃止したので，最初から資本金を0円とすることが可能である。このような場合であっても，資本金の額と株式との関係は切断されているので，株式の数が0ということはありえない。なお，旧有限会社法は有限会社の最低資本金を300万円としていたが（旧有限会社法9条）。会社法は有限会社法を廃止し，旧有限会社は，会社法の規定による株式会社として存続することとされている（会社法の施行に伴う関係法律の整備等に関する法律2条1項）。

資本金の額は，資本金の額の減少手続をとることにより，0円とすることもできる。株式の数は，株式の併合（会社法180条・309条2項4号）・株式の消却（会社法178条）によって減少するが，資本金の額と株式との関係は切り離されているので，資本金の額が0円となっても，株式の数が0個になるわけではない。

Q2 解答例

改正前商法のもとでは，貸借対照表上で純資産が資本金と法定準備金の合計額より少ない状態を「資本の欠損」と呼んでいたが，会社法は，「資本の欠損」という一般的な捉え方をしないで，欠損それぞれの場合に技術的な計算式を定めている（会社法施行規則68条，会社計算規則179条）。その定めによると，分配可能額のマイナスとなる場合における当該マイナス相当額が「欠損額」である。「欠損額」をてん補する方法には，①資本金の額の減少による方法（会社法447条1項）と②準備金の額の減少

による方法（会社法448条）がある。

(イ) 資本金の額の減少によって欠損額をてん補する場合には，減少額が定時総会の日（定時総会における計算書類等の承認を省略できる会社にあっては取締役会における計算書類等の承認があった日）の欠損額を超えないときには，定時株主総会の普通決議で足りるが，それ以外の場合には，株主総会の特別決議が必要である（会社法309条1項・2項9号）。他方，いずれの場合も，債権者保護手続を踏む必要がある（会社法449条1項）。

(ロ) 準備金の額の減少によって欠損額をてん補する場合には，株主総会の普通決議で決めるのが原則であるが（会社法309条1項），定款で取締役会の決議事項としている委員会設置会社または会計監査人設置会社である監査役会設置会社で，取締役の任期が1年以内の会社では，取締役会で決めることができる（会社法459条1項2号）。減少額が定時総会の日（定時総会における計算書類等の承認を省略できる会社にあっては取締役会における計算書類等の承認があった日）の欠損額を超えず，かつ定時株主総会の普通決議でてん補する場合には，債権者保護手続を要しないが，それ以外の場合には，債権者保護手続が必要である（会社法449条1項）。

Q 3 解答例

設問で挙げられた諸規定は，設立の際または設立後の株式の発行の際の資本金等増加限度額の算定の際に，資本金となるべき額から設立に要した費用の額または株式の交付に要した費用の額を減額すべき旨を定めている。これは，国際的には，新株の発行に係る費用は，資本取引に付随して生じたものであるという性質に鑑みて，払込資本から控除する処理が一般的であるようであるから設けられた規定であるが，国際会計基準の動向がこれに逆行する動きを見せているため，わが国でも，株式交付費につき暫定的に費用処理することとされた（実務対応報告19号・繰延資産の処理に関する当面の取扱い）。このため，会社計算規則11条では，設立費用・株式交付費用の額は，当分の間，ゼロと規定することにより，上記規定の適用を実質的に停止させている。（郡谷大輔＝和久友子＝小松岳志『会社計算規則逐条解説』114頁，弥永真生『コンメンタール会社計算規則・改正商法施行規則228頁・239頁・246頁・377頁・502頁～504頁』参照)。

Q 4 解答例

平成17年改正前商法では，株式会社の資本減少の無効判決について，無効の遡及効を否定する規定がなかったことから，資本減少が判決によって無効とされれば，資本

解答例（第9章）

減少ははじめに遡って無効となると解されていた。これに対し，会社法では，資本金の額の減少無効の訴えを認容する判決については，将来効を有するものとしている（会社法839条）。このように規制が変わった理由は，遡及効があるとすると，例えば，大会社（会社法2条6号）が資本金の額を減少して大会社以外の会社になった後に，遡及的に資本金の減少が無効とされると，大会社に適用される規定（会社法328条・348条4項・362条5項・440条1項・444条3項）が遡及的に適用されることとなり，株式会社の運営に支障をきたすおそれがあることから，このような不都合を避けるためである。

Q5 解答例

　会社法452条に基づいて行うことができる処分は，剰余金の処分のうち，①剰余金の額を減少させて資本金または準備金の額を増加させること（会社法450条1項・2項）と，②剰余金の配当（会社法453条）その他会社財産の処分を除いたものであるから（会社法452条括弧書），結局は，社外への財産流出を伴わない，剰余金内部の科目間の計数の振替えをすることである。具体的には，「損失の処理」（これは，その他利益剰余金がマイナスである場合にその資本剰余金で埋め合わせをすることである），任意積立金の積立て・取崩し，その他剰余金内部での項目の振替である。

　この場合には，株主総会の決議（普通決議）（会社法459条1項3号に基づく定款の定めがある場合にあっては，取締役会の決議を含む）によって，①増加する剰余金の項目，②減少する剰余金の項目および③処分する各剰余金の項目に係る額を定めなければならない（会社法施行規則116条11号，会社計算規則181条1項）。

　ただし，①法令または定款の規定により剰余金の項目に係る額の増加または減少をすべき場合，および②会社法452条前段の株主総会の決議により，ある剰余金の項目に係る額の増加または減少をさせた場合において，当該決議の定めるに従い，当該剰余金の項目に係る額の減少または増加をすべきときは，株主総会決議（取締役会決議）は不要である（会社法施行規則116条11号，会社計算規則181条2項）。税法上の圧縮積立金の積立てや定款の定めに基づく積立金等の積立て・目的に従った取崩しを行う場合が①に当たり，総会の決議によって積み立てた積立金等を当該決議の定めるところに従って取り崩す場合が②に当たる。

第9章

Q1 解答例

　会社の組織変更，合併，会社分割，株式交換，株式移転等の企業再編に際しては，存続会社や継承会社等の資産・負債・純資産が変化するので，そのための計算が必要

になってくる。

　企業再編における会計では，取得対象財産を時価で評価する場合など差額が発生するが，この差額をのれんという。会社法の会計規制としては，貸借対照表に計上するのれんの扱いをどのようにするかが中心課題である。とくに資産・負債の評価については，主としてのれんの計上が主要点となる。純資産についても，のれんが生じたことにより変化する場合があるので，この関係の規制が行われている。

　会社計算規則では，企業再編に伴う資産・負債・純資産の評価等について規定を置いており，およそ以下のように整理されている。

　　A　資産・負債の評価（主として企業再編におけるのれんの計上）
　　　① 組織変更の場合の資産・負債の評価・・・会社計算規則7条ないし10条
　　　② 合併・会社分割・株式交換・株式移転の場合ののれんの計上・・・会社計算規則11条ないし28条
　　　③ 事業の譲受けの場合ののれんの計上・・・会社計算規則29条
　　　④ 組織再編行為により生じる株式の特別勘定・・・会社計算規則30条ないし35条
　　B　純資産の額
　　　⑤ 組織変更に際しての株主資本等の額・・・会社計算規則56条ないし57条
　　　⑥ 合併・会社分割・株式交換に際しての株主資本等の額・・・58条ないし73条（60条ないし62条は削除）

　企業再編に関するのれんの計上等については，上記の会社計算規則における定めのほか，公正妥当な企業会計の基準として，企業会計審議会が定めた「企業結合に係る会計基準」ならびに企業会計基準委員会が定めた「事業分離等に関する会計基準」および「企業結合会計基準および事業分離等会計基準に関する適用指針」が挙げられる。これら一連の会計基準が取り扱う会計は「企業結合会計」と呼ばれている。

Q2　解答例

　企業再編時における企業結合の会計処理として，パーチェス法と持分プーリング法とがある。パーチェス法では，時価によって被投資会社を全部取得した（purchase）以上，被投資会社側の株主による投資は一旦清算されたという見方をする。したがって，投資会社の資産・負債はその帳簿価額でそのまま引き継がれていくものの，被投資会社の資産・負債は時価で評価されなければならない。会社計算規則では，企業再編の類型ごとにどのような評価等をすべきか規定されているが，「時価を適切に算定する方法」との文言が随所に現れる。ところが，その要件については会社計算規則には定められておらず，したがって，公正妥当な企業会計の慣行すなわち「企業結合に

係る会計基準（以下，「企業結合会計基準」という）」等にしたがうことになる。企業結合基準では，この「時価を適切に算定する方法」とは，パーチェス法を意味する。

他方，持分プーリング法とは，必ずしも「取得」であると判定しにくいものであり，原価主義に立ち戻って帳簿価額によるべきものと考えられている。単純に帳簿価額のまま投資会社と被投資会社の持分を寄せ集めただけのもの（pooling）とみる。

いわば，パーチェス法と持分プーリング法の差は，企業再編の対象財産を時価で取得したものとみるか，それとも，帳簿価額で引き継ぐものかの違いということになる。

パーチェス法によるのか持分プーリング法によるべきなのかについて，企業結合会計基準の考え方は，基本的にパーチェス法である。企業結合会計基準では，共同支配企業の形成の場合および共通支配下の取引の場合以外の企業結合のうち，厳しい要件を満たす場合にのみ持分プーリング法の適用を認め，要件を満たさない場合は，原則としてパーチェス法が適用される。

Q3 解答例

会社計算規則は，吸収合併におけるのれんの計上について，時価で評価する場合（会社計算規則12条），共通支配下関係にある場合（同規則13条），子会社と合併する場合（同規則14条）に分けて規定している。

時価で評価する場合の「のれん」の計上は，以下のようになる。ここに時価で評価する場合とは，「取得」を意味し，パーチェス法の会計処理となる。

吸収合併存続会社は，吸収合併に際して資産または負債として，のれんを計上することができる（会社計算規則12条1項）。

取得対価が時価により取得原価総額を上回ればのれんとして資産に，下回れば負ののれんとして負債に計上することができる（企業結合会計基準三3(3)①）。

時価で評価する場合には，さらに次の三点が吸収型再編対価として考慮される（会社計算規則12条2項）。

① 吸収合併存続会社が先行して取得している株式（いわゆる抱合わせ株式）（同項1号）
② 吸収合併消滅会社が新株予約権を発行している場合の交付財産（同項2号）
③ 吸収合併の再編対価として考慮すべき合併費用（同項3号）

執筆者紹介

泉田栄一（いずみだ えいいち）
明治大学法科大学院教授，一橋大学大学院法学研究科博士課程，商法専攻。
『会社法の論点研究』（信山社），『小島康裕教授退官記念・現代企業法の新展開』（編著，信山社），『有価証券法理と手形小切手法』（中央経済社），『国際電子銀行業』（翻訳，信山社）ほか多数

佐藤敏昭（さとう としあき）
名古屋経済大学大学院教授，横浜国立大学大学院国際経済法学研究科修士課程修了，日本監査役協会勤務を経て，2002年より現職，企業法会計論（企業会計法）専攻。
『グローバル企業法会計』（共著，税務経理協会），『21世紀・日本の会計』（共著，税務経理協会），『会社の定款と社内規則の機能』（共著，商事法務），『グループ経営ハンドブック』（共著，中央経済社），『会社法と中小会社の会計』（共著，税務経理協会），ほか。

三橋清哉（みつはし せいや）
田嶋記念大学図書館振興財団 監事，慶應義塾大学経済学部卒業，キッコーマン株式会社監査役を経て，現職。
『監事監査の実務』（税務経理協会），『新版監事監査の実務』（税務経理協会）

各章執筆担当者

- 泉田栄一………第1章，第7章，第8章
- 佐藤敏昭………第2章，第3章，第4章，第5章，第6章，第9章
- 三橋清哉………コーヒーブレイク「監査の話」

株式会社会計法

2008年9月25日　第1版第1刷発行　8558-050-050

©著者　泉田　栄一
　　　　佐藤　敏昭
　　　　三橋　清哉

発行者　今井　貴
発行所　株式会社信山社
〒113-0033　東京都文京区本郷6-2-9-102
Tel 03-3818-1019
Fax 03-3818-0344
info@shinzansha.co.jp

Printed in Japan, 2008　　製作　編集工房 INABA

印刷・製本／松澤印刷・渋谷文泉閣
ISBN978-4-7972-8558-1 C3332 ¥3000E

禁コピー　信山社　2008

新堂幸司 監修
日本裁判資料全集1・2

判例研究の方法論で夙に指摘されているように事実の精確な認識の上にたって、法の適用ひいては判決の結論が妥当かどうか判断されなければならない。ロースクール時代を迎えて、実務教育の重要性が言われるようになったが、そのための裁判資料は十分であったか。判例研究が隆盛を極めている今日、ここに、日本裁判資料全集を刊行を企図する所以である。

中平健吉・大野正男・廣田富男・山川洋一郎・秋山幹男・河野敬編

東京予防接種禍訴訟 上 30000円
東京予防接種禍訴訟 下 28000円

◇潮見佳男 著◇

プラクティス民法 債権総論[第3版] 4,000円
債権総論[第2版]Ⅰ 4,800円
債権総論[第3版]Ⅱ 4,800円
契約各論Ⅰ 4,200円
不法行為法 4,700円

新 正幸著 憲法訴訟論 6,300円
藤原正則著 不当利得法 4,500円
青竹正一著 新会社法[第2版] 4,800円
高 翔龍著 韓 国 法 6,000円
小宮文人著 イギリス労働法 3,800円
石田 穣著 物権法（民法大系2） 4800円
加賀山茂著 現代民法学習法入門 2,800円
平野裕之著 民法総合シリーズ（全6巻）
　3 担保物権法 3,600円
　5 契 約 法 4,800円
　6 不法行為法 3,800円 （1,2,4続刊）
　　　プラクティスシリーズ 債権総論 3,800円
佐上善和著 家事審判法 4,200円
半田吉信著 ドイツ債務法現代化法概説 11,000円
ヨーロッパ債務法の変遷
　　ペーター・シュレヒトリーム著・半田吉信他訳 15,000円
グローバル化と法 H・P・マルチュケ=村上淳一編 3,800円
民事訴訟と弁護士 那須弘平著 6,800円

◇法学講義のための重要条文厳選六法◇

法学六法'08

46版薄型ハンディ六法の決定版 544頁 1,000円

【編集代表】

慶應義塾大学名誉教授	石川	明
慶應義塾大学教授	池田	真朗
慶應義塾大学教授	宮島	司
慶應義塾大学教授	安冨	潔
慶應義塾大学教授	三上	威彦
慶應義塾大学教授	大森	正仁
慶應義塾大学教授	三木	浩一
慶應義塾大学教授	小山	剛

【編集協力委員】

慶應義塾大学教授	六車	明
慶應義塾大学教授	犬伏	由子
慶應義塾大学教授	山本 爲三郎	
慶應義塾大学教授	田村	次朗
岡山大学教授	大濱 しのぶ	
慶應義塾大学教授	渡井 理佳子	
慶應義塾大学教授	北澤	安紀
慶應義塾大学准教授	君嶋	祐子
東北学院大学准教授	新井	誠

青竹正一著 新会社法 (第2版) 3800円
泉田栄一著 会社法論 予5800円
今川嘉文著 会社法概論 予5800円
今川嘉文著 判例アスペクト会社法 予2000円

◆学術選書9999◆

学術選書1	太田勝造	民事紛争解決手続論 (第2刷新装版) 6,800円
学術選書2	池田辰夫	債権者代位訴訟の構造 (第2刷新装版)
学術選書3	棟居快行	人権論の新構成 (第2刷新装版) 8,800円
学術選書4	山口浩一郎	労災補償の諸問題 (増補版) 8,800円
学術選書5	和田仁孝	民事紛争交渉過程論 (第2刷新装版)
学術選書6	戸根住夫	訴訟と非訟の交錯 7,600円
学術選書7	神橋一彦	行政訴訟と権利論 (改版第2刷新装版) 8,800円
学術選書8	赤坂正浩	立憲国家と憲法変遷 12,800円
学術選書9	山内敏弘	立憲平和主義と有事法の展開 8,800円
学術選書10	井上典之	平等権の保障 近刊
学術選書11	岡本詔治	隣地通行権の理論と裁判 (第2刷新装版) 近刊
学術選書12	野村美明	アメリカ裁判管轄権の構造 近刊
学術選書13	松尾 弘	所有権譲渡法の理論 続刊
学術選書14	小畑 郁	ヨーロッパ人権条約の構想と展開 仮題 続刊
学術選書15	松本博之	証明責任の分配 (第2版) (第2刷新装版) 続刊予定
学術選書16	安藤仁介	国際人権法の構造 仮題 続刊
学術選書17	中東正文	企業結合法制の理論 近刊
学術選書18	山田 洋	ドイツ環境行政法と欧州 (第2刷新装版) 5800円
学術選書19	深川裕佳	相殺の担保的機能―担保制度の再構成 近刊
学術選書20	徳田和幸	複雑訴訟の基礎理論 近刊
学術選書21	貝瀬幸雄	普通比較法学の復権―ヨーロッパ民事訴訟法と比較法
学術選書22	田村精一	国際私法及び親族法 続刊
学術選書23	鳥谷部茂	非典型担保の法理 続刊

◆総合叢書9999◆

総合叢書1	企業活動と刑事規制の国際動向 11,400円
	甲斐克則・田口守一編
総合叢書2	憲法裁判の国際的発展 (2) 栗城・戸波・古野編

◆法学翻訳叢書9999◆

法学翻訳叢書1	ローマ法・現代法・ヨーロッパ法
	R. ツィンマーマン 佐々木有司訳
法学翻訳叢書2	一般公法講義 1926年 近刊
	レオン・デュギー 赤坂幸一・曽我部真裕訳
法学翻訳叢書3	現代の民事訴訟 ディーター・ライポルド 松本博之編訳
法学翻訳叢書4	海洋法 R.R. チャーチル・A.V. ロー著 臼杵英一訳 近刊
法学翻訳叢書5・6	ドイツ憲法Ⅰ・Ⅱ K. シュテルン 棟居快行・鈴木秀美他訳 近刊